Hermosa y VALIENTE

LA PERLA DE DIOS

FIONA MELLETT

Traducción: Raquel Aguiar de Navarro

Número de tarjeta de catálogo de la Biblioteca del Congreso
ISBN 978-0-9960596-2-6

Dedicatoria

Dedico este libro a mis valientes
y hermosos hijos
Colin, Aiden, Celia Kate, Gracie, y Sean.

Oro para que sus historias en Dios sean aún más grandes
que la mía, que sus espíritus lleven una doble porción de
lo que su papá y yo tenemos, y que conozcan el corazón de
Dios y escuchen su voz más fuerte que cualquier otra cosa
en este mundo, incluyendo sus propios corazones. Cada
uno tiene semillas de grandeza dentro de sí mismo. Esas
semillas crecerán y florecerán al poner a Jesús en primer
lugar. Ustedes son fuertes robles de justicia en desarrollo.
¡Los amo con todo mi corazón!

Agradecimientos

Gracias Señor Jesús. Te bendigo por darme la fuerza y perseverancia para lograr esta obra. Tu gracia me ha sostenido, facultado y sacado adelante. Te alabo por estas historias. Es mi gozo seguirte.

Gracias Michael Mellett, mi extraordinariamente maravilloso, guapo y amoroso esposo. Esto nunca hubiera sido posible sin tu visión, liderazgo y apoyo. Te habría esperado otra década más. Vales mucho más que cualquier sacrificio que alguna vez haya tenido que hacer. Cada día contigo es un regalo. ¡Te amo muchísimo!

Gracias mis preciosos niños por hacer oraciones grandes, valientes y poderosas por su mami. ¡Son una gran inspiración y alegría para mí!

Papá y mamá Delamere, ¡¿cómo podría darles las gracias lo suficiente por toda la fe que han depositado en mi vida?! Sus oraciones me han transformado, preparado y guardado. Gracias por ser un ejemplo de creerle a Dios en medio de la adversidad, buscándole con todo su corazón y siendo llenos de él diariamente. Nunca se cansan de hablar vida animando a otros y buscando oportunidades para el Reino. Estoy orgullosa de ser su hija.

Mamá Mellett, mi amorosa suegra, potente mujer de oración, bendigo a Dios por hacernos familia. ¡Gracias por ayudarme a perseverar a través de tus oraciones y palabras de ánimo! Solo el cielo dirá todo lo que has hecho a mi favor. ¡Gracias por orar por mi *basherter*! ¡El amor nunca falla!

Gracias coro de la iglesia *Lakewood*, por sus corazones abiertos y su ánimo. ¡Me encanta predicarle al coro! Son un grupo de personas maravillosas, verdaderamente son sal de la tierra y soy muy privilegiada de estar en el ministerio con ustedes. ¡Gracias por animarme a «escribir el libro»!

Gracias Rich Catapano, Clay Glickert, Don Foster, Jim

y Mary DeGolyer, Ann Marie y Pat Marcadante, Richard y Blanca Mojica, Marco y Carla Barrientos, Danilo y Gloriana Montero, George y Sylvia Pfahl, Señora Morgan, Joel y Victoria Osteen, Darlene Zschech y Señora Dodie Osteen. Su ejemplo de compromiso a Dios, su cobertura espiritual y guía contribuyeron a moldear mi vida y mi fe.

Gracias a la iglesia *Simonton Community* y a todas sus *Pearl Girls*. ¡Su ánimo y apoyo no tienen precio!

Lisa Moscarelli y *Moscarelli Media*, su intercesión, generosidad y ánimo me llevaron a terminar... ¡Fueron enviados por Dios!

Amy Oglesby y Gretchen Simmen, ¡gracias por permitir que me colara en sus casas para escribir!

Pamela Faye Johnson ¡bendigo a Dios por tu vida! ¡Eres una editora maravillosa, intercesora y amiga!

Gracias especiales a Gabriela Caicedo, Steve y Tammy Crawford, Craig y Corinne Dunn y a Paul y Chermaine Shaw.

A toda mi familia y amigos, ¡es una gran alegría estar en este viaje con todos ustedes! ¡Lo mejor está por venir!

Reconocimientos

Hermosa y Valiente es la mejor descripción de la fe de Fiona.
De manera vibrante y llena de color te lleva a través de sus
viajes, la fuerza de su familia irlandesa-estadounidense, y
el encuentro con el amor de su vida en Nueva York. Pero
más allá de eso, ella te llevará de la mano a un innegable
encuentro con la realidad de Dios. La devoción de Fiona,
su pasión y amor por la vida son contagiosos. Al leer, pre-
párate para comenzar tu propia aventura de fe, ¡una fe que
es valiente y hermosa!
—**Danilo y Gloriana Montero**

Hermosa y Valiente es una poderosa expresión del corazón
de Dios para las mujeres. Dios está a favor de ellas en cada
una de sus etapas. Las historias de Dios que narra Fiona,
encenderán en ti una fe fresca, te traerán libertad y un anhelo por conocer a Aquel que te llama *Hermosa y Valiente*.
¡Estas perlas de verdades preciosas son para toda joven y
mujer del planeta!
—**Darlene Zschech**

Hoy en día, existen princesas de fantasía y heroínas pelirrojas que capturan la imaginación de muchas chicas jóvenes,
pero ningún relato fantasioso será tan conmovedor e inspirador como lo es uno de la vida real. Esta es la historia
de Fiona, llena de fe y valentía, brillando y desafiándonos
hasta lo más profundo. No te sentirás decepcionada al leer
acerca de su confianza inamovible en Dios y su disposición
para esperar Su mejor plan para ella. ¡Es una mujer ejemplar!
—**Marco y Carla Barrientos**

He conocido a Fiona personalmente y puedo afirmar que definitivamente es valiente y hermosa. Para mí, ella es la persona perfecta para escribir un libro que exprese el corazón de Dios para Sus hijas, o como ella nos llama, Sus «Perlas preciosas». Si tú anhelas verte a ti misma de la manera como tu Creador te ve, y deseas vivir la vida que Él planeó para ti desde antes de ser formada, *Hermosa y Valiente* es el libro que debes leer.

—Mandisa

Hermosa y Valiente es un inspirador recordatorio para todas nosotras de que fuimos hechas a la imagen de Dios y diseñadas por Él para triunfar, florecer y hacer nuestra propia y particular contribución al mundo. Mi amiga Fiona Mellett verdaderamente es una mujer valiente y hermosa. Creo que este libro te va a animar a verte a ti misma de una manera nueva y a convertirte en la mujer que Dios creó.

—Victoria Osteen, *autora con récord de ventas según el New York Times y Co-Pastora de la iglesia Lakewood en Houston, Texas.*

Hermosa y Valiente describe perfectamente a Fiona. Este libro te llevará a través de una hermosa jornada de fe, descubrimiento y aprendizaje. Cada una de las lecciones de vida en este libro son tan valiosas como perlas preciosas y únicas. La pasión con la que Fiona ha abierto su corazón, reflejada en cada capitulo de este libro, es un regalo para cada lector. Sé que será de gran bendición a tu vida y hará sonreír tu corazón.

—Ingrid Rosario

Hermosa y Valiente

Hace ya algún tiempo atrás
Había una niña con una sonrisa y con su tez particular
Dijo "aquí estoy Señor, usame, yo te seguiré" y le escuchó
decir"

Valiente tu, hermosa tu, Mi perla eres, tesoro real
Eres mi hechura, fuerte,
En mi estarás segura
Lo creo yo, en ti yo soy, valiente y hermosa

Ella creció y su hogar formó, con mucho amor a ellos se
entregó
Más aún necesita escuchar
Aquella voz que le viene a recordar

Valiente tu, hermosa tu, Mi perla eres, tesoro real
Eres mi hechura, fuerte,
En mi estarás segura
Lo creo yo, en ti yo soy, valiente y hermosa

Toda niña tiene que saber
Y cada mujer comprender
Su valor y quienes son en Él

Su destino tienen que cumplir
Un legado dejarán, oh si
Por eso hoy lo tienen que escuchar

Valiente tu, hermosa tu, Su perla eres, tesoro real
Eres su hechura, fuerte,
En Él estarás segura
Lo creerás, en Él serás, valiente y hermosa

«Hijo (hija) mío(a), si haces tuyas mis palabras
    y atesoras mis mandamientos;
si tu oído inclinas hacia la sabiduría
    y de corazón te entregas a la inteligencia;
si llamas a la inteligencia
    y pides discernimiento;
si la buscas como a la plata,
    como a un tesoro escondido,
entonces comprenderás el temor del Señor
    y hallarás el conocimiento de Dios.
Porque el Señor da la sabiduría;
    conocimiento y ciencia brotan de sus labios.
Él reserva su ayuda para la gente íntegra
    y protege a los de conducta intachable.
Él cuida el sendero de los justos
    y protege el camino de sus fieles.
Entonces comprenderás la justicia y el derecho,
    la equidad y todo buen camino;
la sabiduría vendrá a tu corazón,
    y el conocimiento te endulzará la vida.
La discreción te cuidará,
    la inteligencia te protegerá».
—Proverbios 2:1-11

Prefacio por Michael Mellett

Nos sentamos cara a cara en el aeropuerto ese día. El sol estaba ocultándose a mis espaldas y reflejaba una luz en la cara de Fiona. En ese momento, ninguno de los dos sabíamos lo que estaba por delante. Éramos simplemente amigos. Cuando miré su sonrisa iluminada por el sol me di cuenta de cuán hermosos y destellantes eran sus dientes. Sin pensarlo le comenté: «Tus dientes brillan como perlas». Me agradeció el cumplido y la vida siguió adelante. De alguna manera, eso fue como un destello del futuro, fue como si mi espíritu supiera algo mucho antes de que mi mente lo captara. Hasta ese momento, siempre nos las habíamos arreglado para evadir las sugerencias que nos hacían miembros de la familia (principalmente mi cuñada Debbie) de salir juntos o tener una cita cuando nos veíamos en la temporada navideña, en la casa de mi hermano en Nueva York. Aun en ese entonces cantábamos a dúo y tocábamos canciones que habíamos escrito. Eso fue lo que hizo que volviéramos a estar en comunicación. Fiona empezó a visitarme para que yo comenzara a trabajar en un proyecto de grabación que le iba a producir. Ahora, ahí estábamos, esperando su vuelo de regreso a Nueva York con el sol iluminando algo que yo no había notado hasta ese momento.

Dos años después, esos «momentos reveladores» empezaron a suceder con más frecuencia cuando Fiona se fue a vivir a Nashville. Lo que habíamos descartado como posibilidad debido a muchas ideas preconcebidas y a que éramos «muy parecidos» cultural y musicalmente, pronto comenzó a escaparse de nuestras manos y empezamos a enamorarnos. Fue un romance orquestado momento a momento que fue tomando más velocidad y construyéndose tan cuidadosamente, que solo Dios pudo haberlo puesto en marcha. Al principio fue casi indetectable, pero culminó en la más milagrosa demostración de unión de una vida con otra hasta que nos quedamos sin palabras ante la perfección de Su voluntad y tiempo preciso. Habría esperado toda una eternidad por encontrar este amor que nació en el corazón de Dios. Ahora, casi 15 años después, constantemente nos sorprendemos de cuán profundo es nuestro amor y de cuánto sigue creciendo nutrido en la tierra fértil del amor de Dios para nosotros.

La perspectiva fresca de Fiona en este libro va a causarte un deseo de tener el mismo tipo de relación que ella tiene con Dios. Como las páginas de este libro mostrarán, la verdadera historia de amor es la que Dios ha escrito en cada página de su Palabra, la Biblia. Estas historias te recordarán que a aquellos que corren apresuradamente a Sus brazos y dicen: «confío en ti», les espera la más grandiosa aventura. Dios está esperando desdoblar los misterios de Su Reino a aquellos que están dispuestos a abrazar el llamado que tiene para sus vidas. Es un privilegio llamar a esta mujer mi esposa y haber visto de primera mano muchas de las historias que cuenta. Fiona sigue siendo uno de mis héroes más grandes de la fe porque así es como verdaderamente vive cada día. ¡Que este relato de una vida de fe, amor revelado, y lecciones aprendidas, te inspire!

Índice

Prólogo

Empecé a escribir este libro hace más de diez años. Lo iba a llamar *La gran espera* porque el tiempo que esperé en Dios la llegada de mi esposo se convirtió en una etapa de mi vida que atesoraré para siempre. ¡Fue realmente maravilloso! Florecí en medio de la espera y entonces me di cuenta de que ya no estaba esperando un hombre que me complementara, sino uno con quien pudiera compartir la vida, porque yo ya estaba completa en Cristo. Sí, a veces me sentía sola y anhelaba ya no ser soltera y estar con mi pareja, pero quedó demostrado que confiar en Dios y dejar que él reinara sobre mi vida fue la mejor decisión que pude haber tomado. La vida es mucho más divertida cuando sigues la dirección de Dios. No hay lamentos y las puertas que él abre son más grandes que cualquier cosa que tú puedas lograr por tu propia cuenta.

En el idioma español «esperar» es la misma palabra que se usa para «esperanza». Básicamente, esperar es tener la expectativa de algo que vendrá. Creo que eso es una verdad. Si estás dispuesto a esperar en Dios y confiar en él por lo mejor en cierta situación de tu vida, estás ejercitando la esperanza. La esperanza es lo que mantiene viva la fe. Yo tuve que esperar hasta tener 30 años para casarme. Tuve que esperar que Dios me abriera las oportunidades correctas para el ministerio. Tuve que esperar para tener hijos y para muchos otros sueños que había en mi corazón; pero sobre todo, tuve que aprender a esperar en Dios para realmente escucharlo.

Esto me lleva a la pregunta que me hacen con más frecuencia: «¿Cómo escuchas a Dios?». Tengo que decir que el primer paso es aprender a detenerse y escuchar. Eso requiere esperar. Dios nunca tiene prisa, ¿te has dado cuenta?

Hace diez años escribí más de 100 páginas para narrar estas historias y Dios me dijo que lo hiciera a un lado.

No lo retomaría hasta estar absolutamente segura de que era Dios quien me estaba llevando a hacerlo. Había mucho en riesgo porque mi familia es mi prioridad. Hace un año me sorprendí mucho de que Dios me dijera que ya era tiempo. Supe que tendría la gracia para terminarlo porque era Dios quien me estaba llevando a continuar. Él no me guiaría a hacer algo si no tuviera la fuerza para hacerlo. En medio de una atareada familia de siete, siendo parte de un equipo pastoral de la iglesia más grande de Estados Unidos y dirigiendo la alabanza, ¡Dios lo hizo posible! Y Su tiempo ¡es perfecto!

El título *Valiente y hermosa* surgió como una refrescante sorpresa para mí. Aun las palabras «La perla preciosa de Dios» verdaderamente fueron como un regalo después de que mi alma recorriera diferentes etapas. Conforme leas estas páginas descubrirás que la trayectoria de mi vida me llevó a un punto en el que pude identificarme con estas palabras. ¡Sin duda era *la obra de Dios*!

Mi más profundo deseo es que te identifiques con estas palabras. Fuiste creada por el Diseñador más grandioso, con todo un plan maestro para tener una vida llena de poder, amor y promesas. Fuiste creada para conocer y experimentar la totalidad de tu valor, tu potencial y una completa libertad. Mi oración es que tu corazón sea animado sin importar la etapa en la que te encuentres. Hoy es tu día, ¡tus perlas te están esperando!

UNO

La zona roja y los pelirrojos

«Pues Dios no nos ha dado un espíritu de timidez, sino de poder, de amor y de dominio propio».
2 Timoteo 1:7

Eran las 6 a.m. El aire fresco de los Andes soplaba sobre mi cara mientras caminaba por la banqueta. Mi adrenalina comenzó a correr, Hice señales al taxi que me llevaría al aeropuerto internacional de Quito. Estaba en Ecuador, en América del Sur, encaminándome al cercano país de Colombia. Fue un viaje inusual. Me dirigía a una «zona roja», a un territorio de la guerrilla. Había escuchado de estas áreas peligrosas del mundo donde las personas pueden ser secuestradas al azar y rescatadas por grandes cantidades de dinero. Algunos son perseguidos por su fe, de otros se aprovechan porque tienen riquezas. Era un riesgo para cualquier persona vivir en esa área. El hecho de ser una joven estadounidense soltera, alta y que viajaba sola, realmente no me ayudaba mucho. ¡Llamaba la atención con o sin mis largos rizos pelirrojos!

El plan original era encontrarme ahí con mi mamá para ir juntas a Colombia, pero el Departamento de Estado de los Estados Unidos había contactado a mi mamá en Nueva York para decirle que no debería viajar porque no era seguro. Nunca olvidaré nuestra conversación.

«No puedo ir Fiona, pero si tú tienes paz, puedes ir. Tu papá y yo oraremos».

1

Me sorprendieron sus palabras pero no podía negar el hecho de que si Dios dijo que fuera, debía ir porque él me protegería. Confié en él implícitamente. Mis padres habían seguido ese patrón con mi vida por años. Ellos confiaban en Dios de la misma manera y sabían que lo oiría claramente y lo obedecería. «Es el factor paz». ¿Tienes paz? Hay luz verde ¡ve! ¿No tienes paz? Luz roja, ¡no vayas! Oré al respecto y para mi sorpresa tuve paz.

Así que ahí estaba, dirigiéndome al territorio de la guerrilla con un sentido fresco de aventura, la emoción de la obediencia y una paz que no se me quitaba. ¡El destino me llamaba y yo había respondido! Ahí estábamos en camino, y yo solo tenía 22 años de edad.

No había planeado ir sola. En realidad yo no planeaba hacer nada sola. Mi idea era casarme a los 21 con un gran hombre del ministerio, tener mi primer bebé a los 23 e ir a las naciones... ¡con él! Sin embargo, cuando llegué a esa hermosa edad y él no estaba a la vista tuve que tomar una decisión: O me quedaba sentada esperando, o seguía el llamado de Dios para mi vida y un día me encontraría con él en el camino. ¡Me alegra tanto no haberme quedado esperándolo! Hubiera sido mucho más tiempo del que había imaginado; y mi vida hubiera sido extremadamente mundana comparada a lo que viví los siguientes años.

Ahí estaba, avanzando a todo vapor; ¡con o sin él! Me entregaría por completo, daría lo mejor de mí, serviría con todo mi corazón y me convertiría en la mujer que Dios estaba formando en mí. Tenía pasión, visión y completa devoción a Jesús. No había nada que me detuviera ya. Ningún compromiso. Podía seguir a Jesús sin restricciones. Tenía la libertad de tomar cada oportunidad que se me presentara, atravesar cada puerta, grande o pequeña y entrar por cada pequeña ventana. ¡Solo éramos Jesús y yo! ¡Era fabuloso!

Mi primer vuelo a Colombia me llevó a Bogotá, la capital, una hermosa y moderna ciudad. Todo se movía rítmicamente. Había progreso y desarrollo en medio de las onduladas colinas verdes y el espeso aire de la ciudad. En todos mis años de reunirme con amigos de habla hispana observé que todos los de Colombia tienen una alegría y una confianza únicas. Son sanguíneos de corazón y les encanta celebrar la vida en el momento. No hay razón para estar calmados y tranquilos. La vida es para vivirse y la viven apasionados.

Cuando abordé mi segundo vuelo, el avión era considerablemente más pequeño. Eso me recordó que estaba dejando mi conexión internacional y me estaba encaminando a un área remota. Me iba a desconectar de lo familiar para dirigirme a lo desconocido. Observé como la ciudad se desvaneció entre la vegetación y yo estaba alejándome siguiendo la «luz verde»... *el «ve» porque tienes paz.*

A mi llegada me informaron que los vuelos de regreso se retrasarían y tendría que quedarme en el área más de lo esperado. Yo sabía que necesitaba regresar pronto. Respetuosamente les dije que podía quedarme máximo 72 horas porque tenía responsabilidades. Se sorprendieron de mi franqueza y rápidamente hicieron los arreglos para garantizarme un vuelo de regreso. Tendría que quedarme menos tiempo del que me iba a quedar en un principio, pero estaba bien.

Mi misión era visitar a una familia especial; afirmarlos, levantar su fe, compartir testimonios, orar y ser una bendición. Nuestro tiempo fue precioso. Sabía que había un propósito mayor del que podía ver, pero estaba siendo obediente haciendo mi parte y confié que Dios haría la suya. Antes de irme preparé un almuerzo y compartí un hermoso tiempo con la familia y una amiga de ellos que nos llevaría al aeropuerto. A pesar de que fue una visita muy corta tuve mucha paz cuando llegó el tiempo de irme. La obediencia siempre te deja la sensación de haber terminado. Dios me había estado hablando durante todo el viaje, dándome entendimiento acerca de ciertos aspectos de la vida y ensanchando mi conciencia de las cosas. ¡Estaba muy agradecida!

Al llegar al aeropuerto me dijeron que había un retraso y que el vuelo que supuestamente iba a llegar, no podría hacerlo a tiempo para que yo hiciera mi conexión a la ciudad de Bogotá. Ese era el único avión que saldría en los próximos cuatro días. Era la única manera como podría tomar el vuelo internacional. Empecé a orar, aferrándome a la paz que me había llevado ahí.

Mirando alrededor me di cuenta de que una mujer me estaba sonriendo. «¿Misionera?» Preguntó. Le sonreí también y le confirmé asintiendo con la cabeza. Ella continuó sonriendo inquisitivamente así que le expliqué mi situación. Viendo mi preocupación ella también estuvo de acuerdo en orar. De repente me di cuenta de que la mujer que me había llevado al aeropuerto estaba caminando a la torre de control donde dirigían los aviones. Era un aeropuerto pequeño con alrededor de 100 personas que al parecer estaban esperando también el mismo vuelo. Sabía que esa mujer era amiga de la familia, pero no sabía que tuviera ninguna autoridad en particular en el pueblo. La mayoría de las mujeres en la cultura latina no tienen este tipo de poder.

Me hizo señas para que fuera a donde estaban discutiendo acerca de mi situación. Subí las escaleras y noté que ella estaba hablando enérgicamente a los hombres que estaban detrás del panel de control. Les expliqué que mi mamá y mi hermana llegarían al día siguiente a Quito y que yo necesitaba estar allá para recibirlas. Era obvio que esta mujer tenía cierta influencia en la comunidad. En cuanto llegó el avión apresuraron a los pasajeros para que bajaran rápido del avión y a los que tenían que subir, los apresuraron a abordar. Para ese momento ya me estaban tratando como si fuera una celebridad. Yo me estaba tomando fotos con la familia mientras estaban apresurando a los demás para que corrieran a las escaleras. Después me insistieron en que me sentara en primera clase. ¡Ahora eso se estaba volviendo algo muy cómico!

Cuando estábamos a punto de aterrizar en Bogotá, recuerdo que la aeromoza me preguntó si estaba lista. Pensé: «Claro que lo estoy, mientras no me pidas que salte del avión». ¡Ni siquiera habíamos tocado el suelo todavía! Tan pronto como pisamos el pavimento ella me pidió que me parara en la puerta. «¡Qué bien!», pensé. En el momento que el avión se detuvo abrieron la puerta mientras un empleado colocaba la escalera del avión. Desde abajo gritó: «¿es la señorita Delamere?» Todos respondimos gritando: «¡Sí!» Me di cuenta de que había un lindo autobús esperando cerca de las escaleras. Así es, ¡me estaba esperando a mí! Bajé corriendo las escaleras con mis cosas y me subí. Ahí me estaba esperando un representante de inmigración listo para hacer mi papeleo. Nunca antes había visto algo así. Él estaba sellando y firmando papeles mientras íbamos de camino. Rápidamente me llevaron a tomar mi siguiente vuelo y me dejaron en las escaleras del avión como si fuera una reina. ¡Esto fue más que un simple viaje!

Al subir al avión me di cuenta de que todos estaban inclinados hacia el pasillo mirándome. El gran 747 estaba lleno. En ese momento se me ocurrió preguntarle al asistente de vuelo cuánto tiempo me habían estado esperando. «Cuarenta y cinco minutos» me respondió enfáticamente. Rápidamente me senté en un asiento en la primera fila de primera clase. En ese entonces yo ya estaba llena de asombro. «¡Dios! ¿Qué estás haciendo?» Me estás impresionando mucho. ¿Quién soy yo para que me trates con tanta distinción?». Parecía una película. Conforme reflexionaba en los sucesos del día, me sentí muy conmovida ante la gracia y el favor que estaban retumbando sobre mi vida. Me sentí muy privilegiada. Pareciera como si Dios se hubiera tomado un momento para honrarme por darle a él el primer lugar. Había dicho *sí* al llamado para seguirle, orar, escucharlo y esperar. Él quería que yo supiera que se dio cuenta de esto. Este asombro se convirtió en lágrimas de alegría. ¡Qué valioso, qué precioso y poderoso es caminar con Dios! Me estuve riendo en el camino de regreso a Quito reflexionando en cada detalle. ¿Quién sobre la faz de esta tierra era aquella mujer diciéndoles a todos qué hacer en la torre? Estoy muy contenta de que Dios la haya puesto en mi camino.

Después de mi llegada todavía seguía flotando. Me subí al primer taxi y le dije al chofer a dónde me dirigía. Era un enorme carro amarillo que parecía más bien una gran banana. El asiento trasero era enorme. Cuando salíamos del aeropuerto el chofer me informó que el viaje me costaría 7,000 sucres. Yo sabía que solo debía costar 2,500, así que se lo dije. Me respondió muy oscamente que serían 7,000 sucres o me llevaría a pasear hasta que el taxímetro marcara 7,000.

¡Bueno! Acababa de ser testigo de cómo el Creador del universo había orquestado el viaje perfecto para mi regreso. De ninguna manera iba a permitir que con una artera treta alguien se aprovechara de mí ahora. Sí, el fuego estaba encendido. Él se estaba metiendo con la señorita equivocada. Me senté en la orilla del asiento y me acerqué justo a su oído. Con voz fuerte y autoritaria le dije en español: «¡¡¿Sabe quién es mi Papá?!!! ¡¡¡¿¿¿SABE QUIÉN ES MI PAPÁ???!!! ¿Quiere meterse en problemas? Yo puedo meterlo en un gran problema. Detenga el carro, ¡en este momento!». El hombre empezó a temblar. Estacionó el auto inmediatamente. Me salí y esperé que abriera la cajuela. Pudo haber arrancado dejándome sin mi maleta pero vino lentamente y sacó mi maleta de la cajuela. Grité: «¡Gracias por hacer nada!». El hombre arrancó rápidamente. En ese momento hice señas a otro taxi, esta vez me cobraban 2,500 sucres... ¡Eso es todo! No hay ninguna duda de que Dios mismo estuvo guardando cuidadosamente mi vida ese día. ¡Fui tratada con tanto respeto y dignidad por mi Padre Celestial! Él se interesó profundamente en mí. Con él al frente de mi vida, me convertí en una persona digna de respeto. Claro que seguía siendo una humilde misionera viviendo con una suma ridícula sin estatus terrenal o reputación, pero fue Dios mismo quien me afirmó. Fue Dios quien arregló cada una de esas bendiciones. Yo era su princesa, su exaltada princesa pelirroja.

Perla de Poder

No siempre me sentí valiente. De hecho, fue necesario algo de tiempo y algunas oportunidades repetidas para cultivar el carácter valiente de mi corazón. También me requirió tiempo abrazar mi verdadera belleza. Tuve que resolver mis inseguridades, poner en práctica mi libertad y darme cuenta de quién era realmente. Tuve que aprender a apreciarme a mí misma por quien Dios me hizo ser y aceptar el regalo de ser yo; una obra en proceso. Pero más que todo eso, necesitaba a Jesús. El tesoro más grande que he encontrado en toda mi vida es recibir su amor, confiar en su corazón y escuchar su queda y quieta voz. Nada más tendría sentido sin él, incluyendo mi corazón.

Como perlas escondidas en lugares profundos y oscuros en el suelo del océano, empecé a descubrir estas hermosas verdades. Algunas veces llegaron en pequeñas ideas claras y oportunidades inesperadas; otras llegaron en momentos de brutal honestidad en medio de alegría o aun en tristeza profunda. Las perlas me estaban esperando.

Lo que me maravilló de esas perlas es que a pesar de que eran preciosas e invaluables siempre estuvieron a mi disposición en cualquier momento de mi vida en el que estuviera dispuesta a aceptarlas. No tenía que crecer ni comprobar que era digna o suficientemente responsable para recibir ese regalo tan increíble. Eran gratuitas y yo podía recibirlas sin importar en qué lugar crecí, en qué país viví, qué tan educada había sido, cuánto dinero tenía mi familia o en qué etapa de madurez estaba. Cuando las cosas parecían desmoronarse y tenía que dar pasos atrás, las perlas seguían estando ahí, tan reales como siempre. Las atesoré aún más.

Pueblo chico, Dios grande

Permíteme llevarte a mis raíces donde todo comenzó. Crecí en Mahopac, Nueva York, un pequeño pueblo que está a una hora al norte de Nueva York. Soy la tercera de cinco pelirrojos que tienen la bendición de llamar a Patrick y Kathleen Delamere papá y mamá. Nuestro vecindario estaba lleno de niños que se desarrollaron en medio de aventuras. Haber crecido en Mahopac nos dio la libertad de explorar. Había kilómetros y kilómetros de colinas, veredas, lagos, un campo de golf, un aeropuerto miniatura, y hasta cementerios históricos por descubrir. Era un lugar maravilloso para experimentar siendo niño. Teníamos el gusto de hacer viajes a la ciudad para eventos grandes como «*El espectacular navideño de Radio City*», o subir a lo más alto del edificio *Empire State*. Sin embargo, nuestra alegría más grande en la vida cotidiana era estar al aire libre. ¡Era como tener lo mejor de dos mundos!

Mi mamá no tenía ni una onza de miedo en sus huesos.

Ella y mi papá oraban cada mañana; y, después de llegar de la escuela y hacer la tarea, éramos libres para deambular por las colinas y valles, siempre y cuando llegáramos a la casa cuando el silbido de la estación de bomberos sonara. Sus oraciones demostraron ser el recurso más valioso de nuestra infancia.

Los inviernos en Mahopac eran conocidos por largas caminatas por los pedregosos y congelados arroyos hacia el gran lago, el Lago Mahopac. Llevábamos termos llenos de chocolate caliente y nuestros patines colgados en los hombros hasta llegar a una abierta extensión de hielo grueso y nieve. Nos apresurábamos para ponernos los patines y nos íbamos a descubrir qué había nuevo en las tres islas. Otros días nos deslizábamos en trineo por el campo de golf, hacíamos ángeles y hombres de nieve o cavábamos enormes túneles a través de las pilas de nieve de la entrada de nuestra casa. Había unas largas vacaciones de invierno, retiros juveniles, celebraciones por la Navidad y Año Nuevo en la iglesia, días de escuela cancelados por la nieve, pijamadas, rompecabezas muy grandes y toda clase de comida deliciosa. ¡Mi mamá sí que sabe cómo cocinar!

La primavera fielmente traía transformación. La vida emergía a la superficie una vez más. Los árboles se llenaban de follaje abundante. Ahora el bosque estaba con camuflaje nuevamente. Bailar en la lluvia era de ley, brincar en los charcos también. Vi muchos nidos de petirrojos que se llenaban de pajaritos bebés y vida nueva aflorando por todas partes. La diversidad de flores siempre parecía llegar por sorpresa. Cada Pascua viajábamos a Irlanda para visitar a la familia de mi mamá. Cuando regresábamos todo había comenzado a germinar. El árbol de cereza llenaba el jardín del frente con flores al igual que el árbol silvestre de manzanas el patio trasero. Era maravilloso.

Los veranos eran para acampar, pasear en bicicleta,

nadar, esquiar en agua, hacer fogatas en el jardín trasero, tener vegetales frescos del jardín, patinar, tomar cerveza de raíz con nieve de vainilla, hacer fiestas con pizza, más pijamadas, jugar monopolio, juegos de cartas, y asistir a campamentos de jóvenes. También había que desyerbar, limpiar y lavar ropa, pero me gusta enfocarme en lo que me divertía. Nunca había un momento aburrido y si alguna vez parecía que venía, no duraba mucho tiempo. Nuestra imaginación tomaba vuelo y nuestras bicicletas también. Cada sábado teníamos el desafío de ver cuántas vueltas podíamos dar al lago de casi diez kilómetros. Esto, por supuesto, incluía las paradas en la pizzería y en la nevería (¡Carvel!).

El otoño siempre era bienvenido después de un largo y caliente verano en Nueva York. Los días empezaban a enfriar y las noches exigían sudaderas con capucha. La tarea de amontonar enormes cantidades de hojas siempre era mitigada por la simple alegría de brincar desde las ramas del árbol y caer en las enormes pilas de crujientes y multicolores tesoros otoñales. La vida se trataba de crear nuestra propia aventura. Había fuertes por construir, caminos por correr, animales por atrapar, y Dios estaba por ser revelado. ¡Era maravilloso!

La gente más grandiosa del planeta

«Honra a tu padre y a tu madre, para que disfrutes de una larga vida en la tierra que te da el Señor tu Dios».
Éxodo 20:12

Mi mamá creció en una granja en las colinas del norte de Irlanda. Era la más pequeña de nueve hijos. A los dieciocho años de edad tomó la decisión de venir a los Estados Unidos a ayudar a su hermana que estaba por casarse. Su plan era hacerse monja y tal vez, algún día, trabajar en una misión africana. Todos esos planes se detuvieron un domingo. Esa mañana mi mamá había echado sus últimos diez dólares en el recipiente de la ofrenda para un misionero invitado. Era todo lo que tenía para comida y transporte esa semana. Al anochecer decidió ir a un baile en la iglesia y ahí conoció a mi papá. Mi papá había nacido en el área de inmigrantes irlandeses del Bronx. Era el mayor de cuatro hijos; un joven que trabajaba muy duro, lleno de visión y listo para sentar cabeza. Le preguntó a mi mamá cómo se llamaba. Cuando respondió Flory (diminutivo de Florencia) con su cantarín acento irlandés, le preguntó si tenía otro nombre (como que Flory no le sonó muy bien). Entonces mi mamá le dijo Kathleen, que realmente era su primer nombre. Ese sonaba más a como quería llamar a su futura esposa; desde ese momento, mi mamá siguió siendo Kathleen. Después llamó a su casa para decirle a su mamá que tendrían una invitada para la cena, la mujer con la que se casaría. Eso fue antes de pedírselo a mi mamá, por supuesto. El martes mi papá salió, compró un auto y lo puso a nombre de mi mamá. Obviamente estaba haciendo planes. Cada día de esa semana él la estuvo recogiendo para ir a comer y de manera no oficial el viernes pidió su mano para casarse. ¡Qué maravillosa es la sencillez!

Siendo adolescente, mi papá se lastimó seriamente la espalda y la pierna, eso lo llevó a buscar atención quiropráctica. En ese tiempo, estaba confinado en una cama y un miembro de la familia le ayudaba acomodándolo en el asiento trasero de una minivan para llevarlo a Nueva Jersey a ver al único quiropráctico disponible en la región. Después de haber experimentado resultados notables, mi papá decidió hacer la carrera de quiropráctico para ayudar a otros. Después de terminar sus estudios empezó a asistir a seminarios. En una reunión en particular alguien lo animó a escoger cuidadosamente sus palabras y mantener una rienda muy corta en su lengua. Le enseñaron que lo que creyera de sí mismo y lo que hablara era muy poderoso. Que cada palabra llevaba un peso. Él empezó a implementar esto en su propia vida y en la de sus pacientes. Se pudo dar cuenta de que hablar positiva o negativamente tenía un impacto en su vida. Esto le ayudó a dejar en el pasado mucho temor.

En los seminarios, el director de los quiroprácticos les decía a los otros doctores que «muerte y vida están en el poder de la lengua», estas palabras están tomadas del libro de Proverbios. Les dijo que ellos podían escoger la vida y hablarla. Mi papá se aferró a ese principio porque quería ser libre de todo el miedo con el que había crecido y ver a las personas sanadas. Ese fue el inicio de su caminar con Jesús, su Salvador y Sanador. Dos años después conoció a mi hermosa mamá.

Después de haberse establecido y haber recibido la primera adición a la familia, mi hermano Kieran Patrick, se fueron de la ciudad a un pequeño pueblo ubicado a una hora al norte de Manhattan, donde su práctica quiropráctica prosperó. Debido a esa lección que aprendió acerca de las palabras, mi papá siempre se refería a la familia con el más alto aprecio. Nos hacía sonar como especiales e importantes. Sabía que podía bendecir nuestro hogar o maldecirlo. Nos enseñó a respetar el nombre de nuestra familia, no porque procediéramos de la grandeza sino porque era «nuestro»; eso era lo correcto. Conociendo su trasfondo afectado por la pobreza y las dificultades, estoy segura de que a veces era un gran desafío para él. Mi papá tal vez no siempre se sentía así, pero tomó la decisión de hablar lo correcto. Debió haber tenido que abrirse camino a través de una montaña de inseguridades cada vez que abría su boca; pero a pesar de eso lo hizo, y marcó una diferencia.

Cuando éramos aún bebés mi papá empezó a llamarnos a cada uno de nosotros con nombres de la realeza: Príncipe, duque, princesa, duquesa y Princesa Diana. A mí me llamó «La duquesa» y me encantó. Todavía me gusta. Me identifiqué con esa palabra. Un día me fui caminando al supermercado del vecindario, *Red Mills*. Había un hombre en una escalera arreglando una luz. Me miró volteando hacia abajo, sonrió y dijo: «Tú debes ser la princesa de tu papi, ¿verdad?». Le sonreí y rápidamente lo corregí diciendo: «No, ¡soy la duquesa!». Soltó una carcajada, pero yo sabía cuál era mi lugar. Me había identificado con esa palabra y ni aun princesa podía persuadirme, ¡ja! Me sentía fuerte y segura. Estaba feliz de ser «La duquesa».

Lo asombroso fue que años después cuando casi era una adolescente, mi papá decidió escarbar en la historia familiar. Inesperadamente halló la más extraordinaria información. Los ancestros de mi papá en realidad fueron reyes y reinas del siglo XII. Tuvieron que salir de Francia y se llevaron con ellos a unos franciscanos. Básicamente trajeron el cristianismo a Irlanda. Había un convento, un monasterio, y un cementerio para probarlo. Hicimos el viaje como familia, ¡y encontramos todo!

Este hallazgo fue sorprendente debido a que mi papá había crecido en una familia muy pobre con muchos desafíos. La realeza estaba lejos de su vocabulario. Ver lo que estaba escrito nos sorprendió a todos. Afirmó nuestra identidad y confirmó lo que habíamos estado hablando todo el tiempo. ¡Duquesa de verdad!

Mis papás honraron a sus padres. Nunca hablaron de ellos en un tono deshonroso a pesar de que seguramente no siempre estuvieron de acuerdo con ellos. Mi papá tomó la decisión de perdonar y honrar a su papá en unas circunstancias muy difíciles. Nunca habló mal de él. Nunca. Bendigo a mi papá por haber elegido hacer las cosas a la manera de Dios. Este es un ejemplo increíble. Seguramente cosechó grandes beneficios por esa promesa. Yo aprendí ese principio muy pronto y trajo una enorme bendición, libertad y protección a mi vida. Es una verdad central que Dios respalda. No hay ni la menor duda de por qué es uno de los diez mandamientos.

Perla de Poder

Tienes el poder de escoger honrar a tus padres, estés de acuerdo con ellos o no, y aun cuando no sean «dignos» de que los honres. Esta verdad puede proteger y bendecir tu vida; Dios te honrará por ello. «Honra a tu padre y a tu madre, que es el primer mandamiento con promesa para que te vaya bien y disfrutes de una larga vida en la tierra». Efesios 6:2-3

Jesús primero

Mis papás tomaron la decisión de darle a Dios las riendas de sus vidas el año en el que nací. Se apasionaron por seguir a Jesús. No era una tradición ni una obligación religiosa, sino una alegría conocer a Dios más profundamente y recibir libertad, sanidad y verdad. Creyeron con todo su corazón y comenzaron la travesía de confiar en Jesús como su Salvador y Señor. Todavía teníamos muchos desafíos pero había espacio para que Dios obrara, sanara e inspirara.

El recurso más grandioso del que se apropiaron para criarnos fue la oración. Hacían oraciones atrevidas, oraban las escrituras, oraban lo que no podían ver como si ya estuviese en su lugar. Le pedían ayuda a Dios para cualquier cosa y por todo.

Recuerdo ver a mi mamá de rodillas temprano en

la mañana clamando a Dios por nosotros sus hijos. Ella hablaba la Palabra; «En cuanto a estos niños, ellos crecerán en sabiduría, estatura y favor con Dios y los hombres». «Todos mis hijos serán instruidos por el Señor y grande será su paz. Serán establecidos en sabiduría y la opresión estará lejos de ellos». «Ninguna arma forjada en contra de ellos prevalecerá, toda lengua que los acuse será refutada». Mi mamá era violenta cuando se trataba de oración y adoración. Eso me daba seguridad y me hacía desear hacer lo mismo. Mi papá filtraba todo a través del versículo: «Vida y muerte hay en el poder de la lengua». Él sabía que nosotros edificaríamos nuestro futuro o lo destruiríamos con nuestras palabras y siempre nos hacía responsables de lo que hablábamos. Me hacía pensar dos veces antes de decir lo que venía a mi cabeza... y venían muchas cosas.

Siendo niña creí en Jesús y tomé la decisión de seguirlo. Conocía su amor y había experimentado su perdón incluso a los cinco años de edad. Sabía que necesitaba a Dios y quería hacerlo sentir orgulloso. Había escuchado a oradores especiales dar testimonio de haber atravesado por experiencias radicales cuando dieron sus corazones a Dios. Era como si hubieran visto estrellas o escuchado fuegos artificiales saliendo de sus corazones. Yo no había oído fuegos artificiales ni visto estrellas, así que estaría acercándome al altar con frecuencia solo para estar segura. Un domingo le dije a mi papá que necesitaba tener una fecha, un tiempo que pudiera señalar mi decisión por Cristo. Oramos juntos y sellamos el trato por una vez y para siempre. En esta ocasión tampoco hubo estrellas ¡pero tenía una fecha y estaba satisfecha!

Fui bautizada siendo bebé, pero cuando un evangelista itinerante vino a nuestra casa y bautizó personas en nuestra bañera, me quise meter, literalmente. Era una bañera muy grande y en ese entonces ya tenía cinco años. El evangelista regresó cuando tenía siete, en esa ocasión bautizó personas en la alberca y me volví a meter. Años después pude entender el propósito detrás del mandato del bautismo y anhelé dar un paso maduro de fe. Así que fui bautizada a los diecisiete durante un servicio de Año Nuevo con una de mis mejores amigas, Jeannie. ¡¿No es grandioso saber que Dios mira el corazón?!

Buscadores

Una cosa que siempre he admirado de mis padres es que son buscadores. Empezaron a buscar a Dios y nunca dejaron de hacerlo. Cuando yo era niña tenían un estudio bíblico y un grupo de oración que se reunía en nuestra casa con regularidad para adorar a Dios y buscarlo con todo el corazón. También nos llevaban cada año a una conferencia familiar cristiana. Deseaba ir cada verano. Era emocionante crecer en Dios. Me encantaba estar en Su presencia, adorándolo.

El verano en el que tenía siete años nos reunimos con cientos de familias en Hershey, Pensilvania en la conferencia anual. Recuerdo estar en un cuarto con muchos niños. Todos estábamos sentados con nuestras piernas cruzadas sobre el piso alfombrado adorando al Señor cuando el ministro de los niños nos planteó una pregunta. Preguntó si nos gustaría recibir un regalo del Espíritu Santo llamado nuestro lenguaje de oración. Nos habló acerca de la importancia de tener un lenguaje de oración y cómo podíamos usarlo cuando no supiéramos cómo orar. También nos dijo que era como hablar con Dios de espíritu a espíritu, sin interrupciones, y que Dios fortalecería nuestro espíritu y nos enseñaría cómo orar. Pensé que eso sonaba fabuloso. Así que cerré los ojos y con mi fe de niña le pedí a Dios mi lenguaje de oración y esperé. Recuerdo que canté «Aleluya» por un rato. Fue unos minutos después cuando empecé a sentir que algo estaba burbujeando en mi abdomen (mi espíritu) y entonces vinieron las palabras. Eran palabras que no eran familiares para mi mente, pero mi espíritu se sintió muy cómodo; me sentí especialmente cerca de Dios. Estaba tan agradecida porque mis papás también tenían su lenguaje de oración y tenía la bendición de compartir este don. Sabía que era especial, pero no sabía cuán especial era en ese momento. Era mucho más poderoso de lo que podía comprender en ese entonces. Tenía mucho que aprender.

Perla de Poder

Creer en Jesús como mi Señor y Salvador ha sido la verdad fundamental más importante que he aceptado. Fue mi propia decisión personal (no la de mis padres) creer la Palabra de Dios y aceptarla como verdad. Es el tesoro más grande que pude haber recibido. No tenía idea en ese entonces de lo maravilloso que era. Solo podía ver parcialmente. Creer en Dios, confiar en él y aceptar esa verdad se convirtió en mi filtro, mi manera de pensar. Basaría mi vida y mis decisiones en ello. Se comprobaría que no tiene precio y era solo el principio de mi viaje. Yo también necesitaría ser una buscadora, ir tras de Dios y encontrar las perlas a lo largo del camino.

En Mateo 13:44 Jesús dijo: «El reino de los cielos es como un tesoro escondido en un campo. Cuando un hombre lo descubrió, lo volvió a esconder, y lleno de alegría fue y vendió todo lo que tenía y compró ese campo».

DOS

La autoridad del niño que cree

«Jesús dijo: "Dejen que los niños vengan a mí,
y no se los impidan, porque el reino de los cielos es de
quienes son como ellos"».
Mateo 19:14

Una de las cosas que aprendí como creyente fue que
se me dio poder en el nombre de Jesús para decir NO y
ordenar al enemigo que se fuera. Mis papás me enseñaron
a usar mi autoridad cuando tenía un mal sueño o un mal
pensamiento. Me dieron las palabras: *Te reprendo Satanás
en el nombre de Jesús.* Satanás, o cualquier otro demonio,
tenían que obedecerme porque yo era una creyente y
hablaba en el nombre de Jesús. Intenté hacerlo por mí
misma y funcionó. Fue alrededor de ese tiempo, cuando
yo tenía seis o siete años, que mi linda amiga Kathleen me
dijo que estaba teniendo pesadillas. Inmediatamente le
compartí acerca del poder que tenía como creyente para
decirle al enemigo que se fuera en el nombre de Jesús. Ella
lo intentó y le funcionó también. ¡No me sorprendió!

Kathleen y yo hacíamos prácticamente todo juntas cuando éramos niñas. Decimos bromeando que hemos sido
amigas desde que ella nació porque yo soy un año mayor.
Nuestros padres fueron amigos desde antes que ninguna
de las dos llegara al mundo, así que estábamos destina-

das a convertirnos en mejores amigas para siempre. Una cálida mañana un sábado de junio tuvimos una carrera. Ella tenía siete años y yo ocho en ese tiempo. Acababa de terminar mis tareas y finalmente estaba afuera bajando rápidamente la calle principal del pueblo en mi bicicleta rosa *Huffy*. El cabello largo y castaño de Kathleen se movía en el aire con rapidez frente a mí. Estaba bronceada como de costumbre, con toques de luces que brillaban en el sol. Sin proponérselo, siempre se veía como modelo de la tienda de ropa y accesorios *GAP*, tenía una belleza natural. Yo, por otra parte, estaba ligeramente quemada por el sol y mi pelo era rojo, ondulado y corto. Usaba el estilo de cabello de la patinadora de hielo profesional Dorothy Hamill, no requería de tanto arreglo. Enormes pecas cubrían mi rostro irlandés-estadounidense. Pude haber sido la niña del afiche de la Dirección de Turismo Irlandés. Moviendo los párpados para que mis grandes ojos azules no se resecaran, corría contra el viento para llegar primero al cuartel de bomberos. Kathleen era veloz, pero yo también. ¡No podíamos haber estado más felices en un día cálido de verano!

Cuando entramos apresuradamente al estacionamiento vacío del cuartel de bomberos, un hombre joven en sus 20 salió caminando del edificio. Era guapo, muy guapo. Sonreímos y presionamos los pedales de los frenos mientras él se acercaba a nuestras bicicletas. Podía sentir que me sonrojaba ligeramente conforme él se acercaba. Pensé que de seguro se dirigiría a Kathleen. Entonces, repentinamente se sentó en la rueda frontal de mi bicicleta y dijo: «¿Cómo te llamas pequeña?». Sin parpadear le respondí firmemente: «Bájese de mi bicicleta, señor». Todo lo sonrojado de mi cara se fue inmediatamente. Se levantó al darse cuenta de que había cruzado una línea invisible, mi línea. No me sentí cómoda. Él no tenía una línea en su ca-

beza, pero seguro que yo sí la tenía y no tenía miedo de ha-
cérselo saber. Había entrado a mi espacio personal sin mi
permiso. Guapo o no, yo ya había desarrollado un sentido
de lo que era apropiado y no me parecía que eso estuviera
bien.

«¡Cielos! ¡En verdad se lo dijiste!» Dijo Kathleen. «Eh,
supongo que... ¿se lo dije?». Hasta yo misma me sorprendí.
Me sentí muy bien, ¡fue poderoso! Era verdad, entendí
algo; yo tenía el poder de decidir. Me mantuve firme a
pesar de que me tomó por sorpresa porque estaba despre-
venida y sonrojada. Reaccioné rápido y respondí. Ser valiente nunca antes se había sentido tan bien.

Ese verano yo estaba tomando clases para aprender a
montar a caballo. Me metía en un corral con el caballo yo
sola. Habíamos estado trotando suavemente cuando de repente el caballo se asustó y empezó a galopar. Me empujó
hacia un lado, apenas podía sostenerme de las riendas. De
alguna manera mis rodillas se aferraron al caballo principalmente por el miedo. Mientras iba corriendo alrededor del perímetro del corral mi cabeza pasaba a solo unos
centímetros de los postes de la cerca. La entrenadora trató
de sujetarlo pero fue hasta después de varias vueltas que
pudo poner al caballo bajo control. Debo decir que ese ha
sido *el* miedo más grande que he experimentado. Cuando
la instructora pudo finalmente bajarme yo estaba temblando hasta la médula. Todo mi cuerpo estaba temblando. Estaba en un estado más allá de las lágrimas, estaba en shock.
Ella trató de consolarme, pero yo estaba acabada. Todo lo
que quería era alejarme del peligro, estar lejos de ese caballo. El aturdimiento se fue poco a poco hasta que ya estuve bien. Después de todo, no me había lastimado. Lloré
a gemidos cuando me di cuenta de lo cerca que estuve de
morir. Entonces la entrenadora dijo algo inimaginable:
«Fiona, tienes que volver a subirte a ese caballo». Sacudí

mi cabeza. «¡De ninguna manera!». «Tal vez me suba a otro caballo en unos años más, pero *nunca* a ese caballo. Nunca jamás me volveré a subir a ese caballo». Entonces ella me dijo: «Si *no* te vuelves a subir a ese caballo, les tendrás miedo a los caballo el *resto* de tu vida».

Me quedé ahí parada llorando y luchando internamente. Era difícil, muy difícil, pero pude ver con claridad a qué se refería la entrenadora. Terminaría arrastrando este temor por el resto de mi vida. No quería que ganara el miedo. Quería ser libre, así que después de que tomé un momento para calmarme decidí enfrentar ese miedo y volver a montar. No me gustaba la idea, pero lo hice de todos modos. No puedo decir que me sentí llena de paz, pero definitivamente vencí el temor. Fue una lección dura; una que no había planeado aprender ese día. Estoy muy contenta de haberme vuelto a subir porque realmente amo a los caballos y me hubiera perdido de muchos momentos preciosos en mi futuro. Esto era solo el principio. Dios demostró que usaría cualquier cosa en mi vida para hacerme más fuerte.

Ese año recibí perlas por primera vez, de una amiga de la familia. Yo fui paje en su boda. No podía creer que me estaba dando un collar de perlas *de verdad*. Me sentí tan especial al usarlo. Fue un regalo extravagante para una niña de ocho años y estaba muy consciente de eso. Sabía que las perlas eran muy costosas y apreciadas. Para hacer un collar tenías que encontrar perlas del tamaño exacto que fueran perfectamente redondas. Mi mamá me contó su historia; cómo empiezan a formarse de un simple grano de arena en momentos de irritación de la ostra. Es sorprendente que algo tan hermoso pueda venir de un momento de irritación. Así como el hombre que se sentó en la llanta de mi bicicleta o el caballo asustado, estas experiencias que me irritaron se convirtieron en momentos decisivos que se volvieron perlas que podría usar por el resto de mi vida. No me agradaron en su momento, pero amé lo que surgió de ellas. Se convirtieron en parte de mi cofre del tesoro.

Perla de Poder

¡Eres más fuerte de lo que piensas! Con la ayuda de Dios puedes hacer todo lo que necesites. «Pues Dios no nos ha dado un espíritu de timidez, sino de poder, de amor y de dominio propio». 2 Timoteo 1:7

Discernimiento, mi súper poder

Tenemos el poder de decidir. No solo podemos decidir la manera como manejamos las situaciones con otras personas, también tenemos el poder de decidir cómo manejamos nuestros propios pensamientos. Nosotros decidimos lo que se puede quedar y lo que se tiene que ir. Nuestros pensamientos es lo más privado que tenemos. Escoger pensar lo correcto nos lleva a buenas acciones.

Tal vez tenía ocho o nueve años en el tiempo que tuve la experiencia más inusual. Fue verdaderamente insidioso. Ahora lo entiendo mucho más, pero cuando sucedió no me di cuenta de lo intenso que era ese ataque sobre mi vida y mi destino. Estaba jugando sola en mi cuarto, el cual compartía con mi hermana mayor Siobhan (que se pronuncia Shavon, te dije que somos irlandeses). Recuerdo que estaba caminando de mi cama a mi vestidor cuando de repente vino un pensamiento. Sonó fuerte en mi cabeza y detuvo mis pisadas: «Me pregunto si soy recta». Ni siquiera sabía lo que significaban esas palabras en ese tiempo. Era muy extraño que vinieran a mi mente palabras que ni siquiera entendía ni había pensado. «¿Qué significa *recta* al fin y al cabo?» pensé. Además, el hecho de que el pensamiento viniera en primera persona... «me pregunto si *soy* recta». Fue como si estuviera hablando conmigo misma y cuestionándome. Pero, ¿cómo podría preguntarme a mí misma de algo con lo que ni siquiera estaba familiarizada? Al mismo tiempo parecía como si me estuvieran cuestionando. Mi espíritu se perturbó. Algo en esas palabras no parecía estar bien. No eran mis palabras. Decidí hacerlas a un lado, simplemente decidí no darles atención y regresar a lo que estaba haciendo. Fue por la gracia de Dios que esas palabras no echaron raíces.

La verdad es que realmente a mí no me gustaban mucho todas las cosas típicas de las niñas. No me gustaba mucho ir de compras, ni los vestidos o el *ballet*. Mis colores favoritos eran el verde y el azul, no el rosa y el morado. Me gustaban las muñecas, pero eso era más que nada porque me gustaba cortarles el pelo. Prefería estar afuera subiendo un árbol, persiguiendo a los niños o en alguna otra aventura. Me podía identificar con María la de la *Novicia Rebelde*, corriendo a la cima de una montaña para estar rodeada de la naturaleza y ¡cantar lo que había en su pequeño corazón! Ella tampoco era una persona típica. Tenía el cabello corto, se subía a los árboles, remaba botes, corría carreras en bicicleta, deambulaba por la creación y amaba a Dios. No parecía estar preocupada por su apariencia y se ponía el vestido que los pobres no querían usar. Tenía cuidado de sí misma, pero no estaba tratando de impresionar a nadie. Me parece como que primero se topó con su valentía y luego descubrió su belleza cuando se enamoró del capitán; y después continuó su valiente y hermosa vida. ¡Me pareció muy bien eso! Me encantó *La familia suiza Robinson* [Swiss Family Robinson], *Los más torpes del Oeste* [The Apple Dumpling Gang], *Ana la de las tejas verdes* [Anne of Green Gables]. Chicas que tomaron tiempo creciendo interiormente y un día, casi de repente, se convirtieron en las bellezas que todo el tiempo habían anhelado ser.

Descubrí que tenía valentía, pero mi belleza seguía todavía en transformación. Creí que algún día la encontraría. Mientras tanto, necesitaría adaptarme a mis dientes grandes del frente, aceptar mi cuerpo cambiante y aprender a amarme a mí misma por ser simplemente yo. Nada de compararme a mí misma con una muñeca Barbie. Sencillamente no me veía así. Estaba completa con mi cabello brillante y rojo, mis pecas llamativas y mis brillantes ojos azules. Estaba apasionada por la vida, por Dios y la aventura. ¡Eso era bueno! Hasta Dios dijo que era bueno cuando pensó en mí. Él fue quien me hizo y sabía exactamente lo que estaba haciendo... sin equivocaciones.

No fue sino hasta años después que supe lo que significaba ser alguien *recto*. Me asombró que el enemigo tratara de confundirme siendo tan pequeña. Por la gracia de Dios no me cuestioné a mí misma en cuanto a mi género o mi sexualidad. También aprendí una gran lección acerca de cómo opera el enemigo. Muchas veces cuando el enemigo, que también se llama el acusador, trata de plantar semillas de destrucción, pone pensamientos en primera persona en nuestra mente. En realidad es el enemigo que está hablando mentiras pero hace parecer como si tú te lo estuvieras diciendo a ti misma. Por ejemplo, en vez de decir: «Eres un fracaso», él planta el pensamiento «**Soy** un fracaso». Así que parece como que a ti se te ocurrió la idea siendo que es el sucio diablo. Nos odia. No solo nos planta el pensamiento, también nos acusa por tenerlo. ¡Habla acerca de maldad! Odia que hayamos sido hechos a imagen y semejanza de Dios. El diablo lo intentará todo para tumbarnos. «...no viene más que a robar, matar y destruir» (Juan 10:10). Intentará arruinar nuestra identidad, nuestra fe y nuestra confianza en Dios, igual como lo hizo en el jardín con

Adán y Eva. Trató de sembrar semillas de duda para que ellos cuestionaran a su Dios, su fe y su identidad.

Lo asombroso de ser niño y ser un niño creyente es que se te dan las mismas herramientas que a un adulto. No recibes un «Espíritu Santo júnior», recibes el Espíritu Santo. Puedes darte cuenta cuando el enemigo está tramando algo malo y decidir en contra de él; di no, y pon un muro. Se llama discernimiento. Tu espíritu tiene un radar. Te dice lo que es seguro y lo que no es; como caliente y frío. Tú puedes rechazar las mentiras y hacerlas retroceder acomodando las cosas en el lugar correcto en tu cabeza y en tu corazón. Cuando haces esto creas convicciones. Mientras más haces retroceder las mentiras, más firmes son tus convicciones y tú eres más fuerte. Esto es muy poderoso e impresionante, ¡especialmente para un niño!

Todos aman los súper héroes. El discernimiento te da la oportunidad de ser uno porque es en realidad ¡un poder sobrenatural! La Biblia dice en 2 Pedro 1:3: «Su divino poder...nos ha concedido todas las cosas que necesitamos para vivir como Dios manda». Es Dios hablándote a ti, dirigiéndote y dándote fuerza para hacer lo mejor. Tú puedes saber qué es correcto y tomar muy buenas decisiones todos los días al escuchar al Espíritu Santo y hacer retroceder al enemigo. Claro que esto se perfecciona con la práctica. Requiere que practiques el escuchar a Dios y poner atención al discernimiento, ¡pero funciona! A veces yo me equivocaba, ¡pero lo estaba practicando!

Marihuana no

Otro momento fundamental que recuerdo muy vívidamente vino poco después. Fue una tarde de otoño. Mi mamá me había pedido que recogiera un galón de leche en el supermercado del vecindario. Cuando iba por el camino trasero de la tienda vi a un adolescente apoyado en la pared de cemento que llegaba hasta el frente del edificio. A veces los niños tramaban cosas malas ahí atrás. Fui cautelosa, pero estaba confiada. Sabía defenderme. Cuando me acerqué me di cuenta de que estaba tratando de pararse con mucha dificultad; parecía como si se hubiera vomitado y orinado sobre sí mismo y se veía demacrado y escalofriantemente flaco. Nunca olvidaré sus palabras: «¿Quieres comprar algo de marihuana?». Me quedé conmocionada. No podía creer que estuviera tratando de venderme drogas. Yo era una niña. Debió estar extremadamente desesperado. Fue muy triste para mí que él estuviera tratando de venderme la misma cosa que lo llevó a esa condición. Vi el lado oscuro de entregarse a una tentación tan grande. De hecho, era escalofriante pensar en perder mi vida por algo tan bajo. En verdad sentí pena por él. Mi corazón estaba cargado. No dije ni una palabra y seguí mi camino hacia la vuelta de la esquina. Estaba resuelto, podía marcarlo en la lista. **Nunca tomaría drogas. Era una convicción en mi cofre del tesoro.**

Perla de Poder

No tienes que esperar a ser mayor para tomar buenas decisiones en tu vida. Puedes decidir siendo niña qué pasos sanos puedes dar. Dios te va a ayudar a entender qué es lo mejor. «La necedad divierte al insensato, el inteligente camina con rectitud». Proverbios 15:21 (BLP)

Yendo a la iglesia

Muchas decisiones importantes que formarían mi vida las tomé a temprana edad, entre los 11 y los 14 años. Necesitaba saber lo que creía, a dónde me dirigía y cuáles eran mis convicciones. Si no tenía alguna convicción en particular sobre algo importante, necesitaba tenerla rápido. La vida venía a mi encuentro con rapidez. La manera como pensaba acerca de Dios, del mundo y de mí misma jugó un papel muy importante en lo que sucedió en la preparatoria y más adelante. Esos fueron años complicados. A veces me sentía estable y otras extremadamente vulnerable. Me ayudaba mucho ir a la iglesia, estar con Dios en adoración y estar rodeada de otros creyentes. Necesitaba estar en un ambiente de fe más que andar por mi cuenta.

Teníamos reuniones en la iglesia los domingos en la mañana y la tarde, también los miércoles en la noche, y el grupo de jóvenes el viernes. Trataba de asistir lo más frecuentemente posible. A veces era difícil los miércoles debido a la escuela, pero cuando hacía un esfuerzo extra por asistir Dios siempre me salía al encuentro de una manera especial. Algo que me encantaba de la iglesia era conocer misioneros y escuchar sus locas historias de Dios. Anhelaba lo mismo para mi vida. Pensaba que sería maravilloso que Dios usara mi vida de esa manera algún día. A veces hospedábamos a los misioneros en nuestra casa. Era muy inspirador estar sentada a la mesa escuchando los impresionantes y poderosos milagros de los que hablaban. Mi espíritu se encendía y me maravillaba de Dios y de cómo usa a todo tipo de personas. Me di cuenta de que ellos eran muy realistas y tenían los pies en la tierra. Lo que los hacía sobresalir era su disposición de simplemente hacer lo que Dios les pedía que hicieran. La alegría de seguir a Jesús era definitivamente contagiosa. ¡Esa gente sí que se divertía!

Recuerdo a una magnífica pareja joven de misioneros. Tenían una gran pasión por Dios perfectamente combinada con un divertido sentido del humor acerca de la vida. Nunca olvidaré una historia que compartieron acerca de una pareja que fue a esquiar a Vermont. Eran principiantes. Después de tomar una lección en una colina pequeña y aprender cómo barrer la nieve para frenar, salieron a unas pistas de ocho kilómetros. Les encantó, era un día perfecto para esquiar. Después de muchas carreras perfectas habían alcanzado una vez más la cima, entonces la esposa se dio cuenta de que tenía que ir al baño y no iba a poder aguantar hasta llegar a la cabaña. El esposo le dijo que no había problema. Que solamente se fuera detrás de una roca grande y él distraería a cualquiera que pasara por ahí. Ella tomó su consejo y fue detrás de un peñasco. Se bajó los pantalones, se puso en posición, pero al reclinarse sobre los esquíes empezó a deslizarse hacia atrás. Su esposo la vio deslizándose en el camino como una barra de jabón mojado y le gritó: «¡Cariño, ¿Qué estás haciendo?!». Ella gritó: «¡Me resbalé! ¡Ayúdame!». Pero desafortunadamente estaba en una posición perfectamente aerodinámica y bajaba a gran velocidad por el camino, golpeando su pobre y pequeño trasero mientras bajaba. El esposo no pudo alcanzar su velocidad porque ella iba casi volando por la pendiente hasta llegar a encontrarse justo en frente de la cabaña con los pantalones abajo. Fue un momento terriblemente penoso.

Llamaron a una ambulancia mientras estaba tendida en una camilla esperando el transporte de emergencia en el salón de primeros auxilios. De repente llevaron a otro hombre en camilla también. Ese tipo estaba hecho un desastre. Por todos sus gemidos y lamentos ni siquiera querían preguntarle qué había sucedido; pareciera como que se había roto una pierna *y* un brazo. El hombre decidió contarles lo que había pasado. «Nunca lo creerían. Estaba en el teleférico cuando de repente vi a una mujer bajando la colina medio desnuda. Como no podía creer lo que estaba viendo me incliné para ver bien, me resbalé y caí del teleférico». «¡¡Claro que te creemos!!» Le respondieron. Todos estaban en los periódicos al día siguiente.

¡Nos reímos tanto! Los amé aún más por ser tan auténticos con nosotros. Pude ver su genuina realización en el ministerio y un profundo amor por Dios y la gente. Nos contaron qué salió bien y qué salió mal y cómo Dios los sacó adelante. Todo se arreglaba conforme confiaban en Dios. Me encantó su transparencia y que no tenían que aparentar que tenían todo bajo control. Solo querían que supiéramos que Dios realmente tenía todo bajo control y ellos solo lo estaban siguiendo. ¡Apenas estaban en sus 20! ¡Perfecto! ¡Capté la visión! Pude verme a mí misma yendo a América del Sur en mis 20. ¡La aventura me esperaba!

Perla de Poder

Nunca eres demasiado joven o grande para tener una visión para tu vida. Para Dios es muy importante que tengas una visión para ti. La manera como te ves a ti misma define en quien te convertirás. Puedes cambiar la manera como te ves a ti misma cambiando tu visión. Dios cree tanto en la visión que dijo: «Donde no hay visión el pueblo se extravía». Pregúntale lo que piensa de ti y cree sus pal

Necesito saber lo fundamental

Siempre estaba en una postura de «necesito saber lo fundamental» de las cosas... aún lo estoy. No tenía que estar en la «búsqueda para saber el todo» de las cosas, y realmente tampoco me interesaba mucho en ello. Pensaba que si tenía que saber algo, en su momento lo sabría. Tenía preguntas, pero no había mayor indagación de mi parte para resolver la vida demasiado rápido. Algunas preguntas parecían estar un poco fuera de mi espacio y tiempo. Disfrutaba vivir el ahora y sentía un buen ritmo de crecimiento conforme se iba dando. Creo que mis papás fueron sabios al no darme mucha información demasiado rápido. Sabían que la vida sucedería, era inevitable; no trataron de explicarlo todo. Eso estuvo bien para mí. A veces recibir demasiada información muy pronto puede causar curiosidad y preocupación por cosas que no están presentes. No necesitaba eso. También me di cuenta de que podía presionar el botón para detener la información... y ciertamente necesitaba hacerlo. Mis pensamientos eran lo más privado que tenía. Quería que estuvieran despejados y algunas cosas sencillamente no eran para compartirse con alguien tan joven como yo. Es muy bueno ser inocente, no saberlo todo. La Biblia dice en Tito 1:15: « Para los puros todo es puro, pero para los corruptos e incrédulos no hay nada puro. Al contrario, tienen corrompidas la mente y la conciencia». Cuando me enfocaba en cosas que eran buenas, sanas e inocentes veía las cosas de esa manera. De hecho mantuve mi cabeza libre de problemas al no saber tanto de las cosas de este mundo. Cuando venían pensamientos negativos, impuros y dañinos, me llegaban como sugerencias y había frente a mí una elección. La mejor elección que podía hacer era desecharlos. Sí, ¡como en el retrete! No valía la pena conservarlos porque apestarían mis demás pensamientos.

Perla de Poder

«El ingenuo cree todo lo que le dicen; el prudente se fija por dónde va». Proverbios 14:15. Piensa en lo que es realmente importante: ¿información extra e innecesaria, o pensamientos limpios y claros? Puedes lograr mucho más con una mente despejada y ordenada. ¡Es así de simple!

La verdad acerca de la proyección

Mi papá tuvo una doctora residente en su consultorio. Era muy bonita, una creyente amiga de la familia. Había estado en muchos concursos y había ganado la competencia estatal rumbo a *«Miss USA»*. Se quedó con nuestra familia varios meses así que hubo muchas oportunidades para conversar. Recuerdo una tarde en la que me serví helado en un gran tazón y me senté a platicar con ella. Fue durante una de esas etapas en las que me di un estirón. Estaba un poco rechonchita, justo antes de todos mis cambios, luego crecí como la maleza. No importaba lo que comiera, podía digerirlo en 10 minutos. Cuando me senté me miró y después volteó a ver el gran tazón. Después se inclinó y dijo suavemente: «¿Tienes problemas con la bulimia?» Me recliné y dije: «¿Qué es eso?». Ella respondió: «Es cuando vomitas lo que comes para no subir de peso». Me impresionó un poco la definición y con incomodidad dije: «No». Yo no sabía que la gente hacía esas cosas, pero ciertamente no sonaba como una buena idea. Me vio con desconfianza y dijo: «¿Estás segura? ¡Eso es mucho helado!». No podía creer que ella pensara que yo podía mentir acerca de algo así. ¡Era una niña por el amor de Dios! ¿A qué niño no le encanta el helado? Lo que más me molestó fue que no me creyera. Hasta fue con mis padres y les dijo su preocupación por mí. Le aseguraron que yo estaba bien y nunca sentí que ellos se preocuparan por eso, ni que dudaran de mí. Estoy muy agradecida por ello.

Tuve que pararme muy firme en mi interior para no permitir que sus palabras me afectaran. No me gustaba que me interrogaran de esa manera. No me gustaba la desconfianza. Tenía que aferrarme a lo verdadero que conocía. Lo verdadero era mi libertad; si había una pregunta planteada, yo tenía la libertad de no tomar el camino de los «qué tal si...». Pude haber dejado que eso me hiciera polvo preguntándome a mí misma: «¿Qué tal si tuviera ese problema»? «¿Qué es todo eso de cualquier manera?». «¿Por qué ella pensaría eso?» Bla, bla, bla. No necesitaba saber nada más acerca de la bulimia. No tenía ningún problema y ciertamente no necesitaba ninguno.

De lo que no estaba consciente en ese tiempo es que ella misma tenía un problema en esa área. Estuvo luchando con un desorden alimenticio y se estaba proyectando en mí. Estaba tratando de encontrar en mí su problema.

Perla de Poder

Es una gran libertad cuando podemos declarar con claridad quienes realmente somos. No necesitamos enredarnos con las palabras de alguien más solo porque pareciera que sabe de lo que está hablando. Podemos ser lo suficientemente valientes como para mantenernos fieles con nosotros mismos. Nuestra identidad no está a la disposición de otros. Podemos sacudirnos las palabras de otras personas si no están edificándonos o hablando vida a nuestro futuro. No hay razón para que llevemos la carga de alguien más. Tendremos nuestras propias luchas por enfrentar. No necesitamos agregar otras. Además, «Cristo nos liberó para que vivamos en libertad». Gálatas 5:1. ¡Dios nos quiere *libres, libres, LIBRES!*

La alta hermana menor

Para el tiempo cuando tenía cinco años ya tenía la misma estatura que mi hermana Siobhan, que es dos años mayor. Nunca tuve la alegría de que me pasara su ropa. Fuimos de la misma talla por años y con el paso del tiempo yo crecí más. Me maravillaba que mi mamá y sus hermanas siempre tuvieron la característica de tener la estatura de metro y medio. Ellas se maravillaban de que yo me hubiera estirado 16.5 cms más y me convirtiera en la más alta, siendo la hermana menor. No hay necesidad de decir que Siobhan y yo no siempre veíamos las cosas desde la misma perspectiva (en todo sentido). Compartimos una recámara por más de una década. Siobhan con frecuencia me preguntaba si quería que me hiciera cosquillas en la espalda con la expectativa de que le correspondiera. Siempre accedía con gusto considerando que Siobhan mantenía sus uñas largas y perfectamente limadas para esa tarea. Tenía más que un talento especial para eso. Le encantaba hacerles cosquillas en la espalda a todos los niños, era algo así como su propio lenguaje del amor. Sin embargo, estaba muy lejos de ser justo. Yo tenía el hábito de comerme las uñas y ella nunca sabía lo que le esperaba conmigo. Además, me aprovechaba al máximo de su don especial y fingía que me había dormido antes de cumplir mi parte del trato. ¡Eso estaba muy mal!

Siobhan también tenía la maravillosa habilidad de guardar dulces en el cajón más alto de su cómoda. Yo, por otra parte, me comía mis dulces tan rápido como me fuera posible. No dejaba nada para guardar y disfrutar después, solo me quedaba deseando más. Esto era problemático y me llevaba a mi antojada perdición. Luego, «de casualidad me tropezaba» con esas exquisitas y bien escondidas delicias. Sí, amaba a mi hermana, pero también amaba los dulces. La tentación era demasiado grande. Todas las veces caí. ¡Lamentable! Si hubieran sido míos los dulces asediados me hubiera puesto como loca del coraje. Ella guardó dulces por meses solo para descubrir después un cajón vacío. ¡Oh qué fea es la traición!

Estar de acuerdo era complicado en muchos niveles. Siobhan no era débil. Tenía un tremendo sentido de propósito y liderazgo aun a su temprana edad. Le encantaba hacer todo con excelencia y precisión, podía hacer cualquier cosa que se propusiera. Su lado de la recámara siempre estaba limpio y en orden. Estaba literalmente en un entrenamiento infantil del carácter para convertirse en una gran doctora, una esposa fenomenal, mamá de seis y poderosa mujer de Dios. ¡Definitivamente necesitaría ser fuerte! Yo, sin embargo, era un alma caprichosa y divertida con un espíritu libre. Mi alegría era hacer de cada cosa una canción, un baile, un acento o una broma. Yo no tenía que romper el hielo como mis hermanos mayores. Ellos realmente allanaron un buen camino para mí, además mi personalidad era muy contrastante con la de ellos. Sí, sería poderosa en la tierra, pero entré de un ángulo diferente.

Como en cada familia grande, había un orden jerárquico para molestar. Algunos peleaban más duro que otros. Tenía dos hermanos mayores y dos menores, pero a mí no me gustaba pelear. No buscaba pleito aunque tuviera una buena razón para hacerlo. De hecho, cuando había alguna pelea y yo era parte, solo me protegía. Subía las manos, me cubría a mí misma y esperaba a que pasara. Así era como le hacía frente. A veces me sentía vencida, pero nunca me sentí víctima. Permanecía como un pájaro libre. Simplemente no quería contraatacar. Un día ordinario, recuerdo que estaba parada en el lavamanos en el baño. Algo sucedió que molestó a mi hermana, pero esta vez pasó algo muy diferente. Al verla hacia abajo tuve una revelación. ¡Estaba viéndola hacia abajo! En ese momento ya era doce centímetros más alta que ella. ¡DOCE centímetros!

«¿Qué? Soy más alta. ¿Por qué solo me protejo? ¿Por qué no me defiendo yo misma? No soy débil. ¡Suficiente es suficiente! ¡Haz algo Fiona!», pensé. Así que tomé a mi hermana y la aventé por el corredor. Ella pegó en una puerta y se resbaló en el piso impactada y desconcertada. Ninguna de las dos entendimos lo que me había sucedido. Ella gritó: «¡MAMÁ!». Mi mamá subió corriendo las escaleras y se sorprendió de verla en el piso y a mí parada ilesa. «¿Qué pasó?», preguntó con un tono de asombro.

¡Siobhan rápidamente le dijo que yo la había levantado y aventado por el corredor! Levantó las cejas sorprendida y respondió con suavidad: «Bueno... espero que hayas aprendido tu lección» y se fue. Eso fue todo.

Nuestras diferencias no terminaron ese día pero el temor sí se acabó. Hubo todavía ocasiones en las que no estuvimos de acuerdo, pero ya no buscaba solo protegerme, me defendía. Parada con firmeza, los brazos abajo, la barbilla hacia arriba, y recordándome a mí misma quién era... era un poco más alta, la alta hermana menor.

Perla de Poder

«Así que tú, hijo mío, fortalécete por la gracia que tenemos en Cristo Jesús». 2 Timoteo 2:1. Hay un tiempo en el que Dios te da la gracia de ser fuerte para enfrentar tu temor y triunfar. Toma esa gracia. No fuimos creados para ser tratados con desprecio. Debes estimarte y respetarte a ti misma sin importar como actúen las personas a tu alrededor. Defiéndete. Toma la gracia y sé fuerte.

(Debo confesar, nunca siquiera consideré compartir esta historia porque tengo un gran respeto por mi hermana Siobhan y la honro, pero ella sugirió que la contara sabiendo que podría traer sanidad a otros. Nos amamos con todo el corazón. Dios, en su infinita gracia trajo una dulce sanidad y restauración a nuestra relación. Atesoro nuestra relación. ¡Te bendigo hermana!).

Jeans ajustados

Un día cuando salía de prisa de la casa para saltar al

auto e ir a la reunión de jóvenes, mi papá me detuvo en la entrada de la cochera.

«No puedes ir así», dijo vacilante.

«¿Cómo?»

«No puedes ir así» repitió con cara de mucha preocupación.

Nunca antes lo había visto con esa cara. Mirando cautelosamente los jeans que estaban muy pegados alrededor de mi cadera, dijo enfáticamente que debía cambiarme los pantalones. Justo los acababa de adquirir ese mes y estaba muy emocionada de ir semi-arreglada para el grupo de jóvenes. Eran azul claro con rayas finas blancas y mi blusa era amarillo claro con rayas blancas. Me sentía muy bien con el atuendo, le dije que acababa de adquirirlo.

Él me preguntó qué pasó con los pantalones. No estaba muy segura de cuál era el problema. Le dije que había crecido y tal vez... ¿se habían encogido un poco en la secadora...? Él amablemente se disculpó y me pidió que regresara a la casa para hablar un minuto. Estaba muy decepcionada, pero me di cuenta de que era muy importante para él; mi papá estaba tratando desesperadamente de explicarme algo para lo que no tenía todas las palabras. Sentarme en el sofá me tomó unos momentos porque necesité unos segundos para poder agacharme y acomodarme el pantalón. Realmente me había apachurrado para meterme en esos jeans. Los dos nos sentíamos raros y un poco avergonzados por tener esa conversación, pero yo estaba realmente despistada y él realmente era mi papá.

Se esforzó por explicarme por qué no era una buena idea usar cosas apretadas. Como que trató de mencionar que no era conveniente que otras personas me vieran así, los muchachos en particular. Después trató de explicarme algunas cosas de cuando él era adolescente y una joven que conocía que hizo algo así y cómo eso realmente no había sido bueno; mientras más hablaba más nos apenábamos. Estoy segura de que las caras de ambos estaban rojas en ese punto. Finalmente cerró la conversación. Ambos nos sentimos aliviados de que la plática hubiera terminado. Básicamente me quedé con la idea de que eso no estaba bien y que se interesaba en mí lo suficiente como para detener todo y decírmelo. Eso bastaba para mí. Sé que no quería que fuera cohibida; lo que quería era que supiera que no era lo mismo para las jovencitas que para los muchachos. Para mí eso fue solo un percance menor con motivo de la moda. Para él fue un asunto de protección y una necesidad de cuidarme, de guiar mi corazón de doce años porque realmente no sabía que la elección de mi ropa podía afectar a otros. Estaba empezando a aprender acerca del recato y el pudor; empezaba a notar que los hombres se fijaban en mí. Cuando notas que ellos te ven, es bueno saber lo que es la modestia porque nadie necesita recibir atención de manera inapropiada. Solo produce acciones inadecuadas y yo no quería eso.

No me sentí muy bien de ser corregida por mi papá, pero cuando vi la escritura: «Hijo mío, no tomes a la ligera la disciplina del Señor ni te desanimes cuando te reprenda, porque el Señor disciplina a los que ama» (Hebreos 12:5-6), me di cuenta de que lo hacía porque me amaba. Eso requirió de valentía. Ahora que ya sabía que eso era un problema era mi responsabilidad cuidarme a mí misma, estuviera viendo mi papá o no.

Empecé a entender cómo era la buena atención. Seguro que hay personas que tienen sus problemas sin importar la ropa que tú estés usando. No es mi deber asegurarme de que todos estén pensando correctamente, pero me puedo vestir de manera hermosa evitando atraer atención negativa hacia mí misma. Eso me llevaría de nuevo al discernimiento, ¡mi súper poder! Podía revisar con el

Espíritu Santo y preguntarle si estaba dentro de la zona... de «la zona de la modestia». Me di cuenta de que me sentía más confiada y con menos distracciones cuando estaba «en la zona». También sentía que me respetaba a mí misma y respetaba a los jóvenes cuando tomaba buenas decisiones. ¡A todos les gusta ser respetados!

Todo esto fue un proceso. Todavía me gustaba recibir atención. Necesitaba entender cómo era eso para una jovencita. Le preguntaría al Espíritu Santo cuando tuviera una duda de lo que estuviera usando. Es una de las dulces maneras como Dios nos guía tiernamente a nosotras las mujeres y a las mujeres en proceso de desarrollo.

Unos años después me encontré un versículo que lo determinó todo para mí. Lo escribí rápido en mi diario. Proverbios 11:22: «Como argolla de oro en hocico de cerdo es la mujer bella pero indiscreta». ¡Ah! De ninguna manera quiero ser ese anillo en el hocico del cerdo. Soy hermosa porque Dios me hizo. No busco ser expuesta por algo que rueda en la mugre. Jesús, ¡por favor ayúdame a mantenerme lejos de los cerdos!

Perla de Poder

Tu espíritu tiene un radar llamado discernimiento. Te ayuda a distinguir la verdad de la mentira. Te anima a tener opiniones acertadas de ti misma y de lo que pasa a tu alrededor. Te da la habilidad de escoger sabiamente y de cuestionar una situación cuando es necesario. Mientras más lo uses, más fuerte es. El discernimiento viene directamente del Espíritu Santo. Rendirte a las indicaciones de Dios causa que tu discernimiento crezca. El discernimiento quiere preservarte, protegerte y bendecirte. Nunca lamentarás seguir su dirección, Él es el Espíritu de Verdad.

TRES

Un milagro bastará

«Él fue traspasado por nuestras rebeliones, y molido por nuestras iniquidades; sobre él recayó el castigo, precio de nuestra paz y gracias a sus heridas fuimos sanados».

Isaías 53:5

La vida continuaba de manera hermosa. Éramos muy bendecidos como familia. La clínica de mi papá estaba prosperando. Nuestra fe era fuerte y la vida buena. El séptimo grado había quedado atrás y ya era el verano. ¡Viva! Me fui en bicicleta a la Escuela Bíblica de Vacaciones de la iglesia Bautista local y llamé a mi casa para ver cómo iba todo con la bebé. Mi mamá estaba en trabajo de parto con el muy esperado bebé número cinco, Deirdre Kaitrin. Ella era una promesa que mis padres guardaron en su corazón por nueve años. Un grupo de amigos cercanos de la iglesia había estado orando en la sala toda la noche mientras esperábamos el nacimiento de Deirdre en nuestra casa; pero como no había llegado, siendo ya de mañana, pasé a la siguiente mejor opción: la Escuela Bíblica de Vacaciones.

«Entonces, ¿cómo va todo?» Pregunté desde el teléfono de paga de la iglesia.

«Ya nació».

«¿Estás bromeando?» Pensé que era mi hermana molestándome.

«No Fiona. Soy la Señora Kniskern. Tu mamá ya dio a luz a una hermosa bebé...».

Tiré el teléfono y brinqué a mi bicicleta dirigiéndome a la casa a la velocidad de la luz. Kathleen, mi amiga que estaba conmigo, trató de ir tan rápido como yo, pero no me alcanzó. Yo traía la suficiente adrenalina como para que las dos llegáramos a la casa a la velocidad de un cohete. Ahí estaba, una hermosa bebé de casi 5 kilos. Mi mamá se veía como un ángel. Su cara brillaba de la alegría. Todos estaban llenos de asombro y maravillados. Cada bebé es un milagro tan grande. Es una oportunidad extraordinaria para que los niños vean la gloria de Dios en unas manos y pies tan pequeñitos. Por días estuvimos como flotando de puro asombro.

Fue solo 12 días después cuando la vida dio un gran cambio. Recibimos una llamada de que Kieran, mi hermano mayor que tenía 15 años en ese tiempo, había tenido un accidente de buceo en un lago cercano. Mi papá recuerda oír la ambulancia afuera de la ventana de su oficina mientras mi mamá le daba la noticia por teléfono. Mi papá salió de prisa al hospital, pero se sorprendió al encontrarse con que la ambulancia todavía no había llegado. Finalmente, cuando la ambulancia dio vuelta muy despacio en la esquina, mi papá se dio cuenta de la severidad del accidente. Las ambulancias lentas típicamente son un indicativo de una lesión en la médula espinal. Siendo mi papá un médico especializándose en la columna vertebral, supo a lo que se enfrentaban. Eso no se veía nada bien. Kieran se había fracturado la quinta y la sexta vértebra cervical; estaba paralizado.

Después de escuchar el diagnóstico, mis padres nos llamaron a reunirnos todos como familia. Nos explicaron la situación, pero rápidamente nos recordaron de nuestra fe y nos dijeron que debíamos creer a Dios y su Palabra y confiar que sanaría a Kieran. Habíamos escuchado tantos testimonios de milagros y ahora creeríamos como familia que Dios es el sanador y que todavía sana hoy como lo hizo en los tiempos bíblicos. Después mi papá nos habló muy enfáticamente del poder que hay en estar de acuerdo y nos instó a estar unidos en fe. Estuvimos de acuerdo. Nos dejó muy claro que en el caso de que otras personas hablaran negativamente de la situación, nosotros deberíamos hacer todo lo que estuviera a nuestro alcance para alejarnos de esa conversación. Era más importante permanecer en fe y hablar palabras de vida. Dicho eso, mis papás pusieron escrituras en el techo y el piso del cuarto del hospital en el que estaba mi hermano. Estaba acomodado con aparatos con un tratamiento de tracción. Cuatro horas viendo hacia arriba y cuatro horas viendo hacia abajo. A donde quiera que Kieran estuviera viendo podía ver carteles con personas caminando y corriendo; estas imágenes que proyectaban vida aunadas a las escrituras del poder sanador de Dios afirmaron su fe. La que recuerdo más fue el Salmo 116:9 (LBLA), «Andaré delante del Señor en la tierra de los vivientes».

Era un tiempo crítico. Aunque era una niña no recuerdo haberme sentido abrumada. Estábamos resueltos a ver a Kieran sanado. Los días se hicieron semanas y las semanas meses. Cada mañana mi papá pasaba al hospital antes de ir al trabajo. Nos dijo después que usualmente iba llorando todo el camino a Connecticut, orando en su lenguaje de oración porque eso era todo lo que él sabía hacer. Oraba por Kieran las oraciones más valientes y atrevidas y le hablaba escrituras de sanidad dándole visión y ánimo. Después le daba masaje en las manos abiertas porque la atrofia se había vuelto muy severa. Era muy difícil ver a Kieran pasando por todo eso. Cada día era un desafío tremendo. Antes del accidente él era una imagen de salud, un adolescente muy fuerte y musculoso al que le encantaba ejercitarse y jugar fútbol, pero en solo dos semanas todo empezó a cambiar. Perdió peso y tono muscular y tuvo que encontrar maneras de mantener su corazón y mente en el lugar correcto. Mis padres continuaron confiando en Dios. Le pidieron a todos sus conocidos que oraran y armaron una cadena de oración de 24 horas.

Nunca olvidaré un domingo que estaba sentada en la iglesia cuando el pastor llamó a mi papá preguntándole cómo estaba Kieran. Mi papá se levantó con lágrimas corriendo por su cara y declaró: «Jesucristo es Señor» y volvió a tomar su asiento. Inmediatamente el servicio se convirtió en una reunión de oración y todos, desde el más joven hasta el más viejo, se pusieron de rodillas clamando a Dios por sanidad. Creíamos con todo el corazón que Dios lo había hecho antes y podía hacerlo otra vez; sin embargo, parecía como si las cosas estuvieran empeorando.

Un día mi hermano decidió preguntarle él mismo a Dios si lo sanaría o no. Había una luz en la pared que solo podía prenderla el paciente al apretar cierto botón. Oró, «Señor, si vas a sanarme, prende esa luz». Antes de que parpadeara la luz se encendió haciéndose verde. Él solo necesitaba una confirmación, algo que lo sostuviera. ¡Dios estuvo más que feliz de acceder!

El camino fue duro. Los días se prolongaron. No obstante, Kieran y mis padres seguían convencidos de esperar en Dios. En un momento dado los doctores presionaron para una cirugía. Digo presionaron porque de hecho trataron de prepararlo sin el permiso de mis padres. Querían unir su cuello para que pudiera tocar un botón con su lengua y mover una silla eléctrica. Eso no se parecía en nada a lo que mis papás estaban confiando que sucedería. La situación se volvió incómoda y mis papás no eran precisamente las personas con las que más les gustaba platicar a los doctores. Ellos sentaban a mis papás en una gran mesa en un salón con un grupo grande con más doctores y les decían que estaban en un estado de negación y debían controlarse. Cada vez que hablaban algo negativo acerca de Kieran mi papá decía en voz baja «cancelado». Él no recibiría esas palabras y quería cancelar su poder. En verdad «vida y muerte hay en el poder de la lengua», como dice Proverbios 18:21. Sabía que tendría que combatir esas palabras negativas y hablar vida. «Cancelado» significaba que no estaba aceptando las palabras que los doctores hablaban sobre Kieran y que no podrían echar raíces. Los doctores se exasperaron más cuando mis papás no aceptaron sus palabras, pero mi mamá y mi papá estaban resueltos a confiar en Dios, no en el hombre. Estaban confiando en que Dios traería sanidad. Esto no iba a suceder de manera natural, necesitaban la intervención del Todopoderoso y creyeron que seguramente él lo haría.

Entonces, en un día ordinario, más de cuatro meses después del accidente, en el momento orquestado en el cielo, ¡Kieran se movió! Fueron movimientos pequeños, ¡pero fueron movimientos! Los doctores vinieron para ver a qué se refería pero cuando llegaron él ya estaba exhausto y dijeron que habían sido espasmos. Entonces, al día siguiente guardó su energía y pudo mostrarles todo lo que podía hacer. Se les cayeron las quijadas y gritaron: «¡Lleven a este muchacho a rehabilitación!». «¡Nunca volveremos a dudar de tu fanatismo otra vez!». Dios estaba resolviéndolo desde el momento que empezamos a orar cuatro meses antes, pero un día la sanidad llegó «repentinamente». Súbitamente algo empezó, algo cambió; era un verdadero milagro. ¡Dios sanó a mi hermano! Los doctores estaban sorprendidos, incluso salió en el periódico local. Vino poco a poco, pero era importante alegrarse de los movimientos pequeños así como de los grandes, como cuando dio sus primeros pasos. Era movimiento ¡fuera grande o pequeño! Ir de paralizado a no paralizado, ¡fue realmente asombroso! Kieran está casado ahora, tiene dos hijos hermosos y trabaja en ese mismo hospital dando esperanza a las personas que ingresan por lesiones en la espina dorsal. ¡¿No es maravilloso Dios?!

Este milagro moldeó mi vida de muchas maneras. Me di cuenta a los 12 años que podía pedirle a Dios cualquier cosa. ¡Nada era demasiado difícil! Podía hacer las oraciones más grandes y valientes acerca de cualquier cosa en mi vida y Dios estaría escuchando y respondiendo. Podía pararme en la escritura, creerle a Dios y confiar en él por cosas imposibles porque era ¡MI DIOS! A lo largo de mi vida regresaría a ese momento para recordar lo que Dios había hecho, recordar todas las oraciones, escrituras y fe que pudo mover montañas. Lo más importante, también podía esperar en Dios sabiendo que vale la pena esperar cada cosa buena. ¡No quería perderme la bendición! Podía decir con confianza que es verdad que Dios hace milagros hoy, no solo en los tiempos bíblicos. Creímos. Pedimos. Permanecimos en fe. Él respondió y nada será lo mismo. Estoy tan agradecida de que mis papás tomaron el camino de la fe. Fue una prueba grande, pero la vida de Kieran es un asombroso ejemplo de la fidelidad de Dios.

Perla de Poder

Tu espíritu tiene un radar llamado discernimiento. Te ayuda a distinguir la verdad de la mentira. Te anima a tener opiniones acertadas de ti misma y de lo que pasa a tu alrededor. Te da la habilidad de escoger sabiamente y de cuestionar una situación cuando es necesario. Mientras más lo uses, más fuerte es. El discernimiento viene directamente del Espíritu Santo. Rendirte a las indicaciones de Dios causa que tu discernimiento crezca.

El discernimiento quiere preservarte, protegerte y bendecirte. Nunca lamentarás seguir su dirección, Él es el Espíritu de Verdad.

La bendición

No quería perderme ninguna de las bendiciones de Dios. Eso me llevó a detenerme y realmente considerar el plan de Dios para mi vida. Si Dios tenía un plan, y sabía que lo tenía, entonces ese plan incluía a mi esposo. ¡Eso era importante! Decidir con quién me casaría era la decisión más importante de mi vida aparte de darle mi corazón a Jesús.

Fue el mismo año del accidente cuando decidí firmar un acuerdo con mi papá acerca de salidas con muchachos, cortejo, compromiso y matrimonio. Había asistido a una conferencia para jóvenes en la que sugirieron dar cuentas a los padres. Incluso tenían un pacto especial escrito en un papel para que los papás y las hijas lo firmaran juntos. Me llevé una copia a la casa con muy buenas intenciones pero lo dejé en mi vestidor. Pasaron unos meses y un día sentí un estirón en el corazón. Lo sentí como una convicción. Dios me estaba recordando una vez más lo importante que era tener ese pacto por escrito. Necesitaba comprometerme a guardarlo. Para mí era muy importante firmarlo, no lo tomé a la ligera. Al firmarlo tomaba la decisión de casarme solamente con la bendición de mi papá y de guardarme para esa persona. *Guardarme* significaba tomarnos de la mano y tal vez besarnos, pero nada más antes de la boda. Solo eso, nada más, *nothing* ¡nada de nada! Aún la parte de los besos tendría que ser limitada. Eso se sale de control también. La bendición era la aprobación, consentimiento y cobertura de mi papá ante Dios, igual que en el Antiguo Testamento. Él me guardaría de todos y cada uno de los individuos no calificados. Esto me dio mucha seguridad y me trajo tranquilidad. ¡Necesitaba eso!

Tal vez te preguntas, ¿por qué a los 12? Puede sonar como que estaba muy chica, pero tenía que decidir en dónde me iba a parar antes de ser probada. Estoy segura de que tú podrías tomar esa decisión siendo aún más joven y yo te animaría a hacerlo. Fue muy bueno para mí tomar una postura en mi pre-adolescencia antes de que todas mis emociones combinadas con hormonas pudieran atraerme hacia otra dirección. No tenía planes de salir con nadie pronto y había decidido obtener la bendición de mi papá.

Realmente me sentí muy bien de hacerlo, sencillamente era lo que debía hacer. Tuve una convicción y sentí paz. Eso era suficiente. Era más que solo una buena idea; era la idea de Dios. Estaba basada en algo verdadero. Él me dijo que me guardara para una persona. Estaba predestinada a entregarme por completo a un hombre dentro de los límites de un pacto con Dios llamado matrimonio. Esperar que ese pacto se lleve a cabo antes de la intimidad trae confianza a la relación. En primer lugar estás confiando en Dios y están confiando uno en el otro. Esta es otra manera grandiosa de mostrar integridad y carácter. La verdadera intimidad no está basada en el sexo. Es el lugar de confianza y protección para dos corazones en su estado más vulnerable teniendo sexo o no. Entregarme antes significaría que no estaba confiando en Dios y había tomado las cosas en mis propias manos. El sexo fuera del matrimonio no es intimidad verdadera. No hay bendición en la unidad, no hay protección. Es un encanto temporal que puede ser muy dañino para el corazón, la mente y el cuerpo. El sexo dentro del matrimonio es una pieza fundamental. Hace el matrimonio más fuerte, profundiza la confianza y no está basado en desempeño, sino en aceptación. Dios lo dijo y yo le creí. Nunca me falló, él me hizo y me amó. Debió haber tenido una muy buena razón para todo esto. El matrimonio, la intimidad y el sexo fueron totalmente ideas suyas. Él creó todo eso. Él sabe más que nosotros. Yo no tenía que tener todas las respuestas, solo tenía que confiar en él y ser humilde. Además, ¡nadie puede bendecir como Dios bendice! La obediencia trae bendición en cada área de la vida... ¡en CADA área de la vida!

Dios me estaba ayudando a ser clara conmigo misma acerca de dónde estaría parada en cuanto a mis creencias. Estaba empezando a tener una visión de lo que quería que sucediera en mi propia vida, de quién quería ser cuando creciera y de a dónde me dirigía. No tenía todo resuelto pero empezaba a tener una idea. Si no decides qué es lo que crees y en dónde estás parada, especialmente en cuanto a tu sexualidad, podrías sucumbir ante cualquier cosa, andar sin rumbo definido y desviarte. Es como presentarte a un examen sin estudiar o tratar de hacer un pastel sin tener una receta. Si no decides quién eres y cuáles son tus convicciones antes de ser probada, muy probablemente yerres en el examen. Tener una visión para tu vida es como recibir indicaciones antes de salir de tu casa. Cuando estás en el camino ya sabes qué dirección seguir y cuál es tu destino final. No quería que mi vida se convirtiera en una gran L... de «lo que sea». Tendría que luchar para entender mi propio valor, estima e identidad como todos los demás, pero estar parada en mis convicciones parecía ser una ventaja.

Esto no era algo que iba a guardarme. Necesitaría hablar de mis convicciones y conversar de esto con mis amigas también. Es increíble el respeto que recibes cuando tienes convicciones fuertes (sabes que son fuertes cuando estás dispuesta a compartirlas). Aun si alguien no necesariamente está de acuerdo contigo o no tiene una postura propia, te respetará por tu decisión. Si no respetan tus convicciones entonces no necesitas su ayuda o su aportación. Puedes pararte firme con Dios solamente. ¡Él es suficiente!

«He aprendido a vivir en todas y cada una de las circunstancias, tanto a quedar saciado como a pasar hambre, a tener de sobra como a sufrir escasez. Todo lo puedo en Cristo que me fortalece». Filipenses 4:12-13

Perla de Poder

Hay bendición para aquellos que esperan. «Y fueron felices para siempre...» es algo que solo Dios puede hacer. ¿Cómo quieres ver tu vida y tu corazón en diez años? Puedes evitar mucho dolor y emociones malgastadas confiando en Dios con tu corazón. Él tiene un plan hermoso. ¡Hoy es un buen día para empezar! No es demasiado tarde.

¡A la preparatoria y más allá!

Comenzó la preparatoria, me encantó el cambio. Se sintió como algo muy importante. Tenía un poco más de confianza, era un poco más valiente y un poco más hermosa. Me había desarrollado y era alta y esbelta. Me dejé crecer el cabello y ¡aprendí a jugar con labiales brillantes, delineador azul, sombra de ojos y rímel! Mis pecas se habían aclarado, mi sonrisa había madurado y tenía más que una opinión acerca de mi guardarropa. Además, realmente me gustaban los muchachos, ¡casi todos! Jugaba *hockey* sobre el césped y disfrutaba nuestro equipo de drama de la iglesia. ¡Oh, el drama! Inicié con lecciones de canto con una cantante de ópera profesional y comencé a entenderme más a mí misma. Las cosas se estaban alineando para mí. Me di cuenta de que no era muy competitiva en el campo de *hockey*. No necesitaba ser la primera en el campo de juego, pero me gustaba la camaradería y estaba feliz de ser parte del equipo. Mis amigas más cercanas aún estaban en el grupo de jóvenes. Todas asistían a otras preparatorias. En mi escuela no conocía a nadie que tuviera mis convicciones o la misma relación con Jesús. Oí a una chica hablar acerca de nacer de nuevo en los vestidores un día, pero luego por otras cosas que dijo que realmente no concordaron para mí, me di cuenta de que no estábamos en el mismo canal. Noté que mucho de lo que yo creía era muy diferente a todos los demás, pero mi amor por la gente y mi personalidad alegre me permitían llevarme casi con todos. Hacía amigos muy fácilmente. No era una seguidora, pero tampoco estaba liderando a nadie. Todavía seguía aprendiendo cómo era eso de ser guiada... por Dios.

Escabulléndome

Ser una persona alegre tenía sus pros y sus contras. Platicar y conectarme con la gente era muy fácil, pero simplemente no me daba cuenta de lo atractiva que podría ser una buena conversación. También estaba el asunto del coqueteo. Parecía tan inocente hasta que, de alguna manera, se cruzaba la línea y alguien empezaba a tener apego emocional.

Debido a que los muchachos eran más que las chicas en el vecindario, en la escuela dominical, y ahora en el grupo de jóvenes, siempre me sentí más cómoda juntándome con ellos. Además, los muchachos no eran competitivos con las mujeres y nunca tenías que preocuparte de los celos o cualquier cosa maliciosa. Sencillamente era más fácil, la única trampa era la cosa del coqueteo.

Uno de mis amigos trabajaba en el supermercado local. Siempre que iba a comprar cosas para mi mamá me detenía a platicar con él. En el invierno él trabajó a la intemperie en el lote de los árboles navideños y lo visitaba solo para platicar. Era un chico grandioso, tenía un buen corazón, y ambos disfrutábamos conversar. Él también tenía una motocicleta. No era precisamente el medio de transporte más veloz, pero se movía y yo estaba impresionada. ¡Ja!

Un día decidimos vernos tarde en la noche. Me salí a hurtadillas alrededor de las 11:00 p.m. y él me encontró al final de la calle con su moto para ir de paseo. ¿Cómo planeamos esto sin teléfonos celulares? está más allá de mi comprensión, pero lo hicimos. Dimos una vuelta alrededor del pueblo y luego me dejó al final de mi calle otra vez. Caminé hacia mi casa en silencio, me escurrí por el patio trasero y me metí a la cocina tratando de asegurarme de que la puerta no hiciera ningún ruido. Al voltearme me sorprendí muchísimo al ver a mi mamá sentada muy tranquila en la barra con su taza de té en la mano y la tetera llena. Sonrió y me preguntó si me había divertido...

«¿Mmmm?» Pensé. Esta ES mi mamá, yo me salí a escondidas y ella está calmada. ¿¿¿Me está preguntando cómo me fue??? ¿Eh?

«Sí, estuvo muy bien», respondí.

«¿A dónde fuiste?» Preguntó amablemente.

«Solo a un paseo rápido en la moto de Brian. Me recogió al fondo de la calle. Es un buen chico», respondí confusa.

«¿Quieres tantito té?». Preguntó sonriendo de nuevo.

«Oh no, gracias, estoy cansada».... además de incómoda, rara y... agotada, pensé. ¿Lo dice en serio?

Me fui a la cama.

El día siguiente decidí encontrarme con Brian otra vez. No lo vas a creer, pero mi mamá que estaba dormida cuando me fui, resultó que estaba despierta cuando regresé... en la cocina...con su té otra vez. Tuvimos la misma conversación con unos cuantos detalles más, y me fui a la cama.

Esto fue del martes al viernes. Para el viernes, ya estaba yo sentada, tomando té a media noche con mi mamá y compartiéndole lo que había en mi corazón. Finalmente mi mamá me dijo que se cansaba mucho durante el día y no sabía cuántas noches más podría mantener ese ritmo....lo dijo como si nada estuviera pasando. Sin juicios, sin acusaciones, sin señalamientos. Eso como que me descontroló. Yo no sabía cómo supo que estaba despierta y afuera. Nunca habló de eso en ese entonces. Simplemente me amó, me permitió hablar y se quedó levantada todo el tiempo que yo estuve dispuesta a estar con ella. Me hace llorar ahora el saber que era el Espíritu Santo que la estaba despertando y el saber cuánto debió haber estado orando y cuánto necesitaba confiar en Dios respecto a mí. Ella sabía que yo era algo así como un espíritu libre y creo que estaba tratando de conectarse conmigo sin romper mi espíritu. Unas cuantas palabras dichas con enojo y me habría sentido muy avergonzada y muy mal de mí misma. De alguna manera tuvo la gracia de simplemente acercarse con gentileza y mostrarme amor incondicional.

Decidí que no podía tenerla así, levantándose cada noche, estaba perdiendo el sueño. Yo también estaba perdiendo el sueño y sentía que estaba avanzando la relación con este chico. Su cariño estaba creciendo y yo sabía que realmente no podía ser su novia. No era lo que yo creía. No estábamos en el mismo canal en cuanto a la fe y yo estaría robando emociones que no me pertenecían. Quería la voluntad de Dios para mi vida y esta relación no lo era; necesitaba guardar mi corazón y el de él. Cuando le pinté la raya y le dije que no podía ser su novia sentí la libertad y la paz de ser obediente. Ahora estaba despejada otra vez y podía continuar mi carrera con perseverancia.

Perla de Poder

Había una escritura que surgiría durante esos años de espera. «Por sobre todas las cosas cuida tu corazón, porque de el mana la vida». Mientras más guardaba mi corazón más me daba cuenta de cuánto realmente necesitaba ser cuidado. Había mucho más en este corazón mío de lo que podía verse. Si mi corazón era libre el resto de mi vida parecía fluir. Tener un corazón libre de cargas es una gran libertad para una adolescente. Eres fortalecida por cada decisión que tomas para guardar lo que es más precioso, tu corazón.

El llamado

Una vez estando en la iglesia un miércoles en la noche cuando tenía quince años, decidí ir al frente del santuario después del servicio y orar quietamente en el altar. Estoy muy segura de que estaba respondiendo al mensaje, aunque realmente ahora no me puedo acordar sobre qué fue. Todo lo que recuerdo es que me hinqué en el piso en una esquina, con mi cabeza inclinada hacia un escalón, hablando con Dios de corazón a corazón. Le pregunté si quería usar mi vida para el ministerio. Fue sencillo y sincero. Mientras estaba orando me dio la sensación de que Dios me estaba preguntando si estaría dispuesta. Era sencillo pero claro y yo tenía el deseo de hacerlo. No hubo ninguna torcida de brazo, tampoco preguntas, ni dudas o temor, solo un dulce y pequeño *sí*. Cuando estuve de acuerdo tuve la maravillosa sensación de que eso era lo que significaba ser llamado al ministerio. Por alguna razón, en mi espíritu supe que mi ministerio sería a las naciones, en especial a América Latina. Dios quería hacer algo especial con mi vida, solamente tenía que estar dispuesta. Estoy segura de que después salieron unas lágrimas y quedó decidido.

Como la historia de Samuel en el Antiguo Testamento, Dios no estaba esperando a que yo creciera y entendiera todo el asunto. Simplemente me estaba llamando. Debo admitirlo, realmente no sabía lo que significaba todo eso. Solo sabía que tenía un propósito, vino después del *sí*. Dios quería hacer algo especial en mi vida y tenía que ver con las naciones, especialmente con América Latina. No hablaba español, pero eso no pareció ser un obstáculo para que Dios me llamara, de hecho, creo que había reprobado la clase de español en ese tiempo. No tenía ningún diploma o una pista siquiera de las repercusiones; tampoco tenía la edad suficiente para ir a mi primer viaje misionero. Era un ordinario miércoles por la noche, tenía quince años y fui llamada.

Perla de Poder

No tienes que esperar a oír que Dios te está llamando para responderle. Dios está buscando corazones dispuestos. No tienes que ser la más talentosa, la más guapa o la más inteligente para que Dios use tu vida. Solo tienes que decir sí. Él te puede usar en cualquier carrera, en cualquier lugar y aun a cualquier edad. No está buscando gente perfecta. Está buscando corazones dispuestos que pueda moldear.

CUATRO

La encrucijada

«Pero Dios, que es rico en misericordia, por su gran amor
por nosotros, nos dio vida con Cristo, aun cuando
estábamos muertos en pecados. ¡Por gracia
ustedes han sido salvados!».

Efesios 2:4-5

Perla de Poder

Siempre hay una encrucijada en la vida del creyente, un llamado a rendirse completamente. Ese es el llamado más grande en la vida. Dejar ir lo temporal por lo que es eterno. La visión y la pasión solo están realmente completas con la entrega total para amar a Jesús más que a cualquier otra cosa y buscarlo diariamente

Era el verano después de mi segundo año de preparatoria. ¡El grupo de jóvenes era genial! La iglesia era el lugar donde estar; había ido al campamento de jóvenes y regresé con un fuego y una pasión por ver a otros jóvenes experimentar a Jesús como yo lo había experimentado. Quería con todo mi corazón guiar a otros a Cristo y quería ver personas recibiendo salvación, sanidad y libertad. La mayoría de mis amigos del grupo de jóvenes iba a la misma preparatoria. Me gustaba la idea de estar más cerca de ellos así que decidí cambiarme de escuela. Antes de que el año escolar comenzara, había tenido visiones de estudiantes bajándose del autobús dirigiéndose al asta para orar y leer la Biblia juntos. Estaba muy emocionada de cómo Dios me iba a usar de manera poderosa. ¡Lo que no sabía era que estaba siendo preparada para la prueba de mi juventud!

Recuerdo cuando la escuela empezó, me sentía muy especial. Era nueva, pero ya tenía muchos amigos, así que eso me permitió recibir atención extra por la que no tuve que esforzarme; no me preocupé por eso. La escuela comenzó el miércoles y para el viernes ya todos estaban hablando de fiestas para ese fin de semana. Un par de amigos de mi grupo de jóvenes me dijeron que me encontrarían en el lago para ver qué hacíamos. Inocente de mí, pensé: «Tal vez hasta podamos compartir juntos de Jesús». ¿Mmm?

Llegó el sábado por la noche, nos encontramos en el lago y nos amontonamos todos en el carro de un amigo. Escuchamos acerca de una fiesta al otro lado del pueblo. Tan pronto como llegamos fue muy obvio que la atmósfera era distinta. Era el escenario típico de una mala fiesta de preparatoria; una casa extremadamente llena, música estridente a alto volumen, muchas parejas por todas partes colgadas uno del otro, botellas de cerveza en las manos y humo llenando el ambiente. Eso no era «mi taza de té». Mis amigos de la iglesia y yo tratamos de mantener la calma, no llamar la atención e integrarnos. No me moví de mi lugar. Había una extraña y oculta presión de mezclarnos y fingir que todo estaba bien, pero no era así. Todos nos sentíamos un poco incómodos y finalmente alguien sugirió que nos fuéramos. Me sentí aliviada y nos regresamos al lago. Cuando llegamos había muchos más jóvenes reunidos y todos estaban riéndose y contando historias. Se sentía un ambiente más limpio y simplemente divertido. Reconocí a muchos de los jóvenes de la escuela. Me trataron como si fuera una gran adición a su círculo de amigos. Cuando se hizo más tarde mis amigos del grupo de jóvenes sugirieron que ya era tiempo de irnos a nuestras casas. Estaba diciéndoles que estaba de acuerdo cuando escuché unos chicos detrás de mí. Gritaron: « ¡Oye! ¿No eres tú la nueva chica de la escuela?». Yo sonreí.

«¡Qué gusto verte! No te tienes que ir, ¿por qué no te quedas con nosotros?». Empecé a tener una maravillosa sensación de sentido de pertenencia, aceptación y atención extra.

Traté de razonar conmigo misma: «Parece una buena manera de alcanzar personas para Cristo. Cultivar amistades y crear confianza». Mis padres no estaban en la ciudad así que pensé que quedarme a convivir un poco más no me metería en ningún problema. Podía manejar eso. Un grupo de ellos dijo que irían a una casa que estaba cerca de ahí y que era bienvenida. *Bienvenida* sonó muy bien. Pensé: «No va a ser como la otra horrible fiesta, ellos son solo un grupo de chicos buenos conviviendo». Decidí ir. Mis amigos de la iglesia se sorprendieron un poco pero se dieron la vuelta y se fueron a sus casas. No hicieron preguntas.

Noté una emoción en mi espíritu. Estaba en medio de una multitud pero seguía siendo un individuo que no necesariamente pensaba como los demás. Todavía estaba precavida, pero empecé a sentir las cosas un poco borrosas. Ellos querían ser mis amigos y estaban siendo muy amables. Solo haré «amigos» me dije, y me fui, a pesar de las banderas rojas de alerta.

Cuando llegamos, empezaron a jugar un juego sencillo y tonto. El truco era que si te equivocabas tenías que tomar. Yo estaba segura de que no me iba a equivocar, les dije que no tomaba. Ellos se rieron y dijeron: «¡Por supuesto que no!». Todo parecía muy inocente, todos estaban siendo muy amables. Nadie estaba hablando de basura, la conversación fluía fácil y había muchas sonrisas, especialmente de un chico. Yo estaba pensando: «Son buenas personas, no quieren hacer nada malo. Solo se están divirtiendo un poco». Cuando de repente, me equivoqué en el juego...

Unas horas después estaba tomada de la mano del «Sr. Sonriente» y me estaba llevando por un corredor hacia una recámara. ¡Es increíble lo poco que se necesita! Ignoré el puñado de señales que antes me había dado el Espíritu Santo. Había tantos tirones en mi corazón para detenerme pero no les di importancia y seguí pensando: «Pronto me iré a mi casa». Sentí la urgencia en mi espíritu de irme, pero por alguna razón diluí esas banderas rojas y acallé el desasosiego que estaba sintiendo.

No era la culpa de Dios que yo me encontrara en este predicamento. Él me había dado la oportunidad de detenerme, darme la vuelta e irme a casa. Deliberadamente estaba escogiendo la aceptación de la gente antes que los suaves empujones del Espíritu de Dios. No fue sino hasta que llegamos a la recámara que me di cuenta en qué hoyo tan profundo había caído. Sentí una gran distancia entre Dios y yo. Había sido desobediente y me había salido del paraguas de su protección. Mi espíritu estaba turbado. Estoy totalmente segura de que a ese chico no le hubiera importado ni un poco que esa noche le hubiera regalado lo que era más precioso para mí, mi virginidad; y pensar que ni siquiera nos conocíamos, solo nos «gustamos». Esto no se trataba de amor, era una trampa para robarme. ¿Cómo es posible que algo que parecía tan inocente, con gente que parecía ser amable estuviera tan lleno de destrucción? Fue tan obvio que esa primera fiesta a la que fuimos era tan mundana que me fui en la primera oportunidad que tuve; la segunda me tomó con la guardia baja. Mi problema era que estaba con *la guardia baja*. No fue un asalto evidente sino una operación encubierta, con silenciadores y todo.

Perla de Poder

Las banderas rojas pueden salvarte la vida. «¡Su descarrío e inexperiencia los destruirán! ¡Su complacencia y necedad los aniquilarán! Pero el que me obedezca vivirá tranquilo, sosegado y sin temor del mal». Proverbios 1:32-33

Finalmente, recuperé la razón. Este no era el plan. Esto no era algo en lo que yo me veía a mí misma. Ni siquiera era mi verdadero yo, no era lo que había acordado ser. «¡El papel, el Pacto, mi Papá, mi futuro!».

En mi estupor, me alejé suavemente y salí de la habitación antes de que sucediera algo. Mi recién descubierto «amigo» me siguió como un cachorro. No puse ninguna objeción impetuosa a la situación, pero no me quedé más tiempo tampoco. Sabía que necesitaba irme a mi casa. Un grupo de nosotros nos amontonamos en un carrito y nos fuimos al pueblo de regreso hasta que finalmente llegué a mi casa.

Culpa y condenación

No he visto muchas películas de horror. (De acuerdo, he visto tres para ser exacta. Eso fue más que suficiente para mi imaginación. Siempre me sentía tan perturbada después que hasta tardaba como una semana en desaparecer el efecto, y aún así, había ciertas imágenes que se pegarían por el resto de la vida. No vale la pena). La razón por la que saco esto es porque cuando llegué a mi casa y finalmente me acosté en mi cama, me sentí como en una película de horror. Literalmente sentí como que el peso de la culpa y la condenación me estaban succionando en mi cama. Parecía que cada demonio del infierno tenía algo que decir y se me estaban abalanzando. Estaba bombardeada de vergüenza y repugnancia. Seguían viniendo las palabras: «¿Y te llamas a ti misma cristiana?» Era el ataque demoniaco más fuerte que había experimentado en toda mi vida. Me sentí cuestionada hasta lo más profundo de mi corazón. El enemigo actuaba como si tuviera toda la evidencia que necesitaba para callarme y acabar conmigo. Crucé una línea, ahora estaba fuera de la voluntad de Dios. ¿Por qué habría Dios de escucharme ahora? No tenía ninguna respuesta, yo también quería golpearme a mí misma. Por cada ataque cruel a mi carácter, dentro de mí yo agregaba mis propios gritos ensordecedores de culpa y auto degradación. Mi propio corazón me condenaba, literalmente sentía un peso en mi cuerpo. Esa fue la noche más oscura de mi alma; sabía que necesitaba a Dios desesperadamente, pero estaba demasiado exhausta como para pelear contra todo lo que estaba dando vueltas alrededor de mí. Solo seguí diciéndole a Dios cuánto lamentaba todo, hasta que finalmente el sol salió y yo me dormí.

Mi hermana me llamó unas horas más tarde preguntándome si quería ir a la iglesia. No podía siquiera imaginar acercarme a la iglesia después de una noche como esa. Tenía un poco de resaca y todavía estaba en un hoyo muy profundo. La iglesia era el último lugar en el que quería ser vista. Con mi cara diría todo. Era una hipócrita, no podría adorar a Dios. ¿Cómo podría siquiera orar? Le dije a mi hermana que no me sentía bien y que fuera sin mí. Me di la vuelta en la cama y dormí unas pocas horas más.

Misericordia

Entonces sucedió algo muy dulce e inesperado que cambiaría mi vida para siempre. Recuerdo que repentinamente sentí un rayo de sol entrando a mi cuarto y dándome en la cara. Era más fuerte que comúnmente. Todo mi cuarto se iluminó. Pude sentir la presencia de Dios, sus misericordias me estaban llamando. Me sorprendí de estar rodeada de tanta bondad. Con toda mi inmundicia, orgullo e independencia, ahí estaba Dios dándome esperanza, paz en mi mente y un amor que entró tan profundo que me dio firmeza. Traté de explicarle lo que me había pasado, pero fue como si me estuviera diciendo suavemente: «Shhhhh... está bien, lo sé». Como si no quisiera que lo repitiera, sabiendo lo apenada que estaba. En vez de eso estaba buscando la manera de alcanzar mi corazón, de consolarme y darme una salida. Era misericordia. Dulce e inmerecida misericordia. Me estaba rodeando, sosteniéndome cerca y trabajando muy cuidadosamente para restaurar mi corazón. Quería que conociera su gran amor en medio de mi fracaso y no solo cuando pudiera tener todo ordenado. ¡Qué tremenda lección de humildad! Él me mostró amor aun antes de que se lo pidiera. No estaba avergonzado de mí. Ahora todo lo que tenía que hacer era rendirme. ¡Qué gran Dios!

Al levantarme y recargarme en mi almohada, las lágrimas empezaron a correr y correr. Finalmente pude soltarlo todo. Estas ya eran lágrimas de aceptación y perdón. La pesadez, la culpa y toda la condenación se habían ido y la paz había regresado. Fue como si Dios mismo estuviera sentado a mi lado tomándome de la mano. Me estaba dando la fuerza para seguir adelante y hacer las cosas bien. Ante un amor tan persistente ya no había espacio para la pena, ahora había frente a mí una oportunidad de cambiar.

Supe que lo primero que debía hacer era ocuparme de este nuevo novio, el «Señor Sonriente». Le llamé y le pregunté si podíamos hablar. Nos encontramos en el lago. Él estaba sonriendo otra vez pero la sonrisa solo le duró hasta que le expliqué cuánto lamentaba la manera como había actuado la noche anterior. Perdió su expresión facial cuando le dije que realmente no había sido coherente conmigo misma. No creo que antes hubiera oído algo así. No supo bien qué contestar, solo dijo: «No tiene importancia».

Perla de Poder

Bueno, adivina qué «Sonriente» ¡Sí tiene importancia! ¡Yo tengo importancia! ¡Yo, mi vida, mi futuro, mi cuerpo, mis hijos, mi esposo, mi Dios! ¡Todo es importante! No soy un juguete. No soy una aventura. No soy un entretenimiento temporal. Soy preciosa, querida, invaluable y un tesoro para el Dios Todopoderoso. ¡Claro que tiene importancia, y mucha!

Sabía que iba a ser difícil para él entender lo que le estaba diciendo porque obviamente no tenía las mismas convicciones; pero era importante para mí enfrentar lo que había hecho y despejar la atmósfera. Me estaba permitiendo a mí misma ser depurada, apartada, no ser como los demás e identificar mi verdadero yo. ¿Me sentía incómoda? Definitivamente. ¿Me sentía diferente de los demás? Puedes apostarlo, pero ¿me sentí libre? ¡SÍ! ¡Sentí la más hermosa libertad! No me importaba lo que «Sonriente» pudiera pensar, solo lo que Dios pensara. Él me había dado el valor y la gracia para experimentar mi libertad y pararme por mí misma. Había fuerza en mi resolución y una paz que nomás no se quitaba. ¡Estaba sorprendida de mí misma!

Eso fue pan comido comparado con mi siguiente conversación profunda. Una cosa es hablar con alguien que apenas conoces acerca de cómo realmente no se conocen el uno al otro, pero otra cosa es hablar con personas que sí te conocen, especialmente tus padres, de cómo no estabas siendo tú y te diste un estrellón. Mis padres llegarían a la casa esa tarde; era claro lo que Dios me estaba pidiendo hacer. Necesitaba hablar con ellos y decirles absolutamente todo.

Pensé dejar algunas cosas fuera de la conversación estando segura de que no quería producir ningún *drama extra*. Además, debíamos hablar vida, ¿cierto? y esto no era tan edificante. Puede ser engañoso eso de ser positivo cuando consideras la confesión de tu propia caída. Esto iba a ser difícil, pero estaba perfectamente claro. Esto no se trataba de hacer las cosas bien con todos los demás y de tratar de rescatar mi reputación. Esto se trataba de ser obediente a Dios y hacer lo que él considerara correcto, y dejar las otras piezas caer donde tuvieran que caer.

Perla de Poder

¿Alguna vez has tenido que hacer o decir algo que sabías que iba a ser difícil y causaría dolor a alguien más, pero de todas maneras tenías que decirlo? No es fácil confrontar tu propio fracaso ante otros sabiendo que estarán decepcionados y habrás perdido su confianza. Es una prueba muy grande porque la verdad es que podrías evitar la conversación y enterrar ese pequeño trozo de historia, pero nunca serás verdaderamente libre hasta que lo confrontes.

Mis padres llegaron a la casa y compartimos de corazón a corazón; les dije todo. Se molestaron y fue difícil, muy difícil. Había defraudado su confianza, iban a necesitar tiempo. Tenían sus propias reacciones y su propia manera de manejarlo, solo tenía que aguantar y confiar en Dios. Una cosa de la que podía estar segura era que estaba dando pasos de obediencia, y aun en el dolor de ser el objeto de su decepción, tenía un sentir de paz y calma de que todo estaría bien. Lamentaba mucho todo lo que había pasado y ellos lo sabían. Fui honesta, se dieron cuenta de que elegí decirles todo. Ahora dependía de Dios. Necesitaría de su ayuda para restablecer y sanar nuestra confianza.

Perla de Poder

No hay nada que nos pueda separar del amor de Dios. Nos ama sin importar lo que ocurra. Nosotros fallaremos, pero Dios nunca nos fallará. Siempre busca restaurarnos, no juzgarnos. La culpa, condenación y vergüenza no vienen de él. Esas son las cosas que el enemigo usa para alejarnos del amor de Dios. Nuestro propio corazón nos va a condenar, pero Dios es la fuerza de nuestros corazones y nuestra porción. Justo lo que necesitamos cuando lo necesitamos. Se necesita un corazón valiente para confiar en el amor de Dios. Su amor lo puede cambiar todo.

Los pastores de jóvenes son lo máximo

Más tarde esa noche llamé a mi pastor de jóvenes, Rich Catapano. Le pregunté si podíamos hablar y apartar un tiempo al día siguiente. Sí, debía ir a la escuela, ¡pero a veces es más importante ir a ver a tu pastor de jóvenes!

Él fue muy amable. Fui un desastre en sollozos, pero me sentí muy bien al hacer mi confesión. Él escuchó, oró, y después me hizo unas preguntas muy útiles que me hicieron darme cuenta de que me hacía falta una perla. Yo tenía pasión, convicción y visión; pero lo que no había determinado era mi entrega, mi devoción. ¡Era el «ción» que me faltaba!

Me hizo algunas sugerencias que me ayudarían a traer algo de orden a mi mundo y harían que mis raíces se fueran un poco más profundo. Me dijo que me consiguiera un cuaderno y empezara a escribir a Jesús; mis oraciones, preguntas, revelaciones, sueños, cualquier cosa. Me dijo que adquiriera una Biblia y la hiciera mi Biblia personal y después eligiera un lugar a donde iría todos los días a tener un tiempo tranquilo con Dios. Luego me dijo que empezara a leer mi Biblia en el libro de Juan y leyera lo que quisiera todos los días, siempre y cuando leyera algo. También me dijo que escribiera acerca de la lectura (lo que significaba para mí, cómo podría aplicarlo a mi vida y cualquier pregunta que pudiera tener). Después se ofreció para responder lo mejor posible las preguntas que surgieran. Rich me explicó el concepto de ser una «rama». La rama no puede hacer nada separada del árbol, pero mientras permanezca conectada al árbol podrá crecer y dar fruto.

Había estado practicando un tipo de cristianismo independiente, yendo a la iglesia y a cada evento importante, pero cuando se trataba de mi caminar cotidiano, no tenía raíces. No buscaba a Dios para que dirigiera mis pasos a lo largo del día. Amaba a Dios y sabía que tenía un plan para mi vida, sin embargo, no lo estaba buscando. De ahí vienen la entrega y la devoción, de estar con Dios y decidir seguirlo todos los días. Es difícil seguir con rapidez a alguien con quien no has platicado.

¡Así que empecé a escribir, escribir y escribir! No me había dado cuenta de cuánto necesitaba platicar con Dios y cuánto amaría estar sentada tranquilamente en mi recámara con mi Biblia y mi diario teniendo mi «tiempo con Jesús». Mientras más me sentaba con él, más podía ver con claridad quién realmente era. Mientras más claro lo veía, con más claridad me sentía, y después me di cuenta de que él también tenía mucho que decir. ¡Definitivamente no era una conversación en un sentido! Tenía que aprender a ponerle atención a él. Si me tomaba el tiempo para esperar y escucharlo, venían algunas instrucciones. Esto abrió toda una nueva dimensión. Ahora tenía que decidir hacer lo que me había dicho. Eso trajo a la luz muchas cosas de mi vida.

Me di cuenta de que tenía que tomar algunas decisiones. En primer lugar, mis motivos para cambiarme de escuela no fueron los mejores. Al orar sentí que Dios me pedía que regresara a mi escuela anterior. ¡Uy! La gracia tuvo un nuevo significado ese día. No solo era el favor inmerecido de Dios, también su fuerza que es soltada por medio de nuestra obediencia. ¡Una perla ciertamente! Sabía que tenía que hacerlo y lo hice. Sí, tuve que darles explicaciones a muchos amigos y decidí decir la verdad. Era mi única opción. De manera milagrosa no enfrenté ni una gota de vergüenza. ¡Gracia asombrosa de verdad!

Ahora buscaba a Dios y le pedía ayuda cada mañana antes de que el día empezara. Podía ver cómo las cosas iban funcionando. Podía encontrarme con las personas que necesitaba ver y compartir lo que necesitaba compartir. Vi a algunas personas de la fiesta y pude sentir que el Espíritu Santo gentilmente me impulsaba a disculparme con ellas. No había vergüenza, solo convicción. Recuerdo haberme encontrado a dos chicas en el baño. Me sonrieron y preguntaron cómo es que había regresado a la vieja escuela. Sonreí y les dije que lamentaba mucho mis acciones de esa noche y que no había sido coherente conmigo misma. Me sonrieron como sorprendidas, pero me dijeron que no tenía importancia. Después de eso estuve muy bien. Tal vez pensaron que había sido idea de mis papás lo del cambio de escuela, pero eso quedaba entre Jesús y yo. Realmente no tenía ningún sentido para alguien que estuviera tratando de conservar la apariencia de ser sensacional, o de aferrarse al último resto de reputación; sin embargo, tuvo perfecto sentido para mí porque tenía paz. ¡Caray! La paz va a lo largo del camino. ¡Hurra por la paz!

¡Puedes ser ridículamente obediente cuando sabes que Dios te ha hablado directamente y tienes paz! Ser obediente es mucho más fácil una vez que te has rendido a Dios. Yo antes creía que estaba rendida, pero me di cuenta de que no lo estaba. Entregué mi vida por completo. ¡Me sentía 100% libre y 300% viva... cuerpo, mente y espíritu!

Perla de Poder

Hay un tiempo en el que puedes sentirte separada de la gente que te rodea debido a tu fe y convicciones. Tal vez tengas que pararte sola, es una prueba. Cuando pones a Dios en primer lugar y das pasos difíciles para mantenerte en curso, vienen una alegría y una libertad inexplicables. ¡La libertad merece el sacrificio! Nunca lo vas a lamentar.

Conociendo a Dios

Esperaba expectante mi tiempo con Dios. Me asombraba de cuánto quería enseñarme. Había una escritura que leí en el libro de Juan en la que Jesús dijo: «Muchas cosas me quedan aún por decirles, que por ahora no podrían soportar. Pero cuando venga el Espíritu de la verdad, él los guiará a toda la verdad» (Juan 16:12-13). Jesús dijo eso antes de ascender al cielo. El Espíritu Santo es la presencia de Dios en la tierra. Él me enseñaría y guiaría a toda verdad. Cada perla que necesitaba venía de él, del Espíritu de verdad. Me asombraba de lo claras que se hicieron las cosas. No más confusión, las cosas tuvieron más sentido. Había un propósito aun en las cosas que no estaban funcionando porque estaba aprendiendo a confiar en Dios. La confianza me ayudó a hacer un puente entre lo que podía ver y lo que no podía ver. Empecé a comprender la soberanía de Dios. Cuando dijo que haría que todo obrara para mi bien fue porque él podía ver cada detalle de principio a fin. Me colocó estratégicamente en el tiempo y la historia. Confiar en él significaba que le permitiría hacer lo que él en su soberanía considerara mejor, ya sea que para mí tuviera sentido o no. La paz araba el camino, siempre podía confiar en su paz. Era como una luz de tráfico; rojo... no hay paz, detente. Verde...hay paz, ¡ve!

Aprendí que a Dios le interesaba que yo me diera cuenta de los detalles pequeños y de los grandes. Las cosas pequeñas realmente eran importantes para él; pequeñas actitudes, pequeñas obediencias, pequeños susurros, pequeñas elecciones. Me estaba probando para ver qué tanto estaba poniendo atención. Nunca lo escuché audiblemente, pero claro que podía oír esa tranquila y dulce voz. Mientras más ponía atención, más fuerte sonaba.

También aprendí que a Dios le encantan los espacios pequeños. Eso me sigue maravillando siendo él un Dios tan grande. Estar sentada en mi cama era bueno, pero estar sentada en el piso en una esquina, escondida de alguna manera, parecía como un lugar secreto y a él le gustaba eso. Dijo en el Salmo 139:15 que antes de que hubiera sido concebida él me formó en un lugar secreto. Los lugares secretos son valiosos para Dios. Como me encantaba bendecirlo, trataba de encontrar esos lugares secretos. Para mí era algo especial esconderme para buscar a Dios. Parece gracioso, pero es la verdad. De ahí es de donde debe venir el concepto de «el clóset de oración».

Empecé a darme cuenta de que para Dios era muy preciado nuestro tiempo juntos. Quería compartir secretos conmigo, revelarse a mí y decirme cosas escondidas.

Estaba observando mi corazón para ver si podía confiar en mí. Era obvio que esto no era una relación unilateral. La confianza tendría que crecer en ambos. Me asombró que él también deseara poder confiar en mí. Parecía anhelar mi confiabilidad para poder mostrarme más de él mismo, bendecirme más y simplemente derramar más de él en mí. ¡Es un amor! Algunas veces experimentaba una verdad acerca de Dios y luego la encontraba en la escritura. Un día leí: «El Señor brinda su amistad a quienes le honran» (Salmo 25:14). Conocí esa verdad antes de haberla leído. ¡Fue genial!

Cuando vemos la palabra «temor» podemos pensar en sus connotaciones negativas, pero temer a Dios en realidad es la manera más positiva de usar esa palabra. En la Biblia no significa estar asustados o tenerle miedo a Dios de modo que nos alejamos. Significa que tenemos hacia él respeto y reverencia de manera que nos acercamos. Vemos en la escritura que cuando los ángeles aparecían, a las personas siempre se les helaba la sangre. Los ángeles venían de la presencia de Dios y llevaban una medida de su gloria. ¿Puedes imaginar lo que haríamos si Dios de repente se nos apareciera con toda su gloria? Moisés no pudo siquiera mirarlo. Solo vio su espalda cuando pasó por la montaña y aun así la cara de Moisés brilló tanto que la gente le pidió que se cubriera para poder estar cerca de él. Dios es verdaderamente digno de todo nuestro respeto, reverencia y asombro, y cuando pasamos tiempo con él nuestras caras pueden tener ese brillo saludable también. Las personas ciertamente reconocen la diferencia.

Empecé a tener caminatas con Dios, me sentaba en un lago cercano y hablaba con él de cada cosa y de todo. A veces estaba tan inmersa que pasaba horas en mi cuarto leyendo, escribiendo, orando y adorándole... simplemente estaba con él. Podía sentir su presencia en muchos lugares diferentes. Hay muchas maneras como Dios nos habla. Una muy importante es a través de la creación, esa es una de mis favoritas. Me encantaba aplaudirle por los detalles hermosos que notaba a mi alrededor. Tenía un muelle específico en el que lo encontraba en el lago. Dios hablaba muchas cosas a mi corazón acerca de quien él es, simplemente estando tranquila, acallando a mi alma y esperando. En verdad me enamoré, pero ahora sí de verdad. Mientras más conocía a Dios más me daba cuenta de lo precioso que era tener una relación con él. Estaba aprendiendo a confiar en él y él en mí.

Hacer anotaciones en un diario se convirtió en una aventura. Mis primeros diarios fueron cuadernos que había usado en la preparatoria. ¡Sí! Esos feos blanco y negro, «cuadernos de primavera para composición», ¡pero cuánto los apreciaba! Me encanta volverlos a abrir y leer mi corazón, recordar esas dolorosas luchas e historias inspiradoras; observar cómo Dios cuidadosamente me guiaba en mis temores, subidas y bajadas. Yo solo estaba tratando de resolver las cosas ¡y lo hice! Después de cuarenta diarios mis escritos siguen siendo los mismos a lo largo de los años; bendecir a Dios por el día, pedirle ayuda, orar por las personas, escribir nuevas canciones que salen de mi corazón, hacer preguntas, anotar escrituras, descargarme, pedir perdón, dirección, confirmación, o simplemente admirar la creación. ¡Es maravilloso tener conversaciones con nuestro Creador!

Esto encontré en mi primer diario:

Querido Padre:

Por favor hazme una guerrera de oración para ti. Limpia y purifica mi vida, lléname de tu Espíritu Santo, dame una canción en mi corazón y un mensaje claro y corto de tu verdad. Hazme una persona de oración. Quiero ser como tú. Abre mis ojos para que pueda verte y conocerte.

Mi canción de hoy:

Bienaventurado es aquel cuyos pecados son perdonados

Bienaventurado es aquel cuyo corazón ha sido quebrantado

Bienaventurado es aquel que desea ser escogido

Y bienaventurado es aquel cuya vida es del Señor

Por eso, que todo el que va tras tu corazón ore a ti

Por eso, que todo el que sea santo, te represente

Por eso, que todos los que te aman te llamen su Dios

Tú eres Señor de todo

Porque su ira dura solo un momento

Pero su favor dura toda la vida

El lloro tal vez permanezca una noche

Pero a la mañana viene la alegría

Notas de mi diario:

Domingo, 24 de enero, 1988

Querido Jesús:

Gracias por este día. Ha sido una verdadera bendición sentir tu presencia y unción en mi vida a través de la oración y el servicio esta mañana. También te quiero dar las gracias por las hermosas personas a través de las que hablaste para animarme en la iglesia.

Señor, a ti te doy todos los cumplidos y aplausos como una expresión de mi alabanza. Eso fue solo para glorificar tu nombre.

Por favor hazme como tú, ayúdame a hacer tu voluntad sin importar el costo. Dame fuerza en tu palabra y en el poder de la oración, entrega y devoción.

¡Te amo Señor!

Perla de Poder

Dios está buscando conversar contigo. Quiere explicarte la fe, compartir secretos, revelarse a sí mismo, encontrarte en lugares especiales y ayudarte a entender lo que es más importante en la vida. Le encanta ser reconocido en situaciones de la vida diaria, ser incluido y bienvenido. La vida es muy diferente cuando empiezas a tener una relación con Dios de este tipo. Adquiere todo un nuevo significado.

CINCO

Devoción... y un poco de drama

«Dichosos los que me escuchan y a mis puertas están atentos cada día esperando a la entrada de mi casa. En verdad, quien me encuentra, halla la vida y recibe el favor del Señor». Proverbios 8:34-35

Ahora es cuando las cosas empezaron a dar un giro en mi vida de confuso a claro. Antes, tenía sueños y visiones y muchas ideas grandiosas, pero todavía había una oleada de «qué tal si» y un laberinto de opciones. Honestamente no disfrutaba tener muchas opciones. Traían confusión y añadían demasiada información. Yo solo quería saber lo que debía hacer, e ir a hacerlo. Creía que si Dios me estaba diciendo que hiciera algo, entonces él me ayudaría a simplemente hacerlo. Lo que necesitaba era aprender a oír su voz y discernir su voluntad.

Todavía tenía un grupo de amigos con los que me encantaba estar en la iglesia y en la escuela. Me encantaba reír, pasar el rato, jugar juegos, ser simple, usar todos mis acentos y actuar escenas de películas; pero algo en mi mundo estaba cambiando. Parecía que yo encontraría mi fuerza al estar sola con Dios. Me sentía elegida. Me podía identificar con la historia del águila que vuela sola casi siempre y después de un tiempo, se debe esconder en la hendidura de la roca para arrancarse sus propias plumas con la finalidad de que otras plumas más fuertes puedan crecer y la lleven a alturas más elevadas.

Estar apartada era necesario, Dios necesitaba toda mi atención. Ya no podía simplemente mezclarme porque estaba en una travesía con el Todopoderoso. Había decidido ponerlo en primer lugar, temerle por sobre todo lo demás y rendir mi vida y voluntad a la suya. Ya había respondido al llamado, ahora venía la consagración.

Consagración era mi decisión de dedicar mi vida al servicio de Dios. Llegó en el llamado y la sumisión; ahora vendría en el rendirme de cada día. Cada día era una elección. Unas veces de manera evidente y otras menos obvias. Era el proceso de aprender cómo morir a mí misma, estar quieta, esperar y adorarle, ya sea que tuviera ganas de hacerlo o no. Fue perfecto que sucediera en mi juventud. Cuando eres joven, soltera y estás disponible, eres libre de abandonar todo lo demás y seguirle. La devoción dirigida a una meta establecida trae propósito, enfoque, claridad y significado a tu vida. La entrega y devoción a Dios alinea todo lo demás. La vida empieza a tener sentido, aun las partes difíciles tienen significado. Todas las cosas obran para bien. **No se trataba de tener todo bien; se trataba de tener a Dios.** Tenía mucho por resolver, había muchas cosas a las que debía morir. Dios fue fiel, me dio la gracia para cambiar, para rendirme y para permitirme a mí misma la oportunidad de ser corregida. Aprendí que la disciplina de Dios tiene su origen en el amor. Un padre que ama a su hijo lo corrige.

Aprendí que todos tienen una cruz que cargar, no para pagar el precio de sus pecados, sino para morir a sí mismos; decir no a tu propia voluntad para seguir la voluntad de Dios. Yo tenía sueños, Dios sueña. Él puso esos sueños en mi corazón. Me dio una imaginación, un espíritu con ánimo de aventura, amor por las personas y las naciones; pero necesitaría aprender cómo oír a Dios, ir más allá de mis emociones, seguirle rindiéndome a su Espíritu. El momento oportuno lo sería todo. Algo bueno en el momento incorrecto no es algo bueno, así que me hice amiga de Mateo 16:24-25 y dejé que iluminara mi camino. «Si alguien quiere ser mi discípulo, tiene que negarse a sí mismo, tomar su cruz y seguirme. Porque el que quiera salvar su vida, la perderá; pero el que pierda su vida por mi causa, la encontrará».

La tentación cuando eres joven es alimentar tu propia carne, entretenerte, llenar tu tiempo con «diversión», hacerte sentir bien. Mucho de eso puede ser una distracción y estar vacío. La mayoría de esas cosas te llevan a callejones sin salida. Proverbios 14:12 dice: «Hay caminos que al hombre le parecen rectos, pero que acaban por ser caminos de muerte». Muchas de las veces realmente no sabemos qué es mejor para nosotros, necesitamos confiar en Dios.

Estaba aprendiendo a confiar en Dios. A dondequiera que me guiara podría crecer y sería finalmente para mi bendición. No tenía el temor de que si le daba todo ya no quedaría nada para mí. Él estaba tratando de hacerme crecer, de ayudarme a descubrirme a mí misma, de que tuviera confianza en quien me hizo ser. Si me rendía a él completamente no me iba a llevar por ahí para obligarme a hacer algo que no quisiera hacer por el resto de mi vida. Todo lo contrario. El Salmo 84:11 dice: «El Señor brinda generosamente su bondad a los que se conducen sin tacha». Dios quería bendecirme, cumplir cada sueño que fuera bueno para mí. De hecho, sus sueños para mí eran más grandes que los míos y yo tenía unos muy grandes; pero para mantener la bendición debe haber carácter. Debe haber una prueba; esa prueba se debe aprobar para continuar avanzando. Dios fue muy gentil al dejarme adelantar sin preparación. Quería equiparme, quería posicionarme para lo mejor, quería que brillara, que saliera como oro. Estoy muy agradecida por su paciencia.

Lo que Jesús hizo por mí en la cruz es la redención. El primer paso fue aceptar su gran sacrificio y creer en él. Una vez que creí y confesé mi fe, comenzó el proceso de santificación. Dios me estaba ayudando a través del poder del Espíritu Santo a ser cada vez más parecida a él. Tenía el deseo de hacer lo correcto, recibí la justicia que viene por medio de la fe. Quería complacer a Dios con mi vida. Después vino el llamado, parecía que tenía dos partes: Dios me estaba atrayendo y yo estaba preguntándole: «Señor, ¿quieres usar mi vida?» En mi espíritu tenía muy claro que sí. Tenía la visión y la pasión, pero me hacía falta una pieza. Luego llegó la prueba y la fallé miserablemente, pero eso no cambió su llamado o sus promesas. Romanos 11:29 dice: «porque las dádivas de Dios son irrevocables, como lo es también su llamamiento». Él continuaría buscándome, y lo hizo. El amor llegó tan abundante e inmerecidamente que fue difícil aceptarlo. Todo desembocó en una encrucijada; era todo o nada. Respondí otra vez consagrándome y dedicando mi vida a su servicio. Eso fue el total matrimonio de todo lo infinito y eterno con lo finito y mortal. El cielo y la tierra caminando juntos de manera preciosa y perfecta aun en medio de toda mi humanidad, limitaciones y un mundo caído. En mi corazón, volví al jardín del Edén.

Perla de Poder

¿Estás en una encrucijada? ¿Alguna vez te has sentido elegida? ¿Te preguntas si Dios tiene un plan para tu vida? Si tu respuesta es sí para alguna de estas preguntas es muy buena señal. Estás consciente de que Dios está trabajando en tu vida, no te disuadas a ti misma de la obra de Dios en tu corazón. Se interesa profundamente en tu vida y tiene un plan maravilloso. No te lo has perdido. Dios es muy grande como para que te lo pierdas. Hoy es un gran día para rendirlo todo.

¡Que comiencen los juegos!

Me registré para mi primer viaje misionero y me dirigía a Venezuela. ¡Por fin iba a América Latina! Empecé a practicar todas mis frases en español y conseguí una Biblia bilingüe. ¡Era un sueño tan grande! No podía esperar a terminar el año escolar para irme de viaje. Le había dicho a todo el mundo que quería ser misionera y esa era mi primera oportunidad de ver realmente cómo era eso. ¡Una aventura me esperaba y estaba lista! Justo un mes antes recibí una llamada diciendo que el viaje se había cancelado debido a que había iniciado una revolución. Me sentí como pelota desinflada. La decepción fue horrible. Mi pastor de jóvenes, Rich Catapano, había decidido hacer un viaje misionero a Alemania y le pregunté si en vez de ir a Venezuela podía ir con él. No hablaba ni una gota de alemán, pero sabía que Dios podía usarme de cualquier manera. ¡Podía cantar! Eso siempre bendecía a la gente. América Latina tendría que esperar, algún día iría para allá, pero no ese verano en particular. ¡Qué triste!

No me di cuenta de que inscribirme para ir a Alemania realmente era inscribirme a un intenso viaje de entrenamiento de guerra espiritual de tres semanas. Alemania, sobresaliente por toda su belleza, esplendor y rica cocina, necesitaba a Jesús desesperadamente. Nos hospedaron por una fabulosa panadería, dormíamos con edredones y comíamos la mejor comida, pero no salíamos de nuestro cuarto de reunión hasta que habíamos orado. Adorábamos y orábamos por cuatro horas seguidas. ¡Ni siquiera sabía que podías pasar tanto tiempo al día con Dios! ¡Era poderoso! Nuestros corazones estaban completamente enlazados con el cielo. Aprendimos tanto de simplemente quedarnos y esperar en Dios sin importar todas las oportunidades de ministrar que resultaran. ¡Fue increíble! Aprendí mucho de Rich; específicamente sus enseñanzas y su corazón por los perdidos. Él quería ver las vidas de las personas cambiadas, la iglesia fortalecida y los corazones transformados. ¡Y así fue! Fue un gran comienzo y me animó a pasar tiempo ilimitado con Dios cuando regresara a mi casa, así como el que teníamos ahí. ¿Por qué no?

Practiqué todo lo que aprendí en Alemania y me di cuenta de que es bastante adictivo pasar tiempo con Dios, en todo buen sentido. Además, yo era joven y me ayudó a mantenerme en el camino recto y angosto. Después vino mi último año, necesitaba toda la ayuda posible.

Pasar tiempo con Dios, escribir y llevar un diario se volvió una necesidad. Cada día era un milagro esperando suceder; pero había días que sobresalían más que otros... días en los que te maravillabas de lo claro que podías oír su voz y ver lo evidente de su voluntad. El diario más viejo que pude encontrar era de enero de 1988, el último semestre de mi último año de preparatoria. Mi papá había empezado a enseñarme acerca de metas y sueños. Dijo que era bueno empezar el año con una visión: a dónde me veo yendo, lo que me gustaría lograr, y para qué sentía que fui hecha.

Mi diario:1 de enero de 1988
(17 años de edad, último año de preparatoria).

Hoy es el primer día del resto de mi vida. Es el inicio de un nuevo año y un nuevo desafío en mi vida. Al mirar en retrospectiva el año de 1987, veo muchos fracasos y derrotas junto con muchas experiencias hermosas, triunfos y victorias. Oro para que Dios me muestre el camino y ¡me guíe a hacer lo que quiere que haga!

Mis metas para 1988

1. Estar cada vez más cerca del Señor

    a. Oración

    b. Entrega, devoción

2. Aprender a leer música

    a. Tocar el sintetizador (teclado)

    b. Cantar con voz legítima

3. Encontrar una universidad con

    a. Licenciatura en estudios bíblicos

    b. Música y drama

    c. Artes liberales

4. Viajes misioneros

    a. País de habla hispana

    b. Finlandia

    c. Alemania

5. Talento juvenil

    a. Ganador local

    b. Banda cristiana

Ese año crecí en mi entrega y vida de oración, mejoré en tocar el piano y en canto. Me aceptaron en una grandiosa universidad con programa de estudios bíblicos, fui a Paraguay en viaje misionero y gané un concurso de talento musical. ¡Vaya! Realmente había algo al escribir todo eso. Anotarlo fue parte de verlo, orarlo, creerlo y lograrlo. ¡Genial!

7 de febrero de 1988

«Deléitate en el Señor, y él te concederá los deseos de tu corazón». Salmo 37:4

11 de febrero de 1988

Gracias Jesús por tu paciencia conmigo. Por favor dame la paciencia y entendimiento que necesito para tratar a otros y a mí misma como lo haces tú.

14 de febrero de 1988

¡Día de San Valentín!

¡El cristianismo no es aburrido!

¡Tenemos el poder para hacer cosas grandiosas!

Fue alrededor de ese tiempo que decidí escribir una lista de lo que quería en un esposo. Me di cuenta de que cualquier cosa que escribiera necesitaría concordar con mi propio carácter y crecimiento. Si él sería todo lo que esperé, yo necesitaba ser lo mismo para él. ¡Eso era un desafío y a la vez una inspiración! En cualquier caso, necesitaba escribirlo aunque fuera por fe. Había orado por él desde años atrás cuando firmé el papel con mi papá a los doce años. Era bueno tener una visión de este maravilloso hombre de Dios. Pensé escribir unas cuantas listas más hasta asimilarlo bien. Algunas de mis ideas fueron superficiales al principio, pero continué escribiendo hasta que tuvieron sentido. Después atesoré ese pedazo de papel, guardándolo en la cubierta de mi Biblia. No me daba cuenta en ese tiempo de lo preciados que serían todos mis escritos y de lo importante que es escribir tu visión.

Perla de Poder

Anota tus sueños, sé específica. Piensa en dónde quieres estar en un año o dos. Escribe tus metas. Date a ti misma un objetivo a donde apuntar. No limites tus metas a tus propios recursos. Dios tiene todo un almacén escondido. Tu tarea es solo soñar, escribir tu sueño y pedir. Dios te ayudará a discernir en lo que debes enfocarte. Sé flexible. Dios está trabajando. Solo anota cualquier cosa que puedas sentir que es una idea de Dios y no te atores en la duda. ¡Solo cree!

Decisiones, decisiones

Mi diario

29 de febrero de 1988

Querido Jesús:

Por favor confirma en mi corazón y en mi espíritu la decisión por esta universidad.

Por favor muéstrame lo que quieres que haga en el ministerio. ¡Te amo Jesús!

Mi papá y yo hicimos un viaje maravilloso a una escuela bíblica en Pensilvania. Sentí la presencia de Dios en cuanto entramos a la capilla. Ambos supimos que ahí era donde necesitaba estar. Las lágrimas corrieron por nuestras mejillas mientras levantamos nuestras manos en gratitud. Encajaba muy bien, supe que yo podría buscar a Dios ahí y crecer. Quería que mis raíces en Cristo se fueran más profundo. No era un lugar sofisticado, pero estaba lleno de la presencia de Dios y eso era lo más importante para mí. Podía verme a mí misma ahí siendo preparada. No era mi primera opción, pero cuando oras por la voluntad de Dios, se trata más de rendirte, que de hacer realidad tu propio sueño. Dios sabe más. Su paz me aclararía en dónde debía estar y estuve muy agradecida de que mi papá estuviera ahí para confirmarlo. Dio su bendición y estaba igual de emocionado que yo. ¡Invaluable!

Sabía que mi papá me amaba, me lo decía todo el tiempo. Me contaba historias de cuando yo era bebé y cómo lo agarraba de los cachetes y le decía: «papi, estás tan lindo». Él trataba de enseñarme cómo pronunciar la palabra *leche* correctamente diciendo «meche, leche, licha, queche». Yo siempre respondía con una sonrisa diciendo: «por favor pásame la queche». Le encantaba repetir la historia de cuando yo inesperadamente moví mi taza cuando estaba cayendo el chorro mientras me estaba sirviendo. Para mí con lo que ya había en la taza era suficiente. Él disfrutaba estar conmigo y a mí me parecía que era muy lindo.

Conforme los años pasaron me di cuenta de que ya no nos relacionábamos tanto. Siempre le platicaba todo a mi mamá, pero fue al final de la preparatoria cuando me di cuenta de que tenía un anhelo por estar más cerca de mi papá. Mi corazón necesitaba su cobertura, su dirección y darle cuentas. En el fondo empecé a reconocer la tentación de buscar atención en otra parte si no la encontraba en la figura paterna. Si no resolvía las cosas con mi papá, tal vez trataría de resolverlas a través de novios o incluso esposos. Después del viaje en el que visitamos la universidad decidí un día hablar de eso con él. Era incómodo y no sabía cómo expresarlo, pero me armé de valor y le pedí si podría hablar más conmigo, acercarse más y ver cómo me estaba yendo. Lo agarré desprevenido y me dijo que me estaba dando todo lo que tenía (o todo lo que él pensaba que tenía) y haciendo mucho más de lo que su papá nunca hizo. Me recordó que su papá ni siquiera le dijo nunca que lo amaba. Pienso que tal vez subestimó su capacitad de relacionarse conmigo. Creo que pensó que no tenía lo que yo necesitaba o se sintió insuficiente.

Entendí lo que estaba diciendo pero me sentí muy rechazada. No funcionó para mí, estaba molesta y decepcionada. Pensaba que como era un papá y además cristiano, al menos lo intentaría. No me di cuenta de su lucha interior. Corrí llorando a mi cuarto y le dije a Dios lo injusto que eso era.

La verdad era que mi papá estaba haciendo y siendo mucho más de lo que nunca le enseñaron. El hecho de que era un hombre de oración, fiel a su esposa, muy trabajador, maravilloso proveedor, conectado a una iglesia y responsable ante un pastor; todo eso era señal de carácter, fuerza e integridad. Él le había permitido al Señor trabajar en muchas áreas de su corazón.

Mientras lloraba en mi cuarto sentí el consuelo de Dios y poco después sentí que me estaba diciendo muy claramente que si quería una relación más profunda con mi papá, yo tendría que iniciarla. ¿Eh, cómo? Le recordé a Dios mis ideas de justicia y lo injusto que eso era; que él era el adulto y yo la niña. Por una semana presenté mi caso a Dios, pero cada vez que lo hacía recibía la misma respuesta: «Si quieres una relación con tu papá, tú necesitas iniciarla». Mi suposición era que los padres, especialmente los cristianos, que conocen a Dios y oran, deben tomar la iniciativa del crecimiento familiar y llevar adelante la dinámica de la casa, pero la verdad es que a veces los hijos tienen que hacerlo. A veces los hijos reciben oportunidades, e incluso enseñanza, que los padres nunca tuvieron cuando eran niños. En lugar de eso crecieron en medio de grandes desafíos y no vinieron a la fe hasta sus años adultos. Eso hace una gran diferencia. Es una gran ventaja venir a la fe siendo niño. Tuve que humillarme a mí misma, hacer al lado mis nociones preconcebidas, desechar mis juicios y aceptar lo que Dios me estaba diciendo. Yo tendría que convertirme en aquello «que quería ver». Finalmente, al terminar la semana rendí todo y estuve dispuesta a tomar la iniciativa.

Tomó algún tiempo. Después de un largo día mi papá llegaba a la casa y a veces se llevaba un plato de comida a la sala de estar y veía la TV. Sabía que estaba agotado y probablemente había dado en el trabajo todo lo que tenía, pero yo también era importante. Estaba determinada a compartir mi vida con él, así que me planté justo a su lado esperando un momento. Me sentí un poco obvia pero mi anhelo de conectar era más grande que mi orgullo. Estaba dispuesta a meterme en un problema. Tomó un poco de tiempo, pero finalmente apagó la TV y me volteó a ver preguntándome cómo estaba. Eso era todo lo que necesitaba; le sonreí y le conté un pedazo de mi día. No fue tan difícil como creí, imaginé que él pensó lo mismo. Mi papá tenía todo lo que necesitaba. Yo no estaba buscando una pepita de sabiduría o una plática motivadora; solo lo quería a él. Quería decirle lo que había en mi corazón y saber que le importaba. Con esto empezamos a edificar un fresco y nuevo comienzo. Eso no fue mucho antes de que empezaran mis días de universidad. Después estuve lejos pero mi papá me escribía notas, simples y dulces. ¡¡¡Eso es todo lo que necesitaba!!!

Perla de Poder

Necesitamos estar cubiertas. Dios puede suplir eso de muchas maneras. Él sabe cuán frágiles somos; sabe que necesitamos ejemplos buenos de gente fiel a Dios, también que necesitamos ser lideradas. A veces nos suple eso a través de nuestra familia inmediata y a veces envía mentores. Tal vez tu papá no sabe cómo hacer una conexión contigo. Tal vez siente que no tiene lo que necesitas. Tal vez tú tengas que tomar la iniciativa, pero cual sea el caso, puedes orar y pedirle a Dios que traiga la cobertura correcta. Él no te fallará.

¿Me puedo quedar ahora?

Hacer el viaje misionero a Paraguay en el verano después de la graduación de preparatoria fue un sueño hecho realidad. Sentí que América Latina era mi segundo hogar. No podía creer lo increíblemente cómoda que me sentía. Inmediatamente me enamoré de la gente. Era todo lo que había esperado y mucho más. De hecho, estaba tan feliz allá que no quería regresarme a mi casa. Cuando llamé a mis padres, mi papá muy amablemente me recordó que la universidad me esperaba y que no tenía su permiso para quedarme. ¡Ahí está el truco! El llamado sin el carácter apropiado y fuera del tiempo indicado te puede llevar a toda clase de problemas. Algo bueno en el tiempo incorrecto, ya no es algo bueno. Todavía necesitaba trabajar en muchas cosas. Proverbios 19:2 me hizo retomar el rumbo: «El afán sin conocimiento no vale nada; mucho yerra quien mucho corre». Tenía que crecer más y aprender, así que me paré en la promesa: «El que comenzó la buena obra en mí, será fiel para terminarla». ¡Seguía siendo una persona en preparación para el ministerio y algún día regresaría!

7 de agosto de 1988 (viaje misionero de verano a Paraguay)

Nos detuvimos en Panamá, Ecuador, Perú y Bolivia antes de llegar a Asunción, Paraguay. ¡Eso significa que estuvimos en seis países en un día! Bueno, pues el país es justo lo que esperaba y ¡me encanta!

Hoy los misioneros nos contaron que una vez que estaban de viaje, uno de los que iban necesitaba ir al baño. Era en medio de la noche y estaban en una carretera de tierra. No había ningún lugar donde parar, así que decidieron pararse a un lado del camino, en lo oscuro. El hombre se bajó y se encaminó hacia atrás de un arbusto. De repente vio una luz. Estaba en el jardín frontal de alguien ¡muy cerca de la puerta de enfrente! Justo en ese momento salieron unas personas para ver por qué había tanta conmoción. ¡El hombre se regresó volando al camión! ¡Estos misioneros son geniales!

¡Es tan divertido ver en el ministerio a personas reales en situaciones reales, siendo completamente accesibles! ¡Vida real en el campo misionero! ¡Yo puedo ser real!

Perla de Poder

¿Alguna vez has estado de viaje fuera de tu pueblo, ciudad, estado o país? Ayuda mucho para tener una perspectiva más amplia del mundo. Podemos tener una visión más grande para nuestras vidas y nuestro futuro cuando aprendemos de otras culturas y grupos de personas. Pídele a Dios que te dé oportunidades para ver tu mundo y aprender más de toda la gente tan maravillosa.

Chico de revista

Crecer en Dios no significaba que todo iba a ser fácil. Hay algunas cosas en nuestras vidas que quisiéramos rehacer. Nos metemos a una situación y cedemos; no logramos decir lo que esperábamos poder hablar. En nuestra cabeza está sucediendo una conversación con alguien que ya no vemos; hace mucho que se fue pero la pelea no se ha acabado. Deseas haber podido decir unas cuantas cosas más, tal vez defenderte y decir lo que realmente pensabas. Sales con mejores respuestas, tal vez algo que suena más inteligente de lo que pasó en realidad. Luego, una vez más, te das cuenta de que lo que se debía hablar nunca se dijo; ahora tienes un montón de lamentos y muchos callejones sin salida en tu cabeza.

Una cosa que he aprendido de Dios, es que no nos deja con callejones sin salida. Siempre nos dará la oportunidad de defendernos, tal vez no necesariamente de la misma persona, pero sí de la misma cosa: el temor, la ansiedad, soledad, adicción, por mencionar algunas cosas.

En el verano después de mi último año de preparatoria, mi amiga Jeannie y yo decidimos ir de viaje a la ciudad de Nueva York. Habíamos ido de visita muchas veces con nuestras familias, pero nunca solas. ¡Estábamos emocionadas! ¡Qué aventura viniendo de los suburbios! Manejamos hasta el trabajo de su papá, nos estacionamos ahí, y tomamos un camión el resto del camino... ¡chicas grandes! ¡Ja!

Mientras caminábamos por la calle, un chico alto, joven y guapo se nos acercó muy amistoso. Era bastante coqueto y hasta parecía tener una mirada media pícara. Éramos jóvenes y era fácil sentirnos halagadas. Él nos empezó a compartir de «sus revistas de negocios» y nos invitó a sentarnos un minuto en un *McDonald's*. Después de como diez minutos de estar explicándonos todas sus revistas le dije que no estaba interesada. Él decidió tratar de convencer a Jeannie; por mi parte yo le hice señas a ella para irnos. El joven insistía en que compráramos algo porque necesitaba vender. Pude darme cuenta de que Jeannie estaba incómoda, pero no sabía bien cómo sacudírselo; se sentía en cierto modo como gelatina con todos los halagos. Me levanté y dije que nos teníamos que ir, entonces él se volteó. En un instante cambió de amable a muy obsceno, incluso perverso.

Ahora estaba tratando de intimidarnos porque sus tácticas de seducción no habían funcionado. Al levantarnos de los asientos, él empezó a menospreciarnos y a tratar de que nos sintiéramos insignificantes para sentirse superior. Era un estafador, no había ningún negocio, solo quería dinero en efectivo. Para entonces yo había agarrado a Jeannie de la mano y empezamos a correr mientras caminaba con enojo persiguiéndonos y maldiciendo por la calle. Él seguía detrás de nosotras con todos sus insultos y opresión. No era nada menos que demoniaco. Finalmente lo perdimos en una multitud pero seguíamos temblando del trauma. Nunca habíamos visto a alguien actuar así. Lo que parecía una plática inocente se convirtió en una pesadilla. Desde el principio hasta el final lo único que quería era aprovecharse de nosotras. Nada fue verdadero, nos metimos a una gran mentira.

Por años le estuve gritando a ese hombre en mi mente. Se me ocurrían muy buenos guiones y se los decía todos Hay un dicho que dice: «No dejes que la gente viva en tu cabeza sin pagar renta». Créeme, él estaba ocupando mucho espacio sin pagar nada. Todo lo que quería era otra oportunidad de hacerlo retroceder. Estaba enojada con él por la manera como nos trató, pero también estaba enojada conmigo misma por dejarlo pescarme, por someterme a mí misma a su coqueteo e intimidación. Sabía que no era que me quisiera encontrar a ese joven, sino que deseaba estar en una situación parecida en la que pudiera tomar mejores decisiones, ¡en la que pudiera simplemente defenderme!

Un par de años después estaba estudiando en la Universidad Bíblica en Pensilvania, en las afueras de Filadelfia. Mi amiga Rachelle y yo decidimos ir al centro comercial El Rey de Prusia. En ese tiempo era el centro comercial más grande del país. ¡Yujuu! Realmente no íbamos a comprar nada, solo que era agradable ver los aparadores y salir de la universidad por un minuto.

Era un día lento en el centro comercial. Los pasillos principales estaban muy vacíos. Estábamos dando la vuelta en las fuentes cuando de repente un joven apareció. Traía unas revistas en su mano y empezó con su discurso. No podía creer lo que veían mis ojos, ¡estaba ahí! Estábamos a cientos de kilómetros de la ciudad de Nueva York y habían pasado años, ¡pero conocía muy bien la cara! Yo ya había madurado un poco y ahora estaba lista. Sonreí con sorpresa y le dije: ¡Te conozco!

Rápidamente replicó: «No, no, no me conoces». Mis ojos estaban encorvados sobre él como un gato listo para lanzarse sobre un ratón y grité: «¡Sí!» «¡Te conozco!».

Me acerqué a Rachelle y le dije en voz baja que fuera por alguien de seguridad. Sus grandes y cafés ojos brasileños se abrieron aún más. Estaba sorprendida y dijo: «¿Qué está pasando?». Le dije que le explicaría después, que solo fuera por alguien de seguridad. Luego me puse justo frente a la cara del joven y le dije: «No estás vendiendo revistas. ¡Eres un estafador!». Él dio un brinco hacia atrás y trató de negarlo, pero repetí mi historia en un tono desafiante y con voz fuerte. Vi cómo el miedo y la ansiedad inundaron su cara hasta que ya no pudo recobrar la compostura. Le gritó a un cómplice que había estado escondido por ahí: «Oye, ¡tenemos que irnos de aquí!». En ese momento fue cuando el cielo se soltó a mi favor mientras gritaba: «¡Seguridad!». Mi momento había llegado. Ahora los papeles se habían volteado ¡¡¡y yo lo estaba persiguiendo a él!!! Ya no tenía miedo.

Nunca atrapé a ese hombre, pero al que sí atrapé fue a ese tonto espíritu de intimidación. Lo puse bajo mis pies. ¡¡¡Fui tan libre de esa cosa!!! Jesús me dio una segunda oportunidad. Me reí por todo el camino de regreso, en parte en incredulidad y ¡en parte por el dramón! ¡Fue un escándalo! ¡Mi propio *reality show*! ¡Cinematográfico sin lugar a dudas! Me encantó perseguirlo. ¡Me encantó gritar «Seguridad»! ¡Me encantó ser libre! La justicia prevaleció en mi mundo. Solo Dios podía saber cuánto significaba eso para mí, especialmente porque él me hizo con un interruptor de justicia muy grande.

¿Sabes? Cada chica debería tener un momento de «Seguridad» en el que se defienda a sí misma solo porque sí. Uno de esos momentos sirve de base para el siguiente, y luego se encuentra con que está siendo cada vez más fuerte de adentro hacia afuera. Esa es la clase de confianza que le da aplomo, autoestima, un sentido de valor personal en su entorno. La lleva de elegir de un menú a escoger el compañero de toda la vida; esta clase de confianza dada por Dios la va a llevar a sus escenarios más favorables. ¡Ella vale el esfuerzo! El mundo será un mejor lugar por su postura. Ella no se ve a sí misma como alguien mejor que, sino que tiene una compasión más grande sabiendo lo que le costó tomar esas decisiones por ella misma, y anhela que otros conozcan la misma libertad. Ha aprendido humildad por su transformación y sabe que Dios lo hizo. Es una mujer... ¡Ja! y Dios le da una oportunidad para mostrarlo.

«Tú, Soberano Señor, has sido mi esperanza;
en ti he confiado desde mi juventud».
Salmos 71:5

Perla de Poder

A Dios le encanta darnos segundas oportunidades. A veces necesitamos pedírselas. Nunca debemos sentirnos menos que otros o permitir a la gente que nos haga sentir insignificantes. Todos debemos ser respetados como individuos. La confianza que nos da Dios nos da la fuerza de defendernos a nosotras mismas. Nosotros escogemos con quién nos asociaremos. Aquellos que son irrespetuosos no merecen nuestro tiempo ni nuestra energía. El respeto comienza con nuestro propio corazón. Si nos respetamos a nosotras mismas, los demás también lo harán.

«El que odia se esconde tras sus palabras, pero en lo íntimo alberga perfidia. No le creas, aunque te hable con dulzura». Proverbios 26:24-25.

SEIS

Ser o no ser

«El corazón del hombre traza su rumbo,
pero sus pasos los dirige el Señor».
Proverbios 16:9

¡Fue maravilloso graduarme de la preparatoria e irme a la escuela bíblica! Todavía recuerdo cuando fui a la tienda con mi mamá para comprar las cosas esenciales para la universidad: Cesto para la ropa, sábanas, almohada, paraguas, detergente, ganchos, productos de limpieza, plumas, papel, y todo lo demás que crees que necesitas. Es muy agradable tener cosas nuevas, un comienzo fresco, una visión fresca para la vida. Estaba sucediendo, ¡me estaba transformando!

Nunca olvidaré mi primera noche ahí. Tuvimos una reunión social con helado para todos los que éramos de primer año. Eso debió haber sido antes de que nos informaran las reglas, porque me regresaron a mi cuarto a cambiarme los shorts. De acuerdo, fue un poco vergonzoso, pero no un asunto serio. Me regresé de inmediato, estaban regalando el helado y ¡yo iba adelante lista para ganar mi número cinco de primer año!

¡Amaba la universidad! No es que me encantara estar estudiando todo el tiempo. Tampoco es que estuviera realmente buscando un hombre; lo que en verdad me encantaba era mi tiempo con Jesús. Me obligaba a mí misma a salir de la cama temprano en la mañana para pasar tiempo con el Señor. ¡Sí! Algunas veces fluía más fácil que otras, ¡pero amaba mi tiempo con Dios! La primera parte siempre era la más difícil, hacer morir mi carne. Tenía que ganarme a mí misma para llegar a Dios. Empezaba adorando al Señor, después leía la Biblia, escribía en mi diario personal, oraba y luego volvía a adorar.

Mi diario
18 de noviembre de 1989
Querido Jesús,

Gracias por el tiempo que tengo contigo esta mañana. ¡Eres tan precioso Señor! Quiero conocerte. Quiero caminar contigo, platicar contigo y permitir que crezca nuestra relación.

Gracias por bendecirme en cada área de mi vida. Sé que te necesito y que realmente vivir sin ti, no puedo.

Oro que de todo lo que me has dado, hoy pueda usar, ejercitar y practicar todo lo que pueda. Oro Señor que aprenda a asumir más riesgos y permita fluir tu gracia en mi vida.

Oro Señor que aprenda a ser mucho más estudiosa. Quiero aprender y quiero tener una pasión para aprender. Oro Señor que tu paz se haga más y más real en mi vida. ¡Te amo Señor!

Oro para que cuando vaya a mi casa en el Día de Acción de Gracias, sea una luz para mi familia, ya sea que me dé cuenta o no. Oro que no tenga reacciones producidas por mi carne, sino que esté tranquila, llena de paz, que sea lenta para hablar, lenta para enojarme, y rápida para escuchar. ¡Hazme más calmada Jesús!

Señor, te doy gracias por mi trabajo, gracias por todas las bendiciones, desafíos y experiencias que has colocado ahí que me hacen crecer. Gracias Señor, por suplir mis necesidades.

¡Te amo con todo mi corazón! ¡Tú eres mi Dios!

...y poco a poco la gota se convertía en un arroyo, y luego el arroyo se convertía en un río, de manera lenta y constante hasta que en un momento inesperado sentía la maravillosa presencia de Dios llenar mi cuarto y lloraba y adoraba, y lloraba y adoraba, y lloraba y adoraba, con un rollo de papel a la mano, por supuesto. Las cajas de pañuelos desechables siempre se me terminaban muy rápido. Me quedaba lo más que podía. Luego a las clases, actividades, grupos de estudio, lavandería y cafetería; además, siempre me las ingeniaba para regresar en la noche. Los días de capilla llegaba temprano para encontrar un cuarto cerca para adorar al Señor. Cantaba y caminaba por ahí orando por cosas, luego, tal vez me hincaba un ratito en la presencia de Dios y después me iba a la capilla. Buscaba todas y cada una de las oportunidades que pudiera para estar con Dios. Era muy especial, él también me estaba buscando.

Los días que se me hacía tarde, que tal vez apagaba el despertador muchas veces y me levantaba hasta después, esos días podía sentir la pérdida. Me perdía una oportunidad, sentía un empujoncito suave para ir de nuevo con él... nunca culpa o condenación, él no obra así. Me daba la sensación de que él me había extrañado tanto como yo a él. Muy sorprendente considerando que él es quien mantiene la tierra en su eje, sostiene los planetas y coloca el sol a la distancia precisa. El mismo que ordenó que el mundo existiera, estaba anhelando estar conmigo... ¡conmigo! Siempre paciente, siempre amable, siempre amoroso aun cuando yo metía la pata y hacía las cosas mal. Dios nunca se cansó de mí; nunca se ha cansado.

Me encantaba adorar al Señor por medio de la música, en cualquier lugar, a cualquier hora. Había tomado lecciones de canto cuando era más pequeña, pero no aprendí a adorar en esas lecciones. Aprendí a adorar estando en privado, a través de susurros, palabras, melodías... unas veces suavemente, otras a todo pulmón (dependiendo del lugar y la hora). Aprendí a cantar la escritura y a derramar mi corazón en canto a Dios. ¡Qué descubrimiento tan increíble! ¡Fui hecha para adorarlo! Siempre estuve consciente de la importancia de la adoración en la iglesia, pero esto era distinto. Ahora estaba decidiendo adorar a Dios por mí misma, por mi cuenta, tomando la iniciativa para tener esos momentos con mi Salvador. ¡Poderoso!

Un diario empezó así:

Querido Señor,

Te doy gracias por ser tan real en mi vida. Te doy gracias por darme convicciones más fuertes, por abrir mis ojos, por darme favor y acercarme a ti. Quiero ser una dulce fragancia para ti; ya que mi nombre significa flor me encantaría poder expresarte eso con mi vida.

Señor, oro pidiéndote que tus ángeles acampen alrededor de mí. Por favor sigue purificándome y forma en mí un corazón íntegro, dame firmeza en mi mente y la sabiduría para obedecerte y hacer tu voluntad. Creo que la obediencia es la prioridad más importante que tengo que cumplir en mi vida. Quiero ser obediente a ti Señor. Te doy gracias de que puedo crucificar mi carne, alimentar mi espíritu y caminar en el Espíritu. Gracias por iluminarme tu palabra en Santiago capítulo uno. Quiero ser lo que tú quieres que sea.

Unos días después...

Estoy en un lío Señor. Por favor ayúdame a salir de él. Enséñame a tratar a las personas apropiadamente.

Limpia mi corazón; perdóname por hablar siguiendo mi naturaleza pecaminosa. Por favor enséñame cómo humillarme a mí misma, negarme a mí misma, y tomar mi propia cruz.

Por favor quebranta toda maldad en mí. Necesito que me laves y limpies.

Enséñame cómo vivir para ti.

Gracias por tu bondad para conmigo aun cuando yo no soy tan bondadosa. Por favor, ayúdame a correr a ti cuando estoy sola y cansada. Necesito que llenes mi vacío y me des fuerza.

Por favor, perdóname por tratar de hacer todo en mi propia fuerza.

¡Acércame a ti!

Gracias por tu convicción; gracias por tomar mi corazón, te doy la libertad de tomarlo cada día. ¡Ayúdame a deshacerme de este orgullo! Muéstrame cómo ser un ejemplo, cómo perdonar sin tomar ninguna actitud incorrecta. Necesito tu ayuda Señor.

Eres tan bueno. Gracias por darme tantas oportunidades de cantar y compartir con los jóvenes.

¡Dejo mi vida en tus manos!

Mis escritos me recuerdan a Pablo cuando dijo: «Hago lo que no quiero hacer y lo que debo hacer no hago». La vida a veces es complicada, yo hacía difíciles las cosas. Unas veces hacía las cosas bien y otras no, yo era solo una obra en proceso. Él me amaba igual, ¡increíble gracia! Es muy conmovedor. Sus misericordias venían nuevas y frescas cada mañana. ¡En verdad es fiel!

La vida es como las matemáticas. Aprendes una parte y eso es la base de lo que sigue. Si no lo captas lo suficiente, tienes que retroceder hasta que puedas construir sobre eso. Nunca me encantaron las matemáticas, pero puedo ver cómo Dios estaba usando todos los detalles de mi vida para hacerme crecer. Lo bueno, lo malo, y lo feo... todo opera uni do.

Perla de Poder

Jesús es la parte más estable de mi vida. Todo lo demás podrá ser conmovido y muchas cosas lo serán, pero Jesús es firme. Nunca será conmovido. Él es la roca debajo de todas las otras piezas movibles. Tomar un tiempo con él establece el tono del día; estable.

Julio Ricardo Rivera Sanchez

Un día durante mi primer semestre de la universidad, hice una declaración en el altar de la capilla durante el tiempo de oración. Debí haber hablado muy fuerte porque algunos de mis amigos después me repitieron lo que dije. Estaba clamando a Dios diciéndole que le daba cinco años de mi vida. «¡CINCO años Señor!». Fui enfática. ¿Cómo fue que resultó ese periodo de tiempo? No te lo puedo decir. Debí haber estado en uno de esos momentos. Todo tenía que ver con la soltería, se la estaba rindiendo a Dios. Estoy segura de que él estaba muerto de risa. No solo porque sabía lo que yo estaba a punto de hacer, sino porque sabía cuánto tiempo en realidad tardaría para casarme. Dale a Dios un tiempo restringido y tal vez lo duplique.

No después de mucho tiempo, fui a visitar a mi familia un fin de semana y conocí a Julio Rivera Sánchez. Era un guapo evangelista de Colombia que tenía una pasión por Dios como nunca antes había visto. ¡Me inspiré para aprender español de inmediato! En ese tiempo mi experiencia con el español era conversacional, pero me dieron muchos deseos de extender mi vocabulario. Compré una Biblia bilingüe y así era como hablábamos. Julio salía a predicar al área tri-estatal, así que yo lo acompañaba los fines de semana cantando, orando y hablando el español lo más frecuentemente posible. No pasó mucho tiempo antes de que empezáramos a salir y mi plan de cinco años salió volando por la ventana. Admiraba a Julio por muchas razones. Él me enseñó cómo ayunar y orar para buscar a Dios, a empujar para entrar a su presencia, y a esperar a Dios. Lo observé siguiendo al Señor y eso me inspiró. Muchas personas que conocían mi corazón para las misiones y su pasión por el ministerio vieron que esto era de Dios. Parecía tener sentido. Ministrábamos muy bien juntos y disfrutábamos ver a las personas salvas y libres.

Después de un año de salir con Julio decidimos ir con mi papá para pedirle su bendición. Mi papá había puesto un vellón de silencio delante del Señor (básicamente le pidió una señal específica). No tenía la luz verde así que nos dijo que esperáramos y siguiéramos orando. Yo me quería casar, pero no pensaría en hacerlo sin su bendición. También por supuesto estaba ese pequeño papel que había firmado con mi papá cuando tenía doce años; no lo había olvidado. Estaba tan contenta de haberlo firmado tantos años antes. Hizo una impresión tan profunda en mí que realmente me ayudó cuando la vida empezó a desenvolverse. Así que esperamos.

Perla de Poder

Esperar es una opción. No es imposible. A veces no podemos ver el panorama completo hasta que esperamos un poco. Entonces nos alegramos de no habernos apresurado. Hay una gran sabiduría en esperar. Nos puede proteger.

Un día de decisión

Pocos meses después mi familia había planeado un viaje a Santa Lucía. Me invitaron, pero realmente yo no quería ir. Después de orar me sentí obligada a ir a ese viaje. Todo el camino al aeropuerto tuve una sensación curiosa y empecé a orar en voz baja. Oré todo el camino a Santa Lucía. Cuando estábamos a punto de aterrizar, el piloto nos dijo que el avión anterior al nuestro se había salido de la pista y teníamos que regresar a Nueva York porque el clima estaba muy peligroso. Creo que Dios me llevó a ese viaje solo para orar. Cuando regresamos a Nueva York me sentí liberada de ese viaje. Ya había hecho mi parte, así que fui a visitar a Julio. Cuando le compartí lo que Dios había hecho nos pusimos a adorar y a orar. Mientras estábamos orando, me sentí impulsada a ir a hablar con una de las chicas del grupo de jóvenes de Julio. La busqué y le compartí lo que Dios había puesto en mi corazón. El mensaje se redujo a una palabra muy fuerte de que ese era un día de decisión para ella. Le expliqué que yo debía estar en un viaje con mi familia ese mismo día y cómo Dios me había enviado solo para orar por el peligro que había adelante. Le dije que sentía lo mismo en cuanto a ella y su situación. Que tenía que decidir si confiaría en Dios y le entregaría su vida. La joven empezó a llorar y me dijo que tenía planes de irse a un hotel con su novio esa noche. Me sorprendió la seriedad de su situación. Le rogué que no lo hiciera, pero finalmente se entregó a su novio. Esa noche quedó embarazada y su vida nunca volvió a ser la misma.

Perla de Poder

No debemos jugar con Dios. Ese día me di cuenta de lo importante que es seguir la dirección de Dios y hacer lo que nos pide, aun cuando no entendamos bien, o no nos sintamos con ganas de hacerlo. La vida es preciosa y hay momentos críticos en los que hay que poner atención. La Biblia dice que hoy es el día de decisión. Decide este día rendirle tu vida. No esperes hasta mañana... el mañana no está garantizado.

Mi conexión italiana

Un día gris y lluvioso estaba en la lavandería en la ciudad cuando vi a una mujer embarazada tratando de subirse a una bicicleta con sus dos niños y la ropa de lavar. ¡Eso era digno de verse! Me presenté y le pregunté si podía ayudarles. El hijo mayor, que tenía apenas 6 años, con gusto habló por su mamá. Eran una familia italiana, la mamá no hablaba inglés. Por alguna extraña razón, yo había tomado clases de italiano en mi último año de preparatoria y sabía lo suficiente como para conectarme con ellos. ¡¿No es bueno Dios?! El resto fue a través de señas con las manos y traducciones del niño. Eché su ropa en la cajuela frontal de mi *Volkswagen Súper Beetle* 73, acomodé a los niños en el pequeño asiento trasero y amarré la bicicleta en la parte de arriba. La dulce y pequeña mamá sonrió agradecida y nos encaminamos a su casa a poco más de tres kilómetros, justo arriba de una pizzería. En el camino nos reíamos de cómo todo se pudo acomodar en el auto. Cuando llegamos conocí a su papá que estaba haciendo pizza en la planta baja. Era un poco más serio y su inglés era limitado, pero estaba agradecido y me recibió muy bien. Me quedé un minuto a tomar un café exprés muy cargado, de esos que te ponen los pelos de punta. Compartimos lo más que pudimos para ser una primera visita. Esta sería apenas la primera de muchas conversaciones.

Me propuse pasar a verlos una vez cada dos semanas. Los niños siempre corrían a saludarme. En cada ocasión había mucha conversación ruidosa, fuerte café exprés y mucha risa. A veces la mamá estaba muy callada al principio, pero siempre se soltaba al final de nuestra visita. Viendo en retrospectiva, estoy segura de que la mayoría del tiempo se esforzaban para llegar al final del mes; la vida para ellos no era fácil al tratar de empezar aquí en Estados Unidos. Había muchas cosas que no entendía y con las que no me podía identificar, pero continué visitándolos. Una semana les llevé un Nuevo Testamento en italiano, ¡les encantó! Unos meses después encontré una iglesia evangélica en Filadelfia que tenía un servicio en italiano. ¡Aceptaron ir! Así que todos nos acomodamos en mi *VW Beetle* otra vez y viajamos por 30 minutos para llegar a la iglesia. Yo no entendía mucho de lo que el pastor estaba diciendo, pero ellos sí. Pude ver sus ojos muy abiertos, realmente estaban poniendo atención. Al final del servicio hubo un llamado a pasar al frente y ellos se pusieron de pie. De hecho, la mamá se puso de pie e hizo que los demás se pararan con ella. Era una mujer pequeña, pero definitivamente era digna de respeto. Amé a esta pequeña familia, fueron un regalo y un tesoro.

Perla de Poder

Nuestras vidas son estratégicas; Dios usa cada parte. A veces no podemos ver el propósito hasta años después. Nuestra disposición para ser usados por Dios atraerá toda clase de oportunidades.

El banco y el bicho

En otra ocasión estaba en el banco de la ciudad cuando oí una conmoción que venía del estacionamiento. Al asomarme vi que una pequeña dama de edad avanzada había estacionado su auto tan cerca del mío que enganchó ambos vehículos por la esquina izquierda de mi *Súper Beetle* 73. Necesitamos llamar a una grúa para despegarlos y mi carro necesitaba reparación y pintura. Ella estaba muy apenada pero le repetí que no había problema, que el arreglo estaba cubierto por el seguro; en dos semanas se vería como nuevo. Tomé los datos de la señora y le pregunté si podía ir a visitarla. Me miró con recelo y me dijo: «Sí, claro». De cuando en cuando la estuve visitando y le llevaba paletas. Al principio no confiaba en mí. Podía ver que se preguntaba cuál sería mi intención, pero después se dio cuenta de que solo estaba siendo amigable. Era preciosa, me encantaba escuchar sus historias. Me hizo extrañar a mis abuelos de adopción, los Paneths, que vivían en la casa de al lado cuando yo era niña. Eran de Hungría, una hermosa pareja que nos amaba sinceramente. Siempre tuvimos las mejores conversaciones. Las personas mayores tienen historias maravillosas, solo tienes que sentarte y quedarte ahí tranquila lo suficiente para permitirles compartirlas. Ahora yo era mayor y apreciaba mucho más ese tipo de conversaciones. Esta pequeña anciana tenía historias muy inspiradoras. ¡Fue un regalo y una cálida bienvenida en medio de mis estudios!

Perla de Poder

Pídele a una persona mayor que te cuente historias de su niñez. Solo siéntate y escucha. Tal vez se requiera un poco de paciencia y disciplina para quedarte quieta, pero te sorprenderás de cuánto disfrutarás lo que estés escuchando y cuánto puedes aprender de sus vidas. Tú necesitas oír y ellos necesitan contarlo.

Ángel por un día

Una de mis cosas favoritas que hacía en la universidad era orar en mi cuarto y luego ir al hospital para orar por las personas. Caminaba hacia el elevador, oprimía cualquiera de los botones que me llamara la atención y luego pasaba un par de horas yendo de cuarto en cuarto, quietamente, preguntando si alguien necesitaba oración. Nunca se rehusaron. Era más que una operación secreta, era una intercesión encubierta. Me gustaba ir al atardecer, justo antes de que oscureciera. La gente necesita esperanza en los tiempos de oscuridad. Me sorprendía ver cuántas personas no tenían familiares o un amigo que las visitara. Eso fue dulce y triste a la vez. Algunos necesitaban compartir su historia. Yo los escuchaba y oraba lo que Dios ponía en mi corazón; sabía que la oración era la parte más importante. Eso es lo que cambiaría todo. La Biblia dice que nuestras oraciones son «poderosas y efectivas». No necesitaba ser elocuente, solo necesitaba pedir. Siempre había una sonrisa o un *gracias* a cambio, algunas veces lágrimas y un fuerte abrazo. Algunos de los pacientes incluso preguntaban si yo era un ángel. Unas cuantas veces fui hasta la unidad de cuidados intensivos; nunca nadie me cuestionó, así que oraba muy quietamente y daba mis vueltas. Es sorprendente cuántas oportunidades hay de alcanzar a otros que están a nuestro alrededor. Solo se necesita un grano de fe, una cucharadita de espontaneidad y una taza de disposición. La mayoría de lo que hice fue cuestión de mi propia disposición. Dios siempre se encargó del resto. ¡Él es realmente muy divertido!

Perla de Poder

Pídele a una persona mayor que te cuente historias de su niñez. Solo siéntate y escucha. Tal vez se requiera un poco de paciencia y disciplina para quedarte quieta, pero te sorprenderás de cuánto disfrutarás lo que estés escuchando y cuánto puedes aprender de sus vidas. Tú necesitas oír y ellos necesitan contarlo.

¿Qué *puedo* hacer?

«Y todo lo que te venga a la mano,
hazlo con todo empeño». Eclesiastés 9:10

Mientras estuve en la universidad tuve diferentes trabajos. Por una temporada limpié los baños; me encantaba la acústica. Puedes divertirte cantando en un baño totalmente cubierto de azulejos. Creo que de hecho me metí en problemas por cantar demasiado alto. Luego cambié de trabajo a una compañía de limpieza fuera del campus. Me encantaba limpiar un departamento que me asignaron porque era de una mamá que era madre soltera con tres hijos que vivían con ella. Necesitaba cuidado tierno y amoroso. El departamento siempre estaba hecho un completo desastre, pero eso hizo mi propósito aún más claro. Haría cosas extra para que la mamá se sintiera amada y cuidada. Frecuentemente halagaba mi trabajo y después de un tiempo lo comentó con la compañía. Agregó que hacía más que las otras mujeres que habían ido a limpiar. Creo que me despidieron por limpiar demasiado. Tardaba mucho y hacía más de lo que querían que hiciera. Es curioso como eso funciona a veces, pero todo era parte de mi «crecimiento».

Durante los veranos tuve trabajos interesantes. Un año fui mamá sustituta para unas adolescentes problemáticas. Eran siete muchachitas con edades desde los 13 hasta los 17. Cada una de ellas tenía historias muy intensas. Estaba contenta de poder llevar paz y alegría a esa casa. A veces era complicado porque tenía que llevarlas a citas con los médicos y decirles de enfermedades trasmitidas sexualmente que algunas de ellas habían contraído. Lloré y oré con ellas cuando hubo oportunidad. Tenían mucho enojo y dolor. A veces tienes una ventana de oportunidad de ver la vida de alguien y eso te hace ver cuánto necesitamos todos a Jesús. Solo él puede arreglar el mundo.

Otro verano trabajé en un programa de hermana mayor con una chica esquizofrénica. La llevaba al parque, a tomar un helado, le leía, simplemente era su amiga. Era una adolescente y una persona muy preciosa. La idea era sacarla de su casa. A veces todo fluía muy bien, pero otras ella se enojaba. Cuando oraba parecía que se enojaba más, aun si yo estuviera orando en voz muy baja. Decidí orar antes de ir con ella y eso funcionó mejor. Parecía que había confusión en esa casa. Algo no estaba bien pero no era mi trabajo arreglarlo, yo estaba ahí para amar y orar. Era otra ventana, otra época. Dios quería que viera algunas cosas. Yo estaba en una travesía con él haciendo «lo que me viniera a la mano».

Piensa con libertad

Me gustan las cosas gratis. Una vez fui con una amiga a *CVS* (una farmacia local). Ella necesitaba algo y fui acompañándola. Miré alrededor, encontré un lápiz labial que me gustó y fui a pagarlo. Cuando la cajera lo pasó por el escáner, la registradora decía: «un regalo para ti». Lo pasó por el escáner por lo menos cinco veces más y cada vez volvía a salir el mismo mensaje: «un regalo para ti». Ella se frustró y llamó al gerente quien llegó y lo pasó por el escáner otra vez. Los dos se quedaron parados ahí, estupefactos. Finalmente el gerente lo puso en una bolsa y dijo: «Bueno, ahí lo tienes. ¡Es un regalo para ti!». Yo estaba muy asombrada y también mi amiga. Ella continuaba diciendo: «No pagaste NADA». «No, nada, nadita» dije yo.

Hay algo que a veces es difícil meter en nuestra cabeza. Se llama perdón. La verdad es que nunca podríamos pagarlo, pero debido a que Jesús murió por nosotros y pagó el precio de nuestros pecados, podemos ser perdonados y perdonar. Es un *regalo para ti*. El perdón es realmente subestimado. Sí, puede que tome algún tiempo asimilarlo, especialmente cuando necesitas llorar y sanar, ¡pero no hay nada como ser libre! Si das aunque sea un pequeño paso en esa dirección, Dios te encontrará en donde estés, sin importar cuán lejos tengas que ir. ¡Simplemente necesitas pensar con LIBERTAD!

La libertad y el perdón se convirtieron en un asunto muy importante para mí en la universidad bíblica. Hubo un día en el que mi mundo se derrumbó. Había estado estudiando para dedicarme al ministerio de tiempo completo, amando a Jesús y amando a las personas. Daba todo lo que había en mí los fines de semana para el ministerio, había hecho de mi habitación un refugio para que las chicas vinieran a platicar, corría tras Dios con todo mi corazón buscándole en oración y adoración. Sin embargo, desafortunadamente también tenía una relación en la que yo era abusada verbalmente por alguien que vivía cerca de mí. De hecho, creo que hasta me sentía orgullosa de estar cerca de ella, aunque me tratara como basura. Me apoyaba en el concepto de «pon la otra mejilla». En la mayoría de los casos debí marcar la línea del respeto hacia mi persona y alejarme de la situación, pero por alguna razón, al parecer tenía un falso concepto de responsabilidad de ayudar a esta persona a cambiar.

Había muchas banderas rojas. El abuso verbal continuó por más de un año y medio hasta que un día, de la nada, esta persona se puso como loca por un incidente sin importancia. Derribó una puerta y me aventó a una bañera y empezó a golpearme. Le grité diciéndole que se detuviera y la amenacé con llamar a la policía. Finalmente me las arreglé para pararme y corrí a la oficina del decano con el cabello mojado y descalza. Le dije lo que había sucedido y me pidió que esperara. Esperé 45 minutos. Llamaron a la chica pero ella tenía otra historia. Yo estaba todavía en shock y realmente estupefacta de que nadie estuviera atendiendo la situación. Decidí llamarle a mi papá. Después de explicarle mi situación me preguntó si había un helipuerto en el campus. No estaba bromeando. No tenían un helipuerto, así que me dijo que llamaría a la policía. Un poco después vi el carro de un alguacil estacionarse frente a la ventana de la escuela, pero no me permitieron hablar con él. Callaron todo el asunto y lo mandaron de regreso. Sin más, me dijeron que continuara con mi día. ¡¿Qué?! Todavía estaba temblando y ahora ya incluso estaba nauseosa. Me regresé a mi cuarto sin creer lo que había pasado, sintiéndome terriblemente humillada. Estaba estudiando para ser misionera, quería ayudar a cambiar el mundo... ¿qué era todo eso?

El recorrido desde mi casa en la ciudad hasta la universidad era de al menos 3 horas y media. Mi papá llegó en 2 horas con 25 minutos. Obviamente estuvo manejando con el pie metido en el fondo del acelerador. Canceló todos sus pacientes y salió en mi rescate. Normalmente veía entre 85 y 125 pacientes por día en su clínica, a veces llegaban a ser hasta 160. Sabía que había hecho un gran sacrificio, pero yo lo necesitaba más que nunca. Mi papá era mi héroe. Me metí a su auto y finalmente me calmé.

Seguí como entumecida por el asunto los días siguientes. Parecía una pesadilla viviente, pero continué hablando con Dios acerca de eso. Era honesta en cuanto a cómo me sentía y tenía una necesidad de verbalizar lo mal que estuvo eso. Sentí que él estuvo de acuerdo conmigo. La situación era terrible; mi papá me afirmó, pero también me dio la única opción real que tuve desde el principio, el perdón. Si quería ser libre de esa situación y no llevarla cargando por el resto de mi vida, necesitaría perdonar. Le dije que sí quería hacerlo y empecé a pedir ayuda. Tuve la sensación de que eso sería un proceso. Me comprometí a permitir que Dios trabajara en arreglar las cosas que estuvieron mal, y dejarlo obrar en las que estuvieron bien. Sin embargo, todavía tenía que llorar para poder empezar mi sanidad.

Cuando regresé a la escuela me encontré con que habían tirado mis cosas a otro cuarto. Las lágrimas empezaron a correr cuando abrí el nuevo cuarto y encontré mis cosas desparramadas por todas partes. Inmediatamente oí al Señor que me dijo: «Aquí hay una decisión que tomar. No estás indefensa. Puedes amargarte o salir adelante». «¡Ayuda!» grité.

Días después, esa semana recibí una carta en mi buzón que decía que yo estaba en un periodo de prueba por haber estado involucrada en esa situación. Yo era una basura, por decir lo menos. Ahora me estaban castigando por haber sido golpeada. Recuerdo que pensé: «¿Cómo rayos pasó esto?». Si solo hubiera sido el daño y aun la parte de que se me negaran mis derechos en la oficina del decano hubiera salido adelante un poco más rápido, pero la vergüenza que resultó era suficiente como para lanzarme a un precipicio. El enemigo es tan cruel. Es típico en una situación de abuso que la persona atacada se sienta avergonzada por estar involucrada. No tiene sentido, pero es lo que sentimos. Aun el hecho de decirle a alguien lo que pasó es vergonzoso. Me aprendí el Salmo 34:5 cuando apenas empezaba a cantar en la iglesia para ayudar a mi nerviosismo. Dice: «Radiantes están los que a él acuden; jamás su rostro se cubre de vergüenza». Sabía que esa era la verdad, decidí aferrarme a ella y permitir que echara raíces más profundas en mi corazón.

Una vez más pude oír al Señor hablándome. «El enemigo está tratando de zarandearte». Esto es lo que Jesús le dijo a Pedro. El enemigo no solo estaba tratando de darme un tiempo difícil, quería eliminarme. Quería meter un gancho en mi corazón que me mantuviera en un lugar oscuro. ¿Era yo responsable de todo eso? No, pero sí era responsable de cómo lo manejaría. Solo yo podía decidir.

Cuando iba caminando rumbo a mi dormitorio con el papel del periodo de prueba en mi mano, pasé a ver a nuestro misionero en turno, un buen hombre de Dios. Le conté lo que había sucedido y simplemente me dijo: «Fiona, Dios es Soberano, él puede usar esto». Él había pasado muchos años en la India y había visto mucha injusticia. Así que yo tuve que pararme en la soberanía de Dios, él todavía tenía el control aunque mi mundo pareciera estar fuera de control.

Esto era mucho para superar, pero la verdad es que yo no iba al ministerio por una cierta escuela o iglesia. Sabía que Dios mismo me había llamado. Empecé a ministrar en cuanto sentí que Dios quería usar mi vida cuando era adolescente. Tenía un futuro brillante delante de mí con sueños y promesas. Sí, el enemigo quería zarandearme. Buscaba matar, robar y destruir cada área de mi vida, pero sobre todo mi fe. Esto no era una simple injusticia, era un ataque total contra mi vida y mi futuro. Mi batalla no era tanto con esa persona sino con el enemigo. Supe que si conservaba mi paz y mantenía mis ojos en Jesús, él me liberaría.

Empecé a poder decir: «Yo perdono» y mencionaba el nombre. Tenía que perdonar a la protagonista y a los líderes de la escuela que me pusieron en periodo de prueba; también a las personas que tiraron mis cosas. Cuando venían los pensamientos malos, yo decía: «perdono». Literalmente tenía que decirlo cientos de veces al día para poder dejar atrás todo el dolor. Me habían roto el corazón.

La libertad tiene un precio. Tuve que trabajar por capas para apropiarme por completo de todo lo que Jesús hizo por mí y soltar verdaderamente a esas personas. Alguien me dijo que cuando no sueltas a la gente le estás permitiendo vivir en tu cabeza sin pagar renta. Eso tuvo mucho sentido para mí y me motivó a perdonarlos; es claro que no los quería merodeando por todas partes en mi mente.

Un día escuché al Señor decir que ya era tiempo de bendecirlos. Pensé: «Espera un minuto, perdonar es una cosa, bendecir es otra». Entonces el Señor me explicó que cuando pudiera bendecirlos sabría que ya era verdaderamente libre.

Era verdad. Meses después, por la gracia de Dios, me encontré a mí misma facultada para bendecirlos. Me dejó anonadada lo libre que me sentí. Era una clase de libertad distinta, algo que nunca antes había experimentado. Me sorprendía a mí misma bendiciéndoles todo el tiempo solo porque se sentía tan bien hacerlo. Por un par de años seguí esta tradición. Supe después que *la maldición sin motivo jamás llega a su destino y tampoco una bendición.* Si la persona no es digna de la bendición se regresa. No estoy segura de cómo funciona todo eso, pero tal vez me estuve bendiciendo a mí misma por unos cuantos años, solo Dios sabe... ¡Ja!

Tú mi amiga, tienes al mismo Jesús con el mismo poder de perdonar y soltar a otros para que no vivan en tu cabeza sin pagar renta. ¡Piensa con libertad!

Mi diario (en ese tiempo) - 23 de marzo de 1990

Salmo 23

A pesar de que – no importa que – camine a través del valle más oscuro. No es que vaya corriendo, sino caminando, yendo con calma. A través de, no alrededor, no por encima, sino justo en medio del valle de la sombra de muerte; de lo peor, casi fatal, lo más oscuro, donde no puedo ver nada. No puedo ver la montaña. No puedo ver la visión o su cima. No sé lo que el futuro tiene.

Voy a caminar y no tendré temor del mal. No temeré la muerte, ni los demonios, ni la tragedia, ni a Satanás. Ningún mal. ¡Nada malo! ¡Porque Jesús está conmigo!

Tu vara y tu cayado, me alientan.

La vara es para protección y el cayado para disciplina, para volverme a alinear.

El Consolador es el Espíritu Santo.

No permitirá que sea sobrepasada sino que me guiará y dará dirección.

Perla de Poder

Para Dios no hay nada que sea muy difícil de sanar. Quiere que seas libre. El perdón es un regalo de Jesús. Podemos recibirlo y darlo por lo que Jesús hizo por nosotros. Empieza con tu disposición, no con tus sentimientos. Dios te saldrá al encuentro en tu entrega, te va a dar gracia para esto y sanará tu corazón. No tienes que cargar eso por el resto de tu vida. ¡Piensa con libertad!

Las cosas que Dios usa

En mi tiempo libre me encantaba visitar a personas que necesitaran un estímulo. Cuando regresaba a mi casa de la universidad apartaba tiempo para visitar a una pareja de ancianas de la iglesia llamadas Mary y Greta. Estaban en sus noventa en ese tiempo y yo en mis veinte, ellas estaban viviendo en un hogar de ancianos. Recibir una visita era algo muy importante, les hacía su día. Habían dado su vida al ministerio, nunca se casaron y siempre tenían abrazos para dar. ¡Era un placer estar con ellas! Poco después de la dura experiencia que tuve en la escuela bíblica decidí ir a visitarlas. Cuando iba de salida, Mary me dio un artículo anónimo llamado: «Dios usa cosas que están rotas». Tengo que compartirlo...

Dios usa más para su gloria aquellas personas y cosas que están completamente quebrantadas y rotas. Los sacrificios que acepta son los corazones contritos y humillados. Fue el quebrantamiento de la fuerza natural de Jacob en Peniel, lo que lo llevó a donde Dios pudo revestirlo con poder espiritual. Fue romper la superficie de la roca en Horeb, por el golpe de la vara de Moisés, lo que dejó salir agua fresca para la gente sedienta.

Fue cuando los trescientos soldados elegidos bajo el mando de Gedeón quebraron sus cántaros, un símbolo de quebrarse a sí mismos, que las luces escondidas brillaron para consternación de sus adversarios. Fue cuando la viuda pobre rompió el sello del frasco con aceite y lo derramó, que Dios lo multiplicó para que pagara sus deudas y proveyó para su sustento.

Fue cuando Ester arriesgó su vida y se abrió paso en medio de la rígida etiqueta de una corte pagana, que obtuvo favor para rescatar a su pueblo de la muerte. Fue cuando Jesús tomó los cinco panes y los partió, que la comida, en el mismo acto de romperlos, se multiplicó lo suficiente para alimentar a cinco mil. Fue cuando María quebró su hermoso frasco de alabastro dejándolo inservible, que el perfume contenido salió y llenó toda la casa. Fue cuando Jesús permitió que su precioso cuerpo fuera quebrantado en pedazos por espinas, clavos y una lanza, que su vida interior fue derramada como un océano cristalino para que los pecadores sedientos bebieran y vivieran.

Es cuando un hermoso grano de maíz se rompe muriendo en la tierra, que su corazón germina y produce otros cientos de granos. Esto sucede y sucede a través de la historia, de todas las biografías, de toda la vegetación, y toda la vida espiritual; Dios debe tener COSAS QUEBRANTADAS Y ROTAS.

Aquellos que han sido quebrantados en sus riquezas, en su voluntad propia, en sus ambiciones, en sus ideas hermosas, en su reputación en este mundo, en sus afectos, en su salud, y aquellos que son despreciados y parecen completamente desamparados y abandonados, el Espíritu Santo está aprovechando todo eso y usándolo para la gloria de Dios. Es «el cojo quien se lleva la presa». Isaías nos dice. Es el débil el que vence al diablo. Dios está esperando tomar nuestro vacío y fracasos y brillar a través de ellos.

«Pues la locura de Dios es más sabia que la sabiduría humana, y la debilidad de Dios es más fuerte que la fuerza humana». 1 Corintios 1:25

Este artículo cambió mi vida. Me di cuenta de que

había un común denominador, el quebrantamiento. Es exactamente lo que Dios usaría y debía tener para cumplir su propósito. Cada vez que me sintiera lastimada y quebrantada podía entregárselo a Dios y permitirle usarlo. Después de todo, Dios usa cosas que están quebradas y rotas.

Mi diario:
11 de noviembre, 1990

Gracias por ayudarme en este día, por mostrarme mi debilidad y donde necesito crecer. ¡Oh Dios, sé que te necesito más que nunca! Jesús, por favor muévete en mí. Haz las cosas a tu manera en mi vida.

¡Te amo Señor y te necesito! Ayúdame a abrir mis ojos, oídos, corazón y manos a ti. Quiero servirte con toda mi mente, corazón y fuerza.

Tú me llamaste, tú me equiparás. ¡No soy nada sin ti Jesús! ¡Sé bendito y glorificado en mi vida!

Perla de Poder

Dios quiere tomar tus pedazos rotos y hacer algo realmente magnífico. No parece que sea posible, pero en verdad lo es. Así como lo dice la Biblia, hace algo bello de las cenizas. Es un proceso y Dios está comprometido a ayudarnos a lo largo de él. La humildad dice: «Toma los pedazos y haz algo hermoso». Esto es lo que a Dios más le gusta hacer. Él es nuestro redentor, hace nuevas todas las cosas.

SIETE

Arriba, arriba y adelante

«Endereza las sendas por donde andas;
allana todos tus caminos».
Proverbios 4:26

Mi diario (2:30 a.m.)

Enséñame Señor a ver a futuro los efectos de mis acciones, y muéstrame cómo elegir la dirección correcta, sin importar cuánto más difícil sea tu camino. Y por favor, multiplica mi sueño

Los dos últimos meses en la escuela bíblica fueron desafiantes. Seguía avanzando todavía en mi proceso de sanidad. Empecé a darme cuenta de que había más en el ministerio que solo obtener un diploma de cuatro años y casarme con Julio e ir a las naciones con una cierta iglesia. Había encajonado mucho mis opciones. Parecía que había unas cuantas chicas más en la escuela que también estaban cuestionando su propia situación. Anhelaban ser usadas por Dios, pero lo habían limitado al «ministerio». Empezamos a hablar de lo que en realidad nos encantaba hacer. Una chica tenía el sueño de convertirse en una fotógrafa para *National Geographic*. Tenía talento, la animé a seguir su sueño y hacerlo para Jesús. Otra quería ser enfermera, pero se sentía en conflicto. Le dije que podía hacer ambas cosas; ser la enfermera que todos necesitan, que va a ministrar al cuerpo, mente y espíritu. Otra quería enseñar en escuelas públicas. Les dije que Dios pone deseos en los corazones, que eran libres de servirle con cualquier talento. La clave era reconocer lo que realmente les encantaba, ser honestas acerca de sus sueños y estar preparadas. Esto me hizo preguntarme acerca de mi propia situación. Tenía un llamado, pero Dios podía hacer un gran número de cosas conmigo. Empecé a investigar, necesitaba estar preparada para cualquier cosa. Llegué a la misma conclusión, Dios me estaba llevando a proseguir.

Regresé a vivir a mi casa y me inscribí en la universidad comunitaria. Al adaptarme a los alrededores de mi nueva escuela me di cuenta de que Dios me podía usar prácticamente en todas partes. El ministerio era mi vida. Me convertí en la primera mujer presidente del club hispano, la primera pelirroja y la primera «gringa» que se unió. ¡Qué divertido! Todavía seguía ministrando los fines de semana en iglesias del área con Julio, al mismo tiempo que tenía un trabajo.

Para ese tiempo Julio y yo habíamos ido con mi papá dos veces por su bendición y las dos veces nos dijo que esperáramos. Yo no lo entendía. Habíamos orado, incluso ayunado por una semana entera antes de ir a hablar con él la segunda vez. Ya habían pasado dos años, pero mi papá con lágrimas en los ojos nos dijo que no tenía luz verde de parte de Dios y debíamos esperar. Antes de ir a esa conversación me encontré la escritura que dice: «puedo cambiar el corazón del rey como puedo cambiar el curso de un río». Sabía que era Dios quien estaba dirigiendo todo. Él le diría a mi papá cuándo, o si... Era difícil de aceptar, pero estaba resuelta a casarme solo con la bendición de mi papá. Sabía que era para mi protección aunque no entendiera los *porqués*. Dios era Soberano y controlaba mi destino.

Yo quería su voluntad y confié en él.

Fue al final de tres años de estar andando con Julio que las cosas comenzaron a cambiar. Yo estaba muy agradecida por su amistad, nuestros tiempos de servir juntos, sus enseñanzas sobre el ayuno y su ejemplo en buscar a Dios, pero parecía como que en el ambiente había un olor de cambio. Hice un viaje con mi familia a Florida y mientras estaba ahí decidí llamar a Julio y pedirle un par de semanas para separarnos y buscar a Dios. Me sorprendí mucho porque rápidamente reconoció la necesidad de separarnos. Pareciera que tuviera un aviso. Después de unas cuantas semanas era obvio para mí que Dios me estaba diciendo *déjalo ir*. Me sorprendió la gracia que recibí para cambiar de dirección una vez que entendí que no era la voluntad de Dios, especialmente porque había muchas personas que estaban convencidas de que debíamos casarnos. Recuerdo estar explicándole a mi papá lo que sentía mientras estábamos sentados en el restaurante *Four Brothers* en Mahopac. Me entendió perfectamente porque él no tenía paz de que siguiera avanzando. Llamamos a Julio y le pedimos si nos podíamos ver todos. Mis papás oraron por él y todos lloramos juntos al despedirnos. Fue como si todos lloráramos la muerte de algo y al mismo tiempo teníamos la paz de que eso venía de Dios. No era la situación típica de un rompimiento, debo admitir, pero realmente fue Dios quien nos guio.

Unos pocos meses después Julio me confió que hubo una misionera al África que pasó por su iglesia un sábado por la noche. Su carro se descompuso justo enfrente de su iglesia. Ella estaba muy lejos de la iglesia en la que predicaría esa noche y debido a que pertenecían a la misma denominación, llamaron a la otra iglesia para explicarles la situación y preguntaron si ella se podía quedar a ministrar en la iglesia de Julio, en vez de en la otra. La otra iglesia estuvo de acuerdo, así que se quedó y ministró. Después del servicio Julio fue con ella y le pidió que orara por él. Él le explicó que queríamos comprometernos y que habíamos ido a hablar con mi papá ya dos veces. Ella lo detuvo y dijo: «Esto no debe ser». Él rápidamente le explicó que habíamos estado ministrando juntos y la gran bendición que eso había sido. Ella lo detuvo otra vez y dijo: «Déjame solo orar». Mientras oraba Julio empezó a llorar porque pudo sentir que verdaderamente era Dios quien estaba guiando sus palabras. Cuando terminó de orar, ella le dijo: «Dentro de un mes Fiona te va a llamar y se van a separar. Será difícil, pero en tres meses ambos van a estar recuperados emocionalmente. No la trates diferente este mes. No le digas de esta conversación hasta que eso haya sucedido. Ustedes no tienen el mismo llamado y ella no es para ti». Fue exactamente 30 días después de que ella le dijo eso a Julio que yo le llamé desde Florida. Estaba muy asombrada de Dios. Su tiempo es impecable.

Mientras Julio hablaba acerca de esa misionera empecé a recordar a una mujer misionera que me había visitado en la escuela bíblica durante mis últimas semanas ahí. Le pregunté si era una hermosa mujer afroamericana, soltera de la ciudad de Nueva York entrando en sus cuarenta con rastas largas y una gran sonrisa. Él dijo *sí*.

Esta mujer había ido a ministrar a la universidad a la que asistía allá en Pensilvania. Me maravilló tanto su vida y su pasión por Dios que me hice su amiga. Ella me invitó a mí y a otras dos chicas a su cuarto a platicar mientras empacaba sus cosas para irse. Era una poderosa mujer de Dios, valiente y hermosa en todo sentido. Me dijo que Dios tenía grandes planes para mi vida, que no me acomodara. Estuve de acuerdo y prometí mantener el rumbo. Y ahora, aquí estaba con cobertura completa de la historia de los antecedentes y profundamente admirada de Dios.

Fue alrededor de ese tiempo que mi papá también me explicó del vellón silencioso que me había impedido recibir la bendición. Julio estaba en el proceso de obtener su visa de residente. Mi papá le dijo al Señor que si Julio recibía su visa de residente, sería como una luz verde de que me podía casar con él. Tenía bien todo el papeleo, un gran abogado, apoyo de la iglesia, respaldo y soporte financiero, pero en los tres años que estuvimos saliendo la puerta estuvo cerrada. No lo comprendíamos. Tres meses después de nuestro rompimiento, su residencia y todos sus papeles aparecieron. Dios estaba trabajando en todos los detalles. ¡Soberano realmente!

Perla de Poder

La vida cambia. A veces pensamos que tenemos todo resuelto, y de repente todo da un giro en otra dirección. En verdad está bien, a Dios no se le escapa nada, él usará todo. Nuestra tarea es permanecer en fe aun cuando no es lo que esperábamos. Dios hará las cosas claras en su tiempo conforme seguimos confiando en él. Ser flexible es crucial para continuar. El curso puede cambiar un poco, pero llegaremos al destino correcto. ¡Confía!

Comodidad *versus* llamado

Después de acumular un número de diplomas en la universidad comunitaria empecé a darle vueltas a lo del trabajo misionero. Amaba el ministerio y estaba totalmente comprometida en el Noreste, pero el llamado a las naciones ahora parecía un poco vago. Hacía mucho que no estaba en eso, y, honestamente, me había acomodado en una posición cómoda. Más que nunca me daba cuenta del sacrificio. Podía conversar en español y estaba involucrada en muchos ministerios hispanos, así que pensé que seguramente con eso bastaría. Además, amaba a mi familia y sería mucho más fácil quedarme en la casa. Todavía estaba esperándolo a ÉL, pero ÉL todavía no se presentaba y yo no estaba planeando irme sola. Sin embargo, no podía negar ese anhelo de más. No estaba satisfecha. Supe que tendría que buscar con fuerza a Dios para averiguar qué venía después.

A veces Dios es sigiloso. Él sabe lo difícil que es para nosotros tomar decisiones correctas cuando no podemos ver más adelante; así que nos pone una zanahoria y nosotros continuamos avanzando. Un día vi un anuncio de un programa de intercambio extranjero en Quito, Ecuador.

Era un programa de tres meses y pensé que eso era suficiente. Solo tres meses, ¡puedo manejar bien eso! Algo dentro de mí dijo: «¡Dale!», así que fui.

Mi diario:
2 de enero de 1992

¡Qué día tan maravilloso! Soy verdaderamente bendecida, hay tanto por lo que tengo que estar agradecida. Salí de mi casa a las 5:30 a.m. con mis padres. Me vieron salir del aeropuerto (La Guardia). El vuelo estuvo perfecto. El Señor me dio tanta claridad de mente, esto ya en sí era un milagro considerando que solo había dormido 3½ horas. Mi descanso fue muy ligero de Nueva York a Florida, pero realmente dormí bien de Miami a Quito. Tuve una fila completa de asientos para mí sola. El Señor también envió jóvenes muy amables que me ayudaron a cargar mis maletas por todas partes (gratis). Conocí a una pareja que viajaba alrededor del mundo y ahora iba a Quito. Era muy divertido platicar con ellos.

Finalmente llegué a la aduana y vi a dos chicas al final del pasillo. La pequeña (Gabriela) estaba sentada en la puerta con un letrero que hizo uno de sus hermanos. Decía FIONA DE LA MERE. Crucé una mirada con ella y empecé a hacer señas con las manos. Las dos sonrieron inmediatamente y después sus dos hermanos llegaron también. ¡Qué hermosa familia!

Todos se presentaron, me dieron la mano y me llevaron al auto mientras me hacían un millón de preguntas. ¡Son geniales!

Cuando llegamos al auto el Sr. Rivas dijo mi nombre, abrió sus brazos y me dio un gran abrazo. Todos hablamos a mil por hora durante el camino. Cuando llegamos a su casa (muy bonita) conocí a la Sra. Rivas. ¡Es un amor! Me recuerda a Tante Irma (la tía adoptiva colombiana que tuve cuando era niña).

Los muchachos arrastraron mi equipaje por las escaleras. ¡Literalmente lo arrastraron! Los previne y les sugerí que tal vez necesitaríamos llamar a mi papá (el quiropráctico) para que revisara sus espaldas después de esto.

¡Todo está demasiado bien para ser verdad!

Después de llegar me enteré de que la universidad a la que asistiría era la mejor de la nación. Todos los diplomáticos, oficiales de gobierno y gente de influencia mandaban a sus hijos a esta escuela. Hasta los nietos del presidente estaban ahí. Eso me sorprendió un poco porque fui enviada por la universidad comunitaria, nunca imaginé conocer a tantas personas de influencia. Empecé a hacer amigos con rapidez porque no tenía barreras personales. Podía ser amiga del vagabundo tan fácilmente como me hacía amiga de alguien rico. Una cosa tenía por segura, a todos les gusta reír y todos responden a la amabilidad; y por supuesto, todos necesitan a Jesús.

La parte más difícil del semestre fue realizar y terminar el trabajo. Estaba tomando cinco cursos en español y cada uno tenía su propio vocabulario, pero me las arreglé para obtener un 3.8 que fue casi un milagro.

Mis conversaciones cotidianas siempre estaban salpicadas de lo que Dios había estado haciendo en mi corazón. Eso fluía naturalmente del tiempo que pasaba con él, anotando en mi diario, leyendo mi libro devocional *En pos de lo supremo* [My Utmost for His Highest], y metiendo la escritura en mi corazón y no solo en mi cabeza. Siempre había espacio para crecer. ¡Dios se aseguraba de eso! Siempre compartía de aquello en lo que estaba creciendo. Parecía que algunos de mis amigos de la escuela anhelaban escuchar más, así que nos reuníamos después de la escuela y platicábamos de Dios.

Compartía de mi fe en Jesús cada vez que tenía la oportunidad, cantaba cuando podía, me conectaba con misioneros e iba a la iglesia. Un mes después de iniciar el programa me preguntaron si quería ser maestra de inglés en la universidad. Entre muchos diplomas que obtuve al regresar a mi casa también recibí un certificado por enseñar ISL (Inglés como segunda lengua). Me encantó enseñar y realmente disfruté que me llamaran «Profesora Fiona». ¡El mundo era el límite!

Perla de Poder

El mundo es un lugar hermoso. No debemos tener miedo de lugares nuevos, de personas o cosas solo porque son distintos. La gloria de Dios es revelada a través de cada cultura, lengua y pueblo. Es para nuestro beneficio, crecimiento y bendición abrazar a las naciones. Todos somos una expresión del amor de Dios.

La anciana con las varas

«Así que, cada uno ponga a prueba su propia obra, y entonces tendrá motivo de jactarse, pero solo respecto de sí mismo y no por otro; porque cada uno llevará su propia carga».
Gálatas 6:4-5 RVC

Durante el tiempo que estuve de intercambio estudiantil en el extranjero, tomaba el camión a mi casa en una sección del pueblo llamada Jipijapa ¡suena muy divertido! El nombre de mi calle era Jerónimo Leiton, ese nombre me encantaba también. ¡Todo sonaba como una aventura! La colina en la que estaba mi calle estaba muy empinada. Casi todos los días veía a una anciana subiendo un gran bulto de varas por la colina. Debió haber tenido por lo menos 70 años. Era muy loco ver esto. No podía entender por qué nadie le ayudaba. Amarrado alrededor de sus hombros y cintura llevaba un gran pedazo de algún material sujetando las varas. Iba encorvada y parecía que era doloroso llevar eso. A veces la veía al fondo de la calle y a veces subiendo como a la mitad del camino. Al menos eran entre 10 y 15 cuadras para llegar a la parte más alta.

Un día no lo pude soportar más. Si ella podía llevar esa carga, yo también podría, eso y más. Yo era fuerte y tenía que hacer algo. Salté con mi mochila para bajarme del camión antes de donde solía hacerlo y corrí hacia ella. Le dije: «Buenas tardes» y le pregunté si podía ayudarla. Me miró como si estuviera bromeando y continuó caminando. Noté que hablaba un poco de español, pero sobre todo quechua, la lengua de los indígenas. Le mostré mi idea; señalé su carga y luego apunté a mi espalda. Le dije en quechua: «Titu amitu bendiciachi» (Dios te bendiga). Era una de las muy pocas cosas que sabía decir. Ella sonrió y se detuvo. Le expliqué de nuevo que quería ayudarle a llevar su bulto de varas y señalé la colina. Se empezó a reír. Seguí señalando su carga, luego me incliné y señalé mi espalda y después arriba hacia la colina. Se rió otra vez y empezó a bajar la carga de su espalda; era toda una odisea bajarla y volverla a subir.

Para ese momento ya había espectadores observando muy atentamente. Aquí estaba esta gringa alta y pelirroja alistándose para echarse en la espalda un bulto de varas. Estaba tan emocionada y orgullosa. Empecé a pensar en lo grandioso de ese testimonio. Efectivamente, debíamos ayudarnos unos a otros. Debíamos llevar las cargas los unos de los otros. ¡Ninguna abuela estaba excluida! ¿Por qué solo estar mirando?...involúcrate; métete. Sé el héroe de alguien... ¡así como YO! Ya había predicaciones y mensajes de vida fluyendo.

Cuando llegó el momento de poner la carga en mi

espalda me di cuenta de que necesitaríamos un poco de ayuda extra para subirla y acomodarla. Llamé a alguien de la audiencia a participar, nada malo con eso, ¿verdad? Un joven llegó con mucha disposición de cooperar y ayudó a poner la carga en mi espalda. Me sorprendí un poco del peso real, pero sabía que yo era una joven fuerte y no podía imaginar esa pequeña anciana cargando algo que yo no pudiera llevar. Estaba teniendo un poco de dificultad al respirar, pero pensé que eso se quitaría al subir la cuesta de la colina. Me había amarrado el material alrededor de la espalda baja y alrededor de los hombros por el pecho. Todo estaba listo.

Traté de empezar a subir suavemente, pero no pude. Traté de dar un paso, pero apenas pude mover mis piernas. Creo que esa pequeña anciana llevaba cargando en su espalda cerca de 70 kilos, si no es que más. Traté otra vez, y otra vez, y otra vez... y nada. Entonces entendí la parte de encorvar la espalda. En eso noté que la pequeña anciana estaba llena de lágrimas porque estaba muerta de la risa. Sus trenzas se balanceaban en su cabeza mientras le daba un patatús de risa. También me reí, verdaderamente era lo único que *podía hacer*. Sí, era gracioso y bastante vergonzoso a la misma vez.

La mayoría de la gente se empezó a ir dándose cuenta de que el *show* había terminado. Ninguna heroína gringa hoy, amigos. ¡¡¡¡Ay ya yai ya yai!!!! Creo que se sintieron mal por mí. Realmente tenían expectativas altas. Todo lo que podía hacer era decir que lo lamentaba y que no me podía mover. Necesité un par de personas más que me ayudaran a bajar el bulto. La pequeña anciana fue muy amable. Recogió su carga, la subió en su espalda y empezó a subir la colina. «Al menos le di un poco de entretenimiento», pensé. Nunca jamás volvería a subestimar el poder de una pequeña anciana.

Perla de Poder

Cada uno tiene su propia carga que llevar. Tú tienes gracia para llevar lo que es tuyo. No tendrás la gracia para las cosas de alguien más, solo te estancarás. Es mejor llevar tu propia carga y bendecir a otras personas a lo largo del camino con ánimo e inspiración.

Mamá y Papá Delamere   "Granda" Padre de mi Madre

La Familia Delamere   La casa de mi Madre en Irlanda

Mis amigas Jeannie (I) y Kathleen (D)   Mis diarios

I: El pacto con mi Padre
D: Una lista de lo que quería en mi esposo

El vuelo desde La Zona Roja, Grabando en Miami, La Mitad del Mundo
con La Familia Rivas-Ecuador

Un escarabajo gigante en el Amazonas, Mary y yo en Paraguay;
La mujer en la torre de control en Colombia

Los jóvenes de la Iglesia Verbo Mañosca, Ecuador

Elliot Speaks

Over 1,200 women gathered in the Bowman Gymnasium on November 2 to hear Elisabeth Elliot speak on "The Hope of Glory" as part of Nyack College's annual Women's Seminar. Not even the persistent rain could dampen the spirit growing inside the gym as the day began. There was a hub of activity as women registered, found their seats, and shared in fellowship over cups of coffee. After enthusiastic singing of hymns and choruses, a hush fell over the crowd as Mrs. Elliot rose to speak.

Elizabeth Elliot en Nyack College

Jim y Mary DeGolyer

"jaula de pájaros" en México, Cantando en Nyack College

Michael y Yo- "Solo amigos" en NY; Pat y AnnMarie Mercadante

Michael llegando para recogerme para la fiesta de "Billy Joel",
invitación originanal, y la Casa de Billy (Mike Roca, *Daily News*)

20 de Mayo, 2000

Familia Mellett con Grandma y Copper, nuestro perro

Michael y yo ministrando en la Iglesia Lakewood, Houston, TX

OCHO

No seré comprada

«Temer a los hombres resulta una trampa, pero el que
confía en el Señor sale bien librado».
Proverbios 29:25 NVI

Mientras estuve en el intercambio estudiantil me hice
amiga de los dueños de la tienda de la esquina de la calle
donde vivía. Después de la escuela me daba una vuelta para
comprar un chocolate; la preciosa familia con la que vivía
no siempre tenía postre después de la comida. Descubrí
que el postre era una parte muy importante de mi vida, lo
hice una prioridad. ¡Ja! Los dueños de la tienda eran personas maravillosas. Solo tomó unas cuantas conversaciones
para saber que eran creyentes. Me invité yo misma a su
iglesia y me di cuenta de que se parecía mucho a mi iglesia
allá en casa. Sí que se parecía.

Mis estudios eran un gran desafío considerando que
estaba tomando cinco cursos, todos en español (arte ecu-
atoriano, historia ecuatoriana, literatura ecuatoriana, etc.)
y apenas había empezado a aprender el idioma pocos años
antes. Las primeras dos semanas llevé un diccionario muy
grande y grueso y tuve un constante dolor de cabeza. No
obstante, iba a la iglesia cada domingo y asistía a la reunión
de su grupo en casa durante la semana cuando podía. Era
bueno tener algo de responsabilidad y poder rendir cuentas, lo necesitaba.

En Nueva York me hice amiga de unos misioneros (Pat

139

y Ann Marie Mercadante) justo la semana anterior a salir rumbo a Ecuador para el programa de intercambio. Me pidieron que cantara en un banquete para misiones en una iglesia cercana y ellos eran los oradores principales. Nunca adivinarías a dónde se dirigían... a Quito, por supuesto. Muy sorprendente. Tuve la oportunidad de verlos durante los tres meses que estuve estudiando. A ellos les encantaba reír tanto como a mí y siempre pasamos muy buen tiempo juntos.

Cuando mi programa de la universidad estaba por terminar, Pat y Marie me invitaron a visitar su iglesia y escuela primaria. Sentí una conexión inmediata con las personas y el lugar. Me pidieron que orara respecto a una oferta que ellos me hicieron de ser maestra de inglés los últimos meses del año escolar, me ofrecieron alojamiento y comidas en su casa. Sentí mucha paz. A veces cuando oras acerca de algo, como que ya sabes la respuesta, pero creo que bendice a Dios que lo reconozcamos y le demos gracias por lo que está a punto de hacer. Acepté y esperaba con expectativa el cambio.

En mi último domingo en la iglesia a la que estaba asistiendo le di las gracias al pastor por el tiempo que había estado ahí y le dije que el Señor me había abierto una puerta nueva. Él asumía que al terminar mis estudios me regresaría a Nueva York. Le expliqué que iba a estar enseñando en una escuela y que iba a vivir con una pareja de amigos misioneros durante los últimos tres meses de mi visa. Se sorprendió un poco y me dijo que podía trabajar en su iglesia. Le dije que había orado respecto a la escuela y tenía paz. Entonces me pidió que esperara un minuto y fue a hablar con los otros pastores y ancianos. Tres minutos después había seis hombres parados frente a mí insistiendo en que trabajara en su iglesia. Me dijeron que me pagarían bien. Les volví a decir lo mismo que había dicho al pastor; les repetí que estaba muy agradecida por la oferta, pero que ya había aceptado dar clases en la escuela. Me pidieron que esperara otro minuto; se volvieron a reunir.

Cuando regresaron me ofrecieron un departamento y un buen salario. Entonces me sorprendí de que pensaran que su generosidad me haría cambiar de opinión. En ese momento me empecé a sentir irrespetada. No me estaban escuchando. Cuando no acepté la segunda vez decidieron volverse a reunir. En esta ocasión cuando regresaron los hombres me rodearon en círculo y hablaron enérgicamente. Dijeron que ellos me darían un auto, un departamento, un buen salario y que yo *asumiría* la posición que me ofrecían.

Yo no sería comprada. Les expliqué enfáticamente que había orado, que había desarrollado una relación con estas personas de la otra iglesia, y que tenía paz. Solamente la paz me diría en dónde debía estar. No estaba buscando una oportunidad, sino la voluntad de Dios y no sería persuadida de otra cosa. No les dio nada de gusto y caminaron alrededor mostrando su molestia sin poder creerlo. No sé si estaban más desconcertados por el hecho de que no acepté su impresionante oferta o porque yo solo era una mujer que no se doblegó. No sería intimidada, no sería comprada. Estaba respondiendo a Dios, no a los hombres. Lo mejor que podía hacer era irme y eso hice con bastante rapidez.

Perla de Poder

El temor del hombre es un lazo, limitará cuánto estás dispuesta a seguir a Dios en oposición al hombre. Cuando sabes que has oído a Dios, cuando tienes paz, y estás tomando decisiones guiadas por el Espíritu, puedes caminar con confianza. Porque cuando todo esté dicho y hecho, la verdad es que solo tendrás que dar cuentas a Dios y no a los hombres. Además, la obediencia trae bendición y protección. Solo Dios puede ver lo que hay en el camino. Él siempre tiene en su corazón tu mayor beneficio. «El temor del Señor es el principio del conocimiento». Proverbios 1:7. Poner a Dios primero ¡es lo más inteligente que puedes hacer!

Sintiéndome como en casa

Vivir con Ann Marie y Pat Mercadante fue un verdadero privilegio y placer. Era tangible su amor a Dios y a las personas. Era una gran ventaja que ellos venían de la misma ciudad donde yo nací y crecí en Nueva York, eso me dio una gran sensación de paz y familiaridad en medio de todos los ajustes culturales. Pat y Ann eran de ascendencia italiana. Hablaban italiano y a veces lo mezclaban un poco con su español; gracias, grazie... ¡claro! ¡Muy parecidos! Me parecía genial, nos reíamos mucho. Me trataban como a una hija y me cobijaron mientras maduraba cuando estuve con ellos. Estoy segura de que en el proceso hasta cubrieron unos cuantos puntos ciegos que yo tenía. Me encantaban. Cada tarde que nos sentábamos a comer podía sentir el vapor de mi plato caliente subiendo hasta mi cara. Eso era antes de que empezáramos a orar, ¡y vaya que estos dos oraban! Para cuando habíamos terminado de orar por todo el mundo, mi comida casi siempre estaba tibia. Las primeras veces que pasó me exasperé un poco anhelando llenar mi estomaguito después de un largo día de trabajo; pero luego aprecié el gran tesoro que había en esos momentos. Empecé a involucrarme y a hacer oraciones grandes y atrevidas junto con ellos. Después de que habíamos viajado alrededor del mundo en intercesión, experimentaba todo un nuevo nivel de gratitud y satisfacción.

Vivíamos en un lado de la montaña Pichincha que tenía un volcán en uno de sus picos. Los bosques subiendo la montaña tenían muchos bichos interesantes. Había grandes escorpiones negros que entraban a las casas metidos entra la leña (mientras más oscuros, más venenosos). Una mañana me encontré un ejemplar de los grandes, medía casi 13 cms. Estaba afuera de la puerta de entrada y yo iba saliendo rumbo a mis clases. Su cola estaba levantada y lista para el ataque; agarré un pedazo de madera y le di un buen golpe. ¡Fuera de mi camino! ¡Soy una mujer joven en una misión! No tengo tiempo de tener miedo.

Cuando les conté a mis padres de todas las oportunidades que el Señor me estaba abriendo en Ecuador, me apoyaron mucho y me dieron su bendición. Ellos habían viajado a Ecuador unos años antes, en su vigésimo quinto aniversario de bodas y conocían a muchos misioneros; aun así ellos querían asegurarse de que todo estuviera bien. Así que un día antes de mi cumpleaños mi papá me llamó y me preguntó qué haría para celebrar. Le dije que sería un día típico, nada demasiado emocionante. Él dijo: «¿Qué te parecería si te fuera a visitar?».

«¿¿Mañana??».

«Sí, ¿está bien?».

«¡Claro! ¡me encantaría! ¿puedes venir? ¡Sí, por favor ven!».

«Bueno, te llamo si veo que pude arreglar todo».

«De acuerdo».

Mi papá es uno de los individuos más planeados que conozco. Para él ir a Ecuador significaba cerrar su oficina y soltar muchas de sus obligaciones. Esa era una verdadera hazaña para un doctor que trabajaba por su cuenta, pero me tenía en su radar y quería asegurarse de que todo estuviera bien. ¡Qué lindo papá!

Tuve la sensación de que sí iría. A media noche me levanté y empecé a orar por él. Vi mi reloj y eran las 3 a.m. en punto. Lo que yo no sabía era que mi papá le pidió al Señor que lo despertara a las 4 a.m. si él debía ir al aeropuerto. Mi oración de las 3 a.m. fue su llamado a despertarse a las 4 a.m. porque había una hora de diferencia. Él se despertó, lo tomó como una señal y se fue al aeropuerto. ¡Yo iba a cumplir 23 años!

Estaba muy orgullosa de presentar a mi papá con todos mis amigos nuevos y familia de la iglesia. Él estaba muy orgulloso de todo lo que Dios había estado haciendo a través de mí. ¡Tuvimos un tiempo precioso! Eso fue un regalo tan maravilloso porque mi papá y yo no siempre tuvimos una relación cercana. Realmente yo tuve que tomar la iniciativa para conversar y hacerlo consciente de mis necesidades cuando era una adolescente en desarrollo. Estaba a años luz de como a él lo criaron, pero aun así había mucho por aprender y madurar en nuestro hogar centrado en Cristo. Una cosa extremadamente importante para mí fue permanecer bajo su paraguas espiritual, mi cobertura. Le pedía su bendición en cada cosa que hacía, y no solo le pedía su cobertura, sino que me mantenía alejada de las cosas con las que él no se sentía cómodo. Confié en la sabiduría de mi papá y en su discernimiento. Él, por otra parte, oraba por cosas grandes para mi vida y se mantenía abierto respecto a mi vida delante del Señor, porque sabía que yo le pertenecía a Jesús. Mi papá estaba dispuesto a rastrearme en otros países, si fuera necesario. No puedo imaginar lo difícil que eso era para él, ¡pero confiaba en Dios! La confianza recorre grandes distancias.

Rentamos un jeep y lo llevé alrededor de Quito y a algunas aldeas indígenas cercanas. ¡Nos divertimos como locos! Como recuerdo de nuestro viaje y tiempo juntos, mi papá me compró un hermoso anillo de perla. La perla decía muchas cosas para mí porque atesoré nuestro tiempo de padre e hija. Me sentí muy afirmada por mi papá. Eso me confirmó que estaba en la ruta correcta siguiendo a Dios, ¡y eso significaba todo para mí!

Perla de Poder

Dios va a afirmar tus pasos conforme te rindas a él. Comprobarás que es una protección para tu vida rendir cuentas a tus padres o a aquellos con quienes él te ha encargado. También es para tu resguardo confiar en su cobertura, y permitirles tener un lugar de influencia en tu vida. Si necesitas dar cuentas a alguien o tener un mentor, pídeselo a Dios. Él te dará lo que necesitas. Hasta puede enviar a alguien de otro país para afirmar tus pasos si fuera necesario. Él es Dios, tiene todo el poder, todo el conocimiento, siempre te está amando, siempre intercediendo por ti. Puede hacerlo.

Las islas Galápagos

¡El viaje de mi papá fue todo un éxito! Ahora era el turno de mi mamá. La historia de introducción del capítulo uno de un viaje a Colombia sucedió justo antes de la visita de mi mamá. Mi mamá es misionera de corazón. Ama a las naciones y celebra todas las culturas y grupos de personas. Siempre ha enfatizado la importancia de abrazar a cuantas personas sea posible. Sus amigas son un *collage* de naciones. Cuando era niña en Irlanda le maravillaba ver gente de otros países visitando, porque iban pocas personas, y no con frecuencia. Ella compartió ese amor con sus hijos, el encantador placer de ganar amigos y obtener mayor entendimiento de las culturas; sin temor a las diferencias, sino con la alegría absoluta de celebrarlas. Le intriga saber cómo se comunica la gente, cómo comparten el humor, lo que comen y la manera como procesan la vida. Nunca era una sorpresa encontrarla en la cocina perfeccionando una sopa vietnamita, una ensalada persa, un platillo de pollo a la italiana, o una variedad de postres. Lo llamamos «el baile». Le encanta probar nuevas cosas y lo hace de una manera que te atrae y te hace querer probarlo también.

Ahora mi mamá estaba visitando Ecuador con las islas Galápagos en mente. Había hecho su investigación y sabía que no se las podía perder. ¡Su lista de cosas importantes por hacer y más! Mi hermana Siobhan, una compañera muy dispuesta, la acompañó y nos fuimos en mis vacaciones de primavera para experimentar lo que esas islas tenían que ofrecer. A casi mil kilómetros de la costa de Ecuador volamos a un pequeño aeropuerto y abordamos un yate. La primera tarde a bordo había asientos sin asignación previa para la comida, así que nos separamos. Después de la comida mi mamá me llamó y me preguntó si reconocía a un hombre en su mesa. Dándome su nombre les dije que se parecía mucho al primer amigo que hice en la universidad. Él respondió que de hecho era el papá de mi amigo, y era embajador de un país africano. Desde ese momento insistió en que el chofer me recogiera al menos una vez por semana para llevarme con su familia para comer. ¡No tuvo que torcerme el brazo!

En nuestro camino de regreso a Quito él me llamó a su banca en el aeropuerto. Era un hombre cálido y gentil; alguien de gran estatura, tanto físicamente como en el ámbito social. Te hacía querer sentarte bien derecha, hacer tus hombros hacia atrás y tu barbilla hacia arriba. Poniendo su gran brazo detrás de mí de manera paternal, me confió que necesitaba sabiduría para manejar a su hijo, mi amigo. Desde la muerte repentina de su esposa, pocos años atrás, su relación se había enfriado y vuelto conflictiva. Me dijo que le había quitado privilegios y puesto reglas claras, pero su hijo no lo respetaba ni lo obedecía. Obviamente estaba frustrado. De repente me di cuenta de que el embajador me estaba pidiendo consejo a *mí*. Empecé a orar en el espíritu en voz baja y entonces salieron estas palabras: «Antes de establecer reglas necesita asegurar la relación. Afírmelo como su hijo. Hágale saber que lo ama. Si lo busca como persona él sabrá que no se trata simplemente de reglas sino que usted realmente se interesa en él. Las reglas sin una relación son un perfecto detonador de rebelión. Sí, él necesita respetarlo, pero pareciera que todavía tiene mucho dolor por la pérdida de su mamá. Él lo necesita ahora».

Me quedé sorprendida por las palabras que estaban saliendo de mi boca, tenían mucho sentido. Yo estaba aprendiendo conforme estaba hablando. Se volteó y me dijo: «Eres muy sabia para la edad que tienes. Gracias por tu consejo, haré lo que me dijiste».

Sonreí y le agradecí su confianza y le dije lo buen chico que era su hijo. Fue un momento de Dios. Por semanas estuve maravillada de esa conversación. ¡La sabiduría de lo alto es poderosa! La Biblia dice que pidamos sabiduría y Dios nos la dará liberalmente, dando a entender que a montones. Ese día hubo en abundancia, verdaderamente.

Perla de Poder

Puedes pedir sabiduría y debes hacerlo. Solo Dios sabe lo que está sucediendo detrás del escenario de cada vida. Podemos confiar que Dios nos dará lo que necesitamos en cierta situación, conversación o lucha. Todo lo que necesitamos hacer es pedir. Incluso, él puede llenar nuestras bocas con las palabras correctas y quiere hacerlo. Le encanta bendecirnos con sabiduría. Solo pide.

Mi ángel de 93 años

Después de que expiró mi visa de estudiante me invitaron a regresar como misionera de tiempo completo en la iglesia de Quito. Tenía sentimientos encontrados. Me encantó enseñar en la universidad. Todos los estudiantes estaban encaminándose en sus carreras y apreciaban mucho cualquier pequeña ayuda que pudieran recibir; pero enseñar a niños desde preescolar hasta octavo grado era una historia muy diferente. Era uno de los trabajos más difíciles que había tenido en mi vida. Para cuando iba a mi casa para las vacaciones de verano, no estaba segura de si quería regresar a hacer la misma tarea tan difícil por otro año completo. Sin embargo, la verdad es que estaba buscando a Dios para conocer su voluntad, no la mía; y sin importar cómo me sintiera no tendría paz hasta que renunciara a mi voluntad y estuviera dispuesta a hacer lo que Dios quisiera. Antes de irme fui a ver a Jim DeGolyer, uno de los misioneros principales. Me hizo una simple pregunta:

«Así que Fiona, ¿qué te gusta hacer?».

«Perdón, ¿no querrás decir que qué creo que Dios quiere que haga?».

«No. Solo quiero saber qué te *gusta* hacer».

Mmm, nunca antes me habían preguntado eso. Siempre estaba tratando de buscar la voluntad de Dios solamente, lo que a él le gustaría que hiciera, dónde debía servir, y qué clase de trabajo se necesitaba hacer. A veces hasta sentía como que mis sueños tenían que irse al asiento trasero para rendir mi vida y tomar lo que Dios me estaba pidiendo hacer. La verdad es que me gustaba cantar y dirigir alabanza, pero eso no parecía ser una opción.

Él insistió: «¿Hay algo que te encante hacer?».

«Bueno, sí, me encanta cantar.».

«Oh, eso es grandioso, estoy seguro de que Dios va a usar tu canto». Sonrió con una gran sonrisa estilo Jim y se fue.

Le dije al Señor cuántas ganas tenía de cantar. Mi sueño era dirigir alabanza en cualquier lugar y en todas partes. Me encantaba ser mentora, liderar jóvenes, orar por la gente, visitarla en sus casas y servir en cualquier otra cosa, pero dirigir alabanza era lo primero.

También amaba a los niños de la escuela y a todas esas personas maravillosas, pero no me gustaba el papeleo. ¡Muy aburrido, ya sé! Oré perseverantemente preguntándole a Dios qué hacer y habló a mi corazón de una manera muy sencilla y dijo: «enseña». Me dijo que trabajaría en mi carácter a través de la enseñanza. Bueno, eso parecía empeorar las cosas. Sabía que sería difícil, pero agregar que trabajaría en mi carácter sonaba a que por eso estaría enseñando. ¡Caramba! Esa no era la aventura que estaba buscando. Luché con Dios durante el verano hasta que se me fue la paz y me sentí miserable. Finalmente estuve de acuerdo dos semanas antes de que empezara la escuela. Por supuesto, toda la paz regresó. ¡Seguro que me gusta la paz!

Llamé a mis amigos misioneros, Pat y Ann Marie para avisarles que iría y les dije que les llamaría de nuevo cuando tuviera la información de mi llegada. El único problema era que ahora ellos vivían a 30 minutos fuera de la ciudad en un área que se quedaba sin electricidad cada dos semanas. A veces se quedaban sin luz hasta por dos semanas seguidas. Cada vez que intenté volver a llamar, no hubo respuesta. No sabían qué día ni a qué hora llegaría y mi vuelo estaría allí a las 10:00 p.m. A esa hora prácticamente todo estaría cerrado. Había taxis, pero costaría un brazo y una pierna ir a un lugar tan lejano. Además, realmente no podías confiar y recorrer toda esa distancia siendo una mujer joven que viajaba sola. Sabía que Dios tenía un plan y estaba confiando en Él, solo que no sabía cómo resolvería las cosas. Así que sencillamente abordé el avión en Nueva York, y traté de llamar de nuevo en mi escala en Miami. No hubo respuesta. No quería poner nerviosos a mis papás, así que no les dije el pequeño detalle de que llegaría a otro país en la noche, que nadie me recogería y no tenía dónde quedarme. Pero, Dios me había metido en esto, así que él me sacaría. Traté de llamar unas veces más y luego tomé el avión a Quito, Ecuador. Tenía una confianza increíble de que todo saldría bien, estaba siendo obediente y sabía que Dios me bendeciría. Así es como él obra. Tenía una tremenda expectativa y también una profunda alegría, además de una discreta risa tonta que manifestaba el conocimiento de su voluntad.

En primera clase tenía un asiento con ventana en la primera fila, era muy confortable. Miré por la ventana a mi querido país por última vez y le di gracias a Dios de que ya había resuelto la situación, él iba delante de mí y tenía un plan. Me enteraría de Su plan en el momento que lo necesitara.

Al recargar mi cabeza hacia atrás para descansar pude sentir la mirada de una pequeña anciana que estaba a mi lado. Volteé a verla y le sonreí. Sacó un folleto y empezó a compartirme de Jesús. Tenía muchas ilustraciones hermosas acerca de creer, arrepentirse, cruzar el puente hacia Dios a través de Jesús. La dejé compartir y le seguí la corriente. Lo estaba haciendo tan bien que no quería interrumpirla. Al final del folleto venían algunas preguntas: ¿Dónde estás? ¿Ya cruzaste el puente? ¿Conoces a Jesús como tu Salvador? Le dije con mucha alegría que ya había cruzado el puente. Estaba tan contenta de saber que era creyente y de darse cuenta de que podía hablar español. Muchos me veían y asumían que solo podía hablar inglés.

Hablamos del Señor por un buen rato, eso ayudó a que el tiempo pasara rápido. Me dijo que tenía 93 años y que había conocido al Señor por casi un siglo. Estaba muy bendecida de tenerla como mi compañera de vuelo. Justo antes de aterrizar me preguntó quién me recogería en el aeropuerto. Le dije que no estaba muy segura. Me dijo que tenía cinco hijos y que por lo menos 2 de ellos irían a recogerla. Dijo que podía pedirle a uno de los dos que me llevara si necesitaba transporte. Pensé que era muy amable de su parte, pero me pregunté si su auto sería lo suficientemente grande como para guardar mis maletas tamaño norteamericano y para recorrer esa distancia, considerando que era tan tarde.

Como era de esperarse tres de sus hijos llegaron. Probablemente estaban al final de sus sesentas. Uno de ellos tenía una camioneta pick-up. Esa era una buena señal, al menos cabrían todas mis maletas. Cuando la pequeña anciana me abrazó y me bendijo sentí paz. Me fui de ahí con la milagrosa provisión de Dios. Al salir del estacionamiento el hombre preguntó: «¿Por dónde nos vamos?». Pensé dentro de mí: «No puedo ir tan lejos de la ciudad con este hombre, son muchos kilómetros. Tal vez sea mejor que me deje en la casa de Jim y Mary DeGolyer». Había estado en esa casa solamente una vez. Era un edificio de departamentos de tres pisos rodeado de un mar de edificios de departamentos de tres pisos y lo había visto durante el día. ¿Cómo rayos lo encontraría ahora? ¿De noche? ¿En una ciudad de 300,000 personas?

Sentí un impulso familiar, era el Espíritu Santo. «Da vuelta a la izquierda». No podía decirle al señor exactamente a dónde íbamos porque no sabía, solo seguía diciéndole: «Lo reconoceré cuando lo vea» y le decía las indicaciones que sentía en mi espíritu. Izquierda, izquierda, derecha, izquierda. Ahora ya estábamos a por lo menos ocho kilómetros del aeropuerto. Sentía mucha confianza de que íbamos en la dirección correcta, ¡era tan loco! Al dirigirnos a cierta calle sentí que se suponía debíamos dar vuelta a la derecha, pero decía que era de un solo sentido (una villa), de hacerlo iríamos en sentido contrario. Era tarde y estaba oscuro. No había nadie alrededor así que estuvo de acuerdo. ¡Solo el Señor sabe lo que debió haber estado pensando ese hombre! ¡No tenía el nombre de la calle, ni el número, ni nada!

Cuando íbamos por esa calle empecé a mirar los edificios y de repente dije: «Deténgase, ¡aquí es!». Todo lo que puedo decir es que las cosas me parecieron «un poco» familiares pero realmente no podía estar segura hasta ver las caras de Jim y Mary. Para ese entonces ya eran las 10:30 p.m. y a ellos les gustaba irse a la cama temprano. Soné el timbre y esperé en la puerta. Estaba realmente sorprendida de que sentía mucha paz, ni una gota de temor. Entonces ellos aparecieron por la ventana del segundo piso con sus tres niños, riéndose sin poder creer lo que veían.... «¿Fiona?».

Cuando les expliqué todo lo sucedido, solo nos sentamos asombrados de lo maravilloso que es Dios. ¡Es increíble! Me dijeron que me podía quedar en el cuarto de servicio esa noche, estaba pequeño, pero era perfecto. Justo antes de irme al cuarto Jim me dijo: «Me alegra tanto que hayas venido Fiona. Estamos por grabar nuestro primer álbum de alabanza internacional y queríamos saber si te gustaría cantar».

Como si Dios no hubiera hecho suficiente, empecé a llorar de gratitud viendo que todo eso era parte de su gran plan. Cuando le dije *sí* a Dios en cuanto a regresar, no solo le estaba diciendo *sí* a enseñar, sino también a muchas grabaciones y oportunidades de ministrar a través de América

Latina. La posición de maestra me permitió experimentar muchos momentos en los que mi carácter fue formado, pero también mantuvo mi trabajo en la iglesia mientras viajé con la banda de alabanza de ahí mismo y el ministerio de alabanza internacional. Había muchas otras cosas involucradas en ese *sí*, más de las que pudiera pedir, pensar o imaginar.

Perla de Poder

Siempre son las pequeñas puertas de obediencia las que abren los palacios. Me he encontrado que cada vez que Dios me ha probado para que confíe en él y le obedezca, siempre tiene mucho más preparado de lo que yo creía que estaba sacrificando. ¡Nunca puedes dar más que Dios! ¡La obediencia trae bendición!

NUEVE

Favor como un escudo

« Porque Tú, oh Señor, bendices al justo, como *con* un escudo lo rodeas de Tu favor».
Salmos 5:12 (NBLH)

Originalmente se suponía que iba a vivir fuera de la ciudad de Quito en la casa de los Mercadante, pero cuando llegué con Jim y Mary esa noche, las cosas empezaron a cambiar. Se dieron cuenta de que iba a recorrer una gran distancia todos los días y decidieron ofrecerme el cuarto en el que me había quedado. Aprecié mucho su gentileza y acepté. No tenía idea de la gran bendición que eso sería para mí.

Recuerda que a Dios le gusta trabajar en los espacios pequeños. Este fue uno de esos preciosos rincones del mundo en donde Dios se reveló diariamente. Tenía una cama, una repisa, un closet y a un pequeño escalón hacia el lavabo, un retrete y una regadera; todo al alcance. El cuarto estaba cruzando un patio abierto en la parte más alta del edificio de tres pisos. Yo tenía una llave de la puerta del patio y una de mi cuarto. El espacio en el patio era perfecto para reunir un buen grupo de chicas y compartir las maravillas de Dios bajo el estrellado cielo de los Andes. También había una escalera adosada al edificio que subía a la azotea. Eso era solo para Jesús y para mí.

Me maravillé de la provisión de Dios, mi hogar estaba en su corazón. Estar en su voluntad me dio la más grande sensación de paz y satisfacción. Este es el gozo de una vida rendida a él. Nada se le puede comparar.

Jim y Mary también vivían así, completamente rendidos y dispuestos a madurar en cada nueva etapa de crecimiento de su hermosa familia. Habían viajado de California a Guatemala con un grupo de jóvenes con hambre de Dios y entusiasmados por ayudar al mundo. Fueron en una misión de rescate para ayudar a restaurar a Guatemala después del horrendo terremoto que tomó las vidas de 30,000 personas en los años de 1970. Mientras estaban ahí atendiendo las necesidades de la gente, empezaron a compartir el amor de Dios. Empezaron un estudio bíblico reuniéndose en casas hasta que se hizo evidente que Dios los estaba llamando a quedarse en América Latina. Con el paso del tiempo la iglesia creció por Centroamérica y hacia Suramérica, donde Jim y Mary se quedaron.

Jim siempre estaba a la vanguardia del crecimiento espiritual y esperaba libros nuevos para ayudar a su familia y también al ministerio. Amaba ver que la gente fuera liberada y recibiera sanidad interior. Era un visionario apasionado. Mary era el balance, el complemento perfecto para toda su fuerza y vigor. Ella también era fuerte, pero su fuerza venía de su paz. Como mamá de cuatro hijos, viviendo en un país extranjero y abrazando la vida del ministerio, su familia era su primera prioridad. Su matrimonio y su familia eran mucho antes que cualquier otra cosa. Yo respetaba eso.

Jim me desafiaba con preguntas profundas del corazón y me hacía pensar fuera de la caja. Mary me decía cosas sencillas como: «Si puedes leer, puedes cocinar». ¡Era liberador!

Siempre me sorprendía que podían estar en desacuerdo total y no perder su compostura. No había problema si no estaban de acuerdo en todo. Estaba bien tener opiniones distintas y respetarse el uno al otro como tales. Se reforzaban mutuamente aun en sus desacuerdos. Eran *uno*. ¡Estaba impresionada!

Esta atmósfera era un muy buen lugar para que yo madurara y sanara. En realidad no me había dado cuenta de cuánto lo necesitaba.

Como líder ayudé a implementar un programa de 12 pasos. Creo que ni siquiera había llegado al paso 2, cuando me di cuenta de que yo necesitaba el programa tanto como cualquier persona de mi grupo. Así que llevé el programa junto con ellos. ¡Me abrió mucho los ojos!

Eso fue saludable. Yo no estaba en el ministerio porque había llegado, estaba en el ministerio porque Jesús había llegado y él estaba comprometido a lograr mi formación integral. Hubo muchos momentos ese año en los que reconocí cuánto necesitaba a esas personas, a cada una de ellas. Abría mi corazón para compartirles lo que tenía dentro y al mismo tiempo recibía. Fue una bendición mutua.

Perla de Poder

Hay ocasiones en las que Dios quiere hacer un trabajo profundo en nuestros corazones. Él esperará con paciencia hasta que lleguemos a un cierto nivel de madurez en el que podamos manejarlo. Debemos confiar en que él traerá a la superficie lo que necesite tratar, en vez de nosotras estar buscando nuestras propias faltas y heridas. Si el Espíritu Santo está tratando con nosotras cierto asunto en particular, siempre se abrirá un camino para sacarlo. Aunque sintamos que estamos siendo disciplinadas, él nunca usará la culpa o la condenación. Solo nos dará una convicción perfecta que nos muestre el error; él siempre edifica y conforta mientras corrige. Dios nunca nos guiará a un muro ciego; siempre hay una ventana por donde salir.

Centavos con propósito

Amé la escuela en la que enseñé en Ecuador. Se llamaba Verbo Manosca y estaba localizada justo en el corazón de la ciudad capital, Quito. Los maestros eran muy amables conmigo y los niños eran preciosos. Creo que podían sentir cuando extrañaba mucho mi casa y necesitaba un poco de amor extra. A veces me sentaba con ellos en sus pupitres y les corregía sus trabajos. Hubo muchas veces en las que los pude sentir detrás de mí jugando con mi cabello o simplemente acurrucándose un poco más cerca de lo normal. ¡Recibí muchos abrazos! Creo que eso me sostuvo para seguir adelante; amaba y era muy amada. En los tiempos de recreo salía corriendo con mis faldas largas y mis botas para jugar fútbol con los niños, o para danzar en círculos con las niñas pequeñas. Su alegría llenaba mi corazón día tras día, en realidad los disfrutaba. Sí, Dios estaba trabajando en mi carácter como lo había prometido, pero no era tan malo como pensé que sería. Siempre había espacio para crecer. Esta escuela me hizo sentir muy especial y como en casa aun en medio del proceso de mi maduración. Oh la paciencia, qué don.

Una mañana iba a la escuela y me di cuenta de que una señora me pedía dinero día tras día. Estaba ahí sentaba con un niño en su regazo, en el mismo lugar a la misma hora, llamándome con la mano. Me sentí exasperada por su necesidad y empecé a sentir un poco de desdén en mi corazón mientras en mi cabeza evaluaba su situación. De repente oí algo muy claramente: «¡¿De verdad?! ¿De verdad Fiona? ¿No puedes echar un centavo de dólar extra en tu bolsa para esta señora? ¡¿Un centavo?! ¿Me crees tan pequeño que no puedo suplir las necesidades de alguien más aparte de ti?». Inmediatamente me alineé, Dios tenía razón. La moneda estaba a un tipo de cambio tal, que solamente estábamos hablando de centavos. Un centavo de dólar haría la diferencia en la vida de esa mujer. Después de eso me propuse llevar siempre un montón de centavos en mi bolsa cada vez que saliera. Estaba siendo bendecida al ser bendición, aun con mis centavos de dólar.

Perla de Poder

A Dios no se le va a acabar la fuerza por ayudarnos. Si confiamos en él tendremos lo que necesitamos. No se necesita mucho. Simplemente el hecho de estar disponibles para que el amor de Dios fluya a través de nosotras puede bendecir a una multitud de gente diariamente. Como esos centavos de dólar con un gran propósito, el amor de Dios nunca falla.

La señora de las bolsas

Un día de escuela muy normal acababa de dar seis clases de inglés y estaba agotada. Mientras más trabajo les daba a los niños, yo tenía más qué hacer. ¡Empezaba a ponerme al día con mis pendientes! Llevaba una enorme mochila cargada de tareas y exámenes por calificar. Al bajarme del camión empecé a caminar por la calle hacia mi casa cuando me di cuenta de que había una mujer revisando la basura. Era de mediana edad y estaba un poco encorvada.

Me detuve y le pregunté si necesitaba algo y me respondió que bolsas de plástico. Me explicó que podía ganar algo de dinero porque las vendía para ser recicladas. Corrí a la casa para darle algunas y cuando regresé a dárselas noté que una de sus manos estaba seca. Le pregunté cuál era el problema y me dijo que esa mano no le funcionaba. Luego le dije que yo conocía a un doctor muy bueno que podía arreglársela. Me dijo que no tenía dinero, pero le dije que ese doctor no le cobraría nada. Me miró sonriendo y me preguntó si era cristiana. Asentí con la cabeza con una gran sonrisa y le pregunté si podía orar por ella; me dijo que sí. Hice una oración corta, sencilla y al grano: «Jesús, esta mujer necesita su mano para trabajar, ¿la puedes sanar por favor?».

De repente estiró su mano y empezó a girar su brazo a un lado y a otro como una niña. ¡Yo estaba tan sorprendida como ella! Nos tomamos de las manos y danzamos haciendo un pequeño círculo, riendo y llorando. ¡Estábamos tan contentas.

Luego recordé que traía una caja de pastillitas *Tic Tac* en mi bolsa. La saqué y le dije que tomara una al día y alabara a Dios por su sanidad. ¡Me pareció que era muy buena receta! Se rió y estuvo de acuerdo. Esa fue la última vez que la vi. ¡Tal vez pudo regresar a trabajar después de eso!

Perla de Poder

Los milagros están a una oración de distancia. No sabrás lo cerca que estás de un milagro a menos que lo pidas. Vienen en momentos inesperados y de maneras inusuales. Jesús le puso tierra en los ojos al hombre ciego. Dios no cabe en ninguna de nuestras bolsas de «ya sé cómo hacer todas las cosas». Quiere que nuestra fe aparezca de improviso y espontáneamente. No planeas un milagro, ¡solo lo pides!

Solo por diversión ¿eh?

Tuve muchos amigos cercanos en Quito, no todos ellos eran cristianos. La familia del embajador africano era musulmana. Sus tres hijos eran como familia para mí porque éramos de alrededor de la misma edad y nos encantaba platicar, reír y comer. Su mamá había fallecido años antes en un accidente y todavía estaban aprendiendo a vivir sin ella. Me propuse a mí misma hacerlos reír cada vez que pudiera. «Gran remedio es el corazón alegre». Proverbios 17:22

Hacíamos viajes de día juntos y explorábamos el campo. Me encantaban nuestras pláticas porque aunque éramos tan distintos, teníamos creencias y convicciones muy sólidas. Una vez me quedé a pasar la noche en su casa y hasta les enseñé cómo hacer galletas con chocolate y malvaviscos en la enorme chimenea de la sala. No era exactamente como en mi casa en Nueva York donde prendíamos una fogata en una carretilla en el patio de atrás, afilábamos unas ramas de árbol, y llevábamos una bolsa de malvaviscos, una barra de chocolate y una caja de galletas *graham*. Acá era un mayordomo sosteniendo un plato de plata con grandes malvaviscos rosas, brochetas de plata, sofisticado chocolate europeo y galletas de mantequilla, pero no me quejaba. ¡Eso también sabía muy rico!

Una noche me pidieron que los acompañara a una fiesta especial. Enviaron al chofer para recogerme. Siempre era muy irrisorio saber que estaba viviendo en un cuarto de servicio, sirviendo como misionera y al mismo tiempo teniendo estas oportunidades tan extravagantes. Todo lo que puedo decir es que realmente ¡Dios tiene un gran sentido del humor!

Una falda larga y suelta, una blusa con un broche, bufanda de seda, botas altas, risos rojos flexibles atrás de mi cara, un toque de sombra de ojos color moca brillante, labial durazno brillante, mejillas rosas, un poco de rímel café y ¡lista para irme!

Me sentí honrada de asistir ya que irían muchas personas importantes de la ciudad. Yo me sentía cómoda en cualquier entorno social, de hecho, hasta me parecía bastante divertido a veces toda la pompa y ceremonia que rodeaban a algunos eventos. Seguro que te puedes sentir alguien muy importante.

Esta noche en particular estaba en la reunión una hermosa y prominente conductora de noticias. Después de la cena, nos reunimos en tres grandes salas. Ella estaba sentada en el sofá al lado de uno de los hijos del embajador cuando me di cuenta de que le tomó la mano para leer su palma. Estaba un poco desconcertada y me pregunté si debía levantarme y salir. Oré en silencio y le pregunté a Dios qué hacer.

El embajador se rió de lo que ella estaba diciendo y dijo que yo debía ser la siguiente. Inmediatamente dije «no» muy enfáticamente. Me miró con sorpresa y me dijo que solo era por diversión. Yo conocía el peligro y me tomé la libertad de decir que no era un juego, que era cruzar una línea espiritualmente hablando, y no consideraría siquiera la posibilidad de tomar parte. Para mí eso era ser «traidora sin excusa». Yo tenía una idea explícita y clara en cuanto a cuál era la verdad sobre la lectura de mano. También sabía que podía confiar que Dios me daría cualquier información que necesitara en mi vida. Si Dios quería que supiera algo, él me lo diría. Eso era incursionar en lo demoniaco y yo estaba muy consciente de ello. Mi espíritu se sintió muy turbado.

Nuevamente el embajador dijo que era *solo por diversión*, tratando de disipar la inquietud que se sentía en la habitación. Conforme convencía al grupo anunciando su aceptación a la quiromancia, la mujer tomó la mano de su hijo y le dijo que se casaría con una mujer estadounidense. «¡No!» respondió él con incredulidad. Ella le dijo de nuevo y esta vez él gritó: «¡No, eso es imposible!» cerrando el caso, marcando con su voz el punto final de la discusión.

En ese momento hablé con voz estridente y nuevamente dije mirando a los ojos al embajador: «Solo por diversión, ¿eh?». Eso no era broma y todos lo sabíamos. Inmediatamente la discusión dio un giro y yo me convertí en el objeto de burla y menosprecio. Algunos de ellos se turnaron para lanzarme preguntas ofensivas acerca de mi fe y mi religión. Respondí algunas pocas de manera autoritaria y de repente oí al Espíritu Santo decir: «Es suficiente Fiona». Esta no era una batalla de carne y sangre, no se suponía que me uniera a la discusión. Podía estar callada y dejar que Dios hablara por sí mismo.

No hace falta decir que no me ofrecieron el chofer para llevarme de regreso a la casa esa noche. Pero, interesantemente, la conductora de noticias ofreció llevarme. Parecía un poco inquieta cuando entramos al carro en la cochera. Íbamos de camino por las oscuras calles y entonces dijo: «Tenías razón». La miré con asombro y le dije: «Entonces, ¿por qué lo haces?». Ella titubeó un poco y finalmente dijo: «Hice lo incorrecto, lo siento». Me di cuenta de que básicamente fue por la presión de grupo. Ella estaba tratando de encajar en el ambiente y hacer algo «genial». Lo que hizo fue atrevido, pero no valiente. **El atrevimiento puede hacer cualquier cosa; la valentía va tras lo correcto aun cuando sea riesgoso y la gente que admiras no te esté exactamente admirando a ti por ello.**

Mi corazón estaba roto, realmente amaba a esa familia. Había estado orando por ellos. Cuando hacían su receso para orar en sus cuartos durante el día, yo oraba en la sala pidiendo que vieran a Jesús. Sabía que Dios estaba trabajando en sus corazones y oraba que él se les revelara. Al mismo tiempo, yo estaba lejos de mi propia familia y ellos me hacían sentir muy amada y apreciada. Era una gran pérdida, lloré por un rato antes de irme a la cama y después finalmente lo dejé a los pies de Jesús. Ahora solo el Señor podría ayudarme.

Cuando me desperté al día siguiente todavía sentía la decepción. Había una pesadez en mi corazón, pero la seguí entregando a Jesús. Después, a eso de media mañana, sonó el teléfono. Era la hija del embajador, dijo que me querían ver en el parque. Acepté y me dijeron que enviarían al chofer. Esa era una buena señal.

Me estaban esperando. La hija me dijo que debíamos caminar un poco. Ella era un par de años mayor que yo, muy querida, siempre sonriendo y sensible, pero con un gran carácter. Amaba su corazón. Me dio un abrazo y empezamos a caminar. Volteó a verme y me dijo: «¿sabes por qué nos caes tan bien?» Rápidamente respondí: «¿por mi pelo rojo?». Ella dijo: «Sí y...» caminando más lento agregó: «sabemos que caminas con Dios». Yo estaba sorprendida y le respondí: «Entonces, ¿por qué quieren cambiarme?». Ella sonrió y dijo: «No, no queremos hacerlo». Dios seguía trabajando.

Perla de Poder

Este asunto de la lectura de mano me recordó un versículo que leí en el Salmo 25:3. «Quien en ti pone su esperanza jamás será avergonzado; pero quedarán en vergüenza los que traicionan sin razón». Tomar una mala decisión basada en tu neblinoso conocimiento de la verdad te pone en una posición peligrosa, no hay red de seguridad. Te conviertes en un blanco fácil. La verdad nos trae libertad y nos preserva de ataduras potenciales. Saber eso y entenderlo ¡¡¡es poder de perla preciosa para ti!!!

Canción publicitaria

Un día estaba pasando el rato yo sola en la casa de Jim y Mary. Bajé las escaleras para ir por algo de beber cuando sonó el teléfono. Algunas veces no alcanzaba a oír el teléfono para nada porque mi cuarto estaba desconectado del resto de la casa. Tenía que salir, atravesar un patio, y caminar por un pasillo a la oficina para llegar al primer teléfono disponible. Era prácticamente un milagro que yo estuviera en la casa y en el lugar preciso para oírlo sonar; pero cuando contesté el teléfono y preguntaron por mí, me sorprendí doblemente. Era una mujer muy amable que me explicó que estaban contratando un anuncio para la Coca con motivo de la Copa del Mundo y me preguntó si yo podría cantar en él. Le dije que me sentía muy honrada por la petición y le preguntaría a mi agente. Ella respondió muy profesionalmente diciendo: «Por supuesto, por supuesto. ¿Podemos llamar a su agente?». Le dije que no era necesario y le pregunté si me podía llamar de nuevo en cinco minutos. Ella estaba encantada: «por supuesto». Colgué y oré: «Señor, ¿quieres que haga esto?». Él ya sabía del dinero y la notoriedad que me traería. No necesitaba explicar nada, y ahí estaba, sabía exactamente lo que me estaba diciendo.

El teléfono sonó exactamente cinco minutos después. La señora muy alegremente me preguntó de nuevo: «Entonces, ¿puedes cantar para nosotros?». Le dije: «Lo lamento mucho, pero eso no es para mí». La señora estaba sumamente sorprendida y dijo: «te pagaremos muy bien». Le dije nuevamente que eso no era para mí. Ella preguntó quién era mi agente. Le dije que Dios. Hubo un asombroso silencio al otro lado. «¿Dios?» repitió. Le contesté: «Sí, yo le pregunto todo». «Bueno, si cambias de opinión aquí está nuestro número». Y ese fue el fin del asunto.

Más tarde les conté a Jim y a Mary lo sucedido. Jim estaba sorprendido de que dije que no, pero la verdad es que nunca me vi usando mi voz para cualquier tipo de canciones. Sentía con todo mi corazón que Dios me había dado un don para que cantara con su unción y tocara los corazones de las personas. Sabía que no era la mejor cantante del mundo, pero sentía que mi voz era algo precioso que debía ser valorado y protegido. La canción publicitaria simplemente no era para mí.

Perla de Poder

Puedo ver como Dios me protegió. Pudo haber muchas otras tentaciones junto con esa clase de notoriedad. No necesitaba nada que me inflara en ese momento. Había muchas otras cosas en mí en las que tenía que trabajar. Dios lo sabía, solo confié en el «factor paz». No tenía paz respecto a aceptar el contrato para la publicidad de la Coca, no importa cuál haya sido la razón por la que Dios dijo «No». Él no me estaba restringiendo de recibir bendiciones y tener experiencias agradables, me estaba protegiendo de todo lo demás, lo que sea que haya sido. La paz protege. Podemos confiar en la paz de Dios.

Dios en las matemáticas

Antes de terminar mi primer año sabía que Dios me estaba llamando a regresar el año siguiente. En ese tiempo ya estaba muy consciente de por qué Dios me había llamado a la escuela. Sus bendiciones por mi obediencia fueron exponenciales. Había grabado muchos álbumes y viajado a través de Ecuador, Perú, Colombia e incluso Guatemala. Regresé un tercer año justo a tiempo para la conferencia de maestros. Era la primera vez que asistía a una. No sabía exactamente qué esperar, pero estaba feliz de ser parte. Teníamos la directora ejecutiva más sobresaliente, la doctora Carola; era la excelencia personificada. No estoy segura de si al menos tenía un metro y medio de altura, pero tenía un porte de general; muy imponente y tremendamente solemne. Te hacía querer hacerla sentir orgullosa. No podías evitar anhelar tener excelencia personal después de pasar tiempo en su presencia. Tenía el sentido del humor más grandioso y la risa más sociable al convivir. ¡Mi tipo de chica! Yo tenía el más alto respeto por ella. Carola tenía los estándares más altos, no por su fe en los humanos, sino por su gran fe en Dios. Él tenía la preeminencia en todo, hasta en lo último de cada materia académica.

La conferencia de maestros no fue la excepción. Estábamos ahí para mostrar a Dios en todo. De hecho, un día durante la conferencia, ella nos pidió que formáramos grupos de cinco personas o menos. Por lo menos éramos 20. Nos designó una materia y nos pidió que discutiéramos acerca de cómo Dios podría verse manifiesto en ella. Después nos pidió que escogiéramos a un líder que expresara las conclusiones. La materia de mi grupo fue matemáticas. Estuvimos caminando y pensando en dónde podíamos encontrar matemáticas en la Biblia. De dos en dos comentaron, escogimos la Torre de Babel. Luego Carola nos pidió que escogiéramos un líder. Todos me señalaron a mí. Me sorprendí porque el español era mi segunda lengua, pensaba que querrían a alguien un poco más elocuente. Oré: «Señor, ayúdame a no hacer ver a mi grupo como tonto y úngeme si puedes, úngeme para hablar de matemáticas». Oí que el Señor específicamente dijo: «Ve a los principios». Saqué mi Biblia bilingüe y moviendo las páginas llegué a Génesis capítulo 1. Luego oí a Carola decir: «Bueno, los de matemáticas». Al pararme sentí una ola de pánico viniendo sobre mí. No había captado bien lo que Dios estaba tratando de mostrarme, pero decidí continuar y compartir los detalles básicos de nuestra conversación y después leer la escritura. «Vamos ahora al principio» repetí. Pude ver a mi grupo preguntándose a dónde iba con todo porque no habíamos hablado de eso. Decidí no voltear a verlos por un momento y di mi salto de fe a Génesis.

Leí el versículo uno: «En el principio Dios creó los cielos y la tierra». Me detuve y dije: «Mmm, no había nada y entonces Dios agregó los cielos y la tierra. Suma».

Continué: «Versículo dos. Y la tierra estaba desordenada y vacía, y las tinieblas estaban sobre la faz del abismo, y el Espíritu de Dios se movía sobre la faz de las aguas». Señalé con mucho entusiasmo: «¡Dios se movió! Hubo rapidez...velocidad...y... ¡números!». ¡Genial! Eso tuvo sentido. ¡Bien! Pensé que eso había estado muy bien, así que continué.

«Versículo tres: Y dijo Dios, que exista la luz. Y la luz llegó a existir». Interrumpí: «Volvió a agregar». Continué leyendo: «Y vio Dios que la luz era buena y la separó de las tinieblas». Paré de nuevo...«Separó... ¡División!». Empecé a ver las cosas de manera diferente. Dios estaba creando el espacio sumando, dividiendo y ahora teníamos un primero, el primer día. Primeros...

Empecé a emocionarme. Nunca olvidaré cuando leí los siguientes versículos. Cuando vino la revelación, me volteé al pizarrón y empecé a dibujar unas líneas. No había planeado escribir nada, pero de repente me llegó... «¡Norte! ¡Sur! ¡Este! ¡Oeste! 0, 1, 2, 3, 4; -1, -2, -3, -4. ¡Longitud! ¡Latitud! ¡Líneas! ¡Esferas! ¡Geometría! ¡Círculos! ¡Cuadrados! ¡Triángulos! ¡Suma! ¡Multiplicación! ¡Resta!». Delante de mí había un gráfico detallado. ¡Sentía que iba a explotar! ¡Era el momento matemático más ungido que jamás había experimentado! Cuando volteé a mirar a todos, Carola se puso de pie de un brinco y exclamó: «¡ESTE ES DIOS EN LAS MATEMÁTICAS!».

Fue muy gracioso porque estaba ahí parada sintiéndome una completa tonta en un momento y un genio superdotado al minuto siguiente. ¡Era verdad! Era Dios... ¡Dios en las matemáticas!

Perla de Poder

Es asombroso lo que puede producir la sencilla oración: «Ayúdame», acompañada de un salto de fe. ¡Nunca lo sabrás hasta que lo intentes! ¡Dios es súper inteligente!

Comandante en jefe

Estaba nuevamente en el aeropuerto internacional de Quito en un viaje a Bolivia con un grupo de pastores ecuatorianos y nuestra banda de alabanza. Yo era la única mujer. No era la situación típica culturalmente hablando en América Latina, pero yo no era una misionera típica y todos lo sabían. Podía defenderme sola.

Después de documentar todos nos subimos al avión, y la azafata me preguntó si me importaría que me cambiaran a primera clase explicándome que la clase económica estaba muy llena. Acepté con gusto bajo la condición de que pudieran acompañarme dos de mis amigos pastores. Ella estuvo de acuerdo y para cuando todos pedimos el mismo favor había como seis miembros de nuestro equipo en primera clase. ¡Nada como el favor!

Este fue un viaje inusual porque mientras nos íbamos de Ecuador hubo noticias de un conflicto armado entre Ecuador y Perú. Perú era nuestra siguiente parada. Tuvimos una escala en Lima y vimos consternados que los aviones de la armada se estaban alistando para responder a la situación. Eso era solo la mitad de las cosas que nos preocupaban porque también había evidencia de una revuelta, y hasta una revolución en Bolivia, nuestro destino final.

Nos propusimos ser cuidadosos y evitar las áreas en conflicto apegándonos a nuestra misión. A la llegada nos dieron un té de coca para el malestar causado por la altura. Esa era la misma planta de la que hacen la cocaína. Pensé que era interesante, se supone que te ayuda a aclimatarte. Yo solo me sentí un poco mareada. No sé con certeza si el té me ayudó, pero fue un gesto muy gentil. La Paz está a 3,962 metros sobre el nivel del mar y se siente... aun llegando de la cordillera de los Andes en Quito a 3,050 metros de altura.

Ese primer día, antes de que tuviéramos la oportunidad de ministrar o instalarnos en donde nos íbamos a hospedar, mis padres llamaron para asegurarse de que todo estuviera bien. Habían visto las noticias de Ecuador, Perú y Bolivia y estaban preocupados. Cuando mi mamá llamó a la casa en la que me estaba quedando, le respondió una voz distinguida hablando en un inglés perfecto. Mi mamá se sorprendió un poco y aprovechó el momento para preguntar cómo estaba yo, y si estaba a salvo. La mujer respondió: «Esta es la casa del comandante en jefe de las fuerzas armadas de Bolivia. Su hija está con el mejor de los cuidados». Yo estaba REALMENTE bien.

Conforme estuvimos viajando por Bolivia experimentamos la rica cultura, paisajes que te dejan sin aliento, y corazones cálidos dándonos la bienvenida. Nos entregamos por entero al ministerio y vimos muchas personas que conocieron a Jesús y experimentaron la libertad que viene al creer su Palabra. Fue maravilloso.

Un día, cuando se detuvo nuestro gran autobús turístico en el siguiente pueblo, pude sentir que algo era diferente. Mi espíritu se sentía turbado y decidí empezar a ayunar. Cuando dejé mis cosas en la casa en la que me quedaría, me sentí intranquila. Esta vez estábamos separados. Yo me estaba quedando en una casa con un par de miembros de otra banda. Cuando saqué la cabeza del cuarto caché al joven, soltero, líder de alabanza de la iglesia coqueteando en el pasillo con la esposa anfitriona. Metí la cabeza de inmediato al cuarto y empecé a orar. Esa noche cuando nos reunimos para el servicio sentía una ansiedad. Las cosas no estaban bien. **No puedes hacer como que todo está a pedir de boca cuando simplemente no lo está. El engaño viene cuando una verdad es cambiada por una mentira. Da lugar a toda clase de destrucción.** Más tarde esa noche me enteré de que ese pueblo era conocido por la brujería, con razón. El enemigo se había posicionado, aun dentro de la iglesia.

Eran las once de la noche cuando el servicio había terminado y después sirvieron algo de cenar. El menú eran sesos de chivo, me alegré de estar ayunando. Para cuando nos dejaron ya era la media noche, pero no había nadie en la casa en la que nos hospedábamos. Tocamos el timbre varias veces, nadie respondió.

Decidieron ir a dejar a alguien más y volver más tarde. Ahora era la 1:00 a.m. De nuevo nadie nos abrió. El chofer se desesperó, no sabía qué hacer así que nos dejó en un motel en la zona roja. Un cuarto costaba 1 dólar, cuando mucho. Era un edificio de dos pisos; todas las puertas de los cuartos daban directamente al exterior. El mío estaba en el segundo piso al final. Había unas cuantas prostitutas esperando en uno de los lados y un tipo vendiendo cocaína en el otro. No podía creer que realmente estuviéramos haciendo eso. Al caminar pude percibir la pesadez del lugar. Me fui a las escaleras y las subí con los otros dos jóvenes detrás de mí. Me custodiaron a mi cuarto. Al pasar el baño público noté que había orina, heces y papel de baño regado por todas partes. Era horrendo.

Me metí al cuarto, cerré con llave la puerta e inmediatamente puse una mesa pequeña y la atranqué bajo la perilla de la puerta. Puse también una silla y cualquier otra cosa en la que pudiera poner las manos. El cuarto era azul aguamarina, no de los que te inspiran paz. Me di cuenta de que había una frazada de costal de papas. Era una noche muy fría y no había calefacción. Le di la vuelta a la frazada para cerciorarme de que no hubiera bichos y luego me acosté jalándola con cuidado sobre mi abrigo y zapatos. Había dejado la luz prendida intencionalmente. Miré alrededor del cuarto sin poder creer en donde estaba y escuché unos disparos abajo. Al cerrar los ojos sentí una gran lágrima sobre mi nariz y después cayó a la dura almohada. Inmediatamente oí al Señor decir: «No». Fue firme y gentil al mismo tiempo. No oí a Dios audiblemente, pero habló justo a mi espíritu. Me dijo: «Soy el mismo contigo aquí como en la casa del comandante en jefe de las fuerzas armadas. Nada ha cambiado, estás a salvo». Entonces me quedé dormida.

Al día siguiente los pastores llegaron a recogerme a las 6:00 a.m. Estaban muy mortificados, disculpándose muchas veces, pero realmente yo estaba bien. De hecho, hasta había dormido profundo. Me llevaron a la casa en la que se suponía que me quedaría. Le dije al esposo y a la esposa que estaba preocupada por ellos y que Dios quería sanar su matrimonio. Se sentaron a llorar a un lado de mi cama. Les pedí que se tomaran de las manos para orar. ¡Lo hicieron! Nos quedamos una noche más y creo que Dios cambió las cosas. Seguí ayunando hasta que nos subimos al camión y salimos del pueblo. No quise llevarme nada extra.

Perla de Poder

Discernir la lucha o la debilidad de alguien es un llamado a la oración. Dios puede ayudar en cualquier situación. Nuestra mejor estrategia para ayudar a alguien es orando a su favor porque le estamos pidiendo a Dios que intervenga. La oración es la manera como nos asociamos con Dios para que su obra sea hecha aquí en la tierra. Él necesita que oremos. La Biblia dice que nuestras oraciones son poderosas y efectivas, como cohetes al cielo. Dios oye nuestro clamor y nos responde de inmediato. Si alguien pide oración, siempre es mejor orar por la persona ahí mismo en vez de pensar que recordarás hacerlo después. El después no está garantizado. Además, la escritura nos dice que cuando dos personas oran en acuerdo hay mucho poder. La oración es otro súper poder, al igual que el discernimiento. Es simplemente una conversación con Dios. No te distraigas con todas las palabras. ¡Él está escuchando tu corazón!

Una invitación al baile

Una de mis mejores amigas de Ecuador, Gabriela, era de una familia muy próspera e influyente. Su papá había sido candidato para la presidencia justo antes de que yo llegara a Quito. Siempre disfrutaba mucho su compañía porque tenía hambre de las cosas de Dios además de ser divertida, cariñosa, graciosa e increíblemente brillante. Gabriela había crecido yendo a la iglesia pero ahora tenía un deseo de conocer a Dios de manera más profunda, seguirlo y creer su Palabra. Parecía asombrarse de que yo hablara de Dios como parte natural de la vida cotidiana. Dios era parte de todo lo que hacía. Mucha de mi conversación giraba alrededor de lo último que había sucedido por causa de Dios. No había separación entre Dios y el resto de mi vida porque mi relación con él era una conversación continua y una parte de como yo veía que las cosas funcionaban. Omnisciente, Omnipotente, Omnipresente… él lo sabe todo, puede hacer cualquier cosa y siempre está conmigo. ¡Ese es mi Dios!

Su papá acababa de erigir el último hotel de cinco estrellas y estaban por tener su baile inaugural. Me invitaron a cantar en el evento. Me dijeron que habría dos mil invitados en el salón donde cantaría. Acababa de ser dama de honor en la boda de mi hermano Kieran, así que tenía el vestido de baile adecuado. Era verde esmeralda profundo, sin mangas. Estaba muy agradecida de tener algo apropiado para la noche. Como buena líder de alabanza, invité al pianista de la iglesia y se llevó su teclado. Todas las canciones que me sabía eran de alabanza. Cuando llegué me dijeron que había un cambio en los planes y ahora cantaría para un grupo privado con oficiales de alto rango, diplomáticos y sus esposas. Claro, ¿por qué no? Era lo mismo para mí. Cantar abajo en el salón de baile para Jesús, o cantar arriba en el ático para Jesús.

El más alto líder espiritual de su iglesia, el Cardenal, fue a celebrar una misa; fue hermoso. Llevaba puesta su sotana especial y sus accesorios con un sombrero extraordinariamente alto, pero debajo de todas esas prendas podías sentir un muy genuino y sincero amor por Dios. ¡Eso me encantó!

Con el sombrero alto movió cuidadosamente la cabeza indicándome que pasara a cantar. Pasé al frente lentamente y canté *Qué grande eres* [How Great Thou Art] en español. Se vio complacido. Sonreí y me senté. Unos momentos después movió la cabeza de nuevo. Me volví a parar, pasé lentamente al frente y canté *Te amo Señor* [I love you Lord] otra vez en español. Sonreí y regresé a mi asiento. Pasó un tiempo en el que compartió y siguió las etapas típicas de la misa, y después, una vez más me hizo una señal con la cabeza. Ahora ya me estaba divirtiendo. Tuve favor con el Cardenal. Lo bueno era que no se me iban a acabar las canciones. Podía seguir diciéndole a mi amigo pianista de la iglesia qué canción seguía e ir con el fluir. Para cuando todo se terminó debí haber cantado por lo menos cinco canciones. ¡Fue muy divertido!

Mi oración fue que hubiera una unción y que el Espíritu Santo se moviera a través de las canciones y tocara los corazones de las personas. Oré que las personas sintieran la presencia de Dios y creí que eso era justamente lo que Dios estaba haciendo. Había paz en la habitación. En medio de esos 80 oficiales de alto rango y diplomáticos se podía sentir una admiración y reverencia a Dios. Me sentí muy cómoda y canté con todo mi corazón, con manos levantadas cuando quería levantarlas y mucho contacto visual. Nada que esconder...

Después de la misa el Cardenal y yo estrechamos las manos y le di las gracias al pianista. Al ir atravesando el público, la gente me detenía para darme las gracias por la música especial. Una señora se me acercó y en privado me dijo: «Cuando usted cantó mi esposo comenzó a temblar, ¿qué pasó?». Le dije que era la presencia de Dios. Yo estaba tan maravillada como ella. Me sonrió y no supo bien qué hacer con el comentario, así que me dio las gracias y se fue. Unos segundos después, una mujer me tomó del brazo y acercándose a mi oído me dijo lo mismo. «Cuando usted cantó mi esposo comenzó a temblar». Me miró como preguntando qué se suponía que significaba eso. Le respondí lo mismo: «Era la presencia de Dios. Él estaba respondiendo a la presencia de Dios». Pensé dentro de mí: «No hay nada mejor que una saludable dosis de temor de Dios para personas que tienen posiciones de influencia». Dios se dio a conocer. No supe por qué temblaron, pero había leído de eso en la Biblia y lo había visto antes, solo que no en un baile inaugural de personas influyentes. ¡Genial!

Al final de la noche había contado seis mujeres que me detuvieron para decirme la misma historia. Estaba sorprendida. Mi misión fue simplemente adorar al Señor con todo mi corazón. No hubo ni una gota presente de *temor del hombre*. Me sentí honrada de estar ahí y fui respetuosa con los presentes, pero para mí todo se trató de poner los ojos en Jesús. No tenía absolutamente nada que perder. Entonces Dios llegó... ¡e hizo temblar un poco las cosas! ¡Ja!

Perla de Poder

No podemos ver lo que Dios está haciendo detrás de todas las caras que vemos, pero podemos confiar que siempre está obrando. 2 Pedro dice que Dios es paciente y no quiere que nadie perezca, sino que todos vengan al arrepentimiento. Eso me dice que Dios siempre está buscando momentos para atraer personas a él. La escritura también dice que Él habita en la alabanza de su pueblo, queriendo decir que cuando adoramos, él viene y manifiesta su presencia. A veces puedes sentir literalmente su presencia. Así que si estás en tu carro, en el camión, la calle, una tienda, en cualquier lugar... y estás adorando a Dios, él aparecerá no solo para tocar tu vida, sino también la de los que están alrededor de ti. ¡Ese es un gran poder!

DIEZ

Chasqueando mis tacones y dirigiéndome a casa

«La esperanza que se demora enferma el corazón».
Proverbios 13:12 NBLH

En los últimos seis meses de vivir en Ecuador empecé a extrañar mucho mi casa. Más de lo normal. Estaba acercándome a mis veinticinco años de vida y tomando más consciencia de mi reloj biológico. Los veinticinco parecían monumentales. Con frecuencia escalaba al techo del edificio de departamentos para platicar con Jesús. «¿Dónde está?», le preguntaba al Señor investigando: «¿mi hombre?». Al contemplar la ciudad lágrimas corrían por mis mejillas y le pedía al Señor, o que me quitara el deseo de casarme, o que rápido me trajera a mi esposo. Esas parecían ser las únicas dos opciones en ese momento. Luego, trataba de hacer un trato: «Solo déjame conocerlo, ¿si Señor? Dame una pista, cualquier cosa. Está bien, una señal. ¿Me voy a casar? ¿Pronto?». Todo lo que recibía era un «Confía en mí». Eso tendría que ser suficiente para mí.

Esa primavera estuvo de visita un amigo de la familia de Savannah Georgia; Greg Carney estaba en un viaje médico misionero, para ese entonces ya habíamos sido amigos por unos cuantos años. Él era doctor como mi papá; irlandés estadounidense, alto, guapo y lleno de

177

gentileza sureña. Había ido el año anterior también mostrando signos de interés, pero siempre fue muy respetuoso de mi llamado al ministerio y de la obra ahí en Quito. Esta vez había traído a su mamá, la Señora Carney; ella era encantadora. Mientras su hijo estaba en la selva tratando a los enfermos y enseñándoles cómo cuidarse mejor, las dos nos fuimos a las montañas. Le di mi paseo usual al clásico pueblo indio de Otavalo y nos hospedamos en el búngalo más hermoso que había junto a un lago.

La señora Carney no era la típica preciosura sureña. Sí, tenía todo el encanto y comportamiento de una esposa de diplomático, pero ella era real, con los pies en la tierra y llena de aventura. Usaba una asombrosa cantidad de piedras preciosas y siempre se vestía como reina, pero al estar con ella nunca sabías bien qué pasaría enseguida. Era inquisitiva, estaba totalmente conectada con la cultura, y siempre lista para aprovechar cualquier oportunidad que se presentara. Ni una onza de turbación. ¡Mi clase de chica! La Sra. Carney era una verdadera bocanada de aire fresco a mi cansado y desgastado ánimo. ¡Me caía muy bien! ¡Cuánto me hizo extrañar a mi mamá el estar con ella!

Cuando Greg regresó de la selva muchos de los misioneros me animaron a considerarlo como algo más que un buen amigo. Era entendible, teníamos mucho en común. Él era un buen hombre, amaba al Señor, me respetaba y era cercano a la familia. Mi papá lo amaba. ¿Qué más podrías pedir? Me preguntaba si sería él, de hecho, hasta una persona me llamó necia. Sabía que me mantenía firme, pero nunca pensé que estuviera siendo necia. ¿O tal vez sí? ¿Debía intentarlo? Tal vez esta era una de esas historias como las de Isaac y Rebeca del Antiguo Testamento en las que el siervo iba a encontrar a la esposa. En el fondo no sentía más que una amistad fuerte por él. Me caía muy bien, pero tal vez el amor era algo que crecía, más que esa idea de «amor a primera vista». Bueno, cual fuera el caso, pensé que lo mejor sería ¡hacer algo! Los veinticinco me estaban pisando los talones, así que le dije que debíamos intentarlo. Se le cayó la quijada: «¿De verdad?». Se sorprendió mucho sabiendo lo definida que había estado, pero estuvimos de acuerdo en intentar la posibilidad.

Moviendo la mano le dije adiós sabiendo que pasarían unos meses antes de volverlo a ver. ¡Qué maravillosas personas! Tenían un gran amor por Dios, grandes corazones, y una gran generosidad. Me llenaron de amor y me hicieron sentir una princesa. Aprecié mucho cada gesto de amabilidad y cada pizca de comprensión. Parecía que percibían lo importante que era el ministerio para mí y me valoraban como persona que estaba haciendo la voluntad de Dios. Había disfrutado cada momento y atesoré el tiempo con la Sra. Carney. Pensé: «Oye, ¡me casaría con Greg solo por tener esa suegra!». ¡Ambos eran excelentes personas! Pero por ahora, solo serían largas llamadas y mucho soñar sobre la posibilidad de lo que podría surgir de esa relación.

Por meses planeé mi regreso. Ya sentía demasiada nostalgia por mi hogar, me sentía muy triste de tanto extrañar. Las lágrimas se me salían por cualquier pensamiento. Anhelaba estar cerca de mi familia, tener cercanía, compartir celebraciones de cumpleaños y fiestas especiales. Sentía un peso por la separación. Ya habían pasado siete meses desde la última vez que los había visto y casi tres años desde que me había ido a vivir al extranjero.

Mi trabajo estaba terminado. Había madurado tremendamente. Me había llenado de dar. Sabía que había cumplido mi misión. Estaba triste de irme, pero sabía que ya era el tiempo. Hubo muchas fiestas de despedida, comidas y tés. Todas las iglesias me mostraron su amor, me dieron regalos y oraron por mí. Hubo risas y lágrimas al hacer memoria de todos los recuerdos que compartíamos.

Habían sido unos años muy ocupados. ¡Había dejado mi huella! Las personas habían cambiado, Dios había usado mi vida. Ahora, una vez más, estaba siendo enviada con bendición. Fue extremadamente conmovedor.

Había regalado la mayoría de mi ropa y aún así tenía problemas para cerrar mi maleta por todos los regalos que me dieron: esculturas de madera, bolsas de piel, pinturas, decoraciones para el hogar, frazadas de alpaca, tapices, notas de amor con escrituras, bendiciones y oraciones. Fue muy halagador y emotivo. Ecuador siempre estaría en mi corazón.

Pero eso no era todo. Anhelaba más y tenía una gran expectativa de lo que vendría. Tenía que averiguar una vez más lo que significaba estar buscando a Dios, estar quieta y saber que Él es.

Perla de Poder

Has oído que se dice: «Los sabios todavía lo buscan». Sí, los sabios estaban buscando a Jesús y lo hallaron. Lo más sabio que podemos hacer en esta vida es ir tras Dios y buscarlo de maneras nuevas y frescas. Los desafíos, los cambios y lo desconocido agitan nuestros corazones nuevamente para obtener un mapa de a dónde nos dirigimos. No podemos ver como Dios, pero podemos recibir destellos al buscar su voluntad. Él dijo: «Clama a mí y te responderé, y te daré a conocer cosas grandes y ocultas que tú no sabes». Jeremías 33:3

Anhelando, no viviendo

Estar quieta fue más difícil esta vez. ¿Alguna vez has oído el dicho: «No permitas que tu anhelo de lo que vendrá te robe de vivir el hoy»? Eso lo decía frecuentemente Elizabeth Elliot, una famosa autora misionera cristiana que se fue a Ecuador. Escribió un libro titulado *Pasión y pureza*. Admiraba cada una de sus palabras. Se había abandonado en Dios desde temprana edad. Anhelaba casarse, pero se comprometió consigo misma a vivir en el presente. Cuando llegó el tiempo se casó. Dijo que fue tan maravilloso, mucho mejor de lo que hubiera podido imaginar. Me asombraba su determinación. Aún cuando el Sr. Correcto llegó, su corazón todavía se refugiaba en la «Sombra del Omnipotente». Este es el título del primer libro que escribió cuando su esposo fue asesinado y se quedó sola con un pequeño en una tierra extranjera, llamada Ecuador. Se recuperó y una vez más permaneció completamente entregada a Dios, ministrando a las mismas personas que habían matado a su amado Jim Elliot. Nunca se dio por vencida y siguió el llamado de Dios para su vida, con o sin esposo. Elizabeth estaba rendida y consagrada a un propósito, seguir a Cristo. Me asombraba su fortaleza y valentía en medio de semejante prueba y tragedia.

Yo luchaba para vivir en el presente. Con frecuencia me sorprendía a mí misma soñando despierta con el día de mi boda, mi vestido, mi anillo, mi futuro. Mi futuro tendría que abarcar muchas cosas: un esposo, hijos, un ministerio y las naciones. Anhelaba todo eso.

Antes de hacerme misionera estaba estudiando para terminar los cursos premédicos necesarios para entrar a enfermería. Sabía que eso sería útil en el campo misionero, pero realmente no quería sacar sangre a los pacientes. Por lo tanto, consideré la quiropráctica porque estaba pensando en las maneras como podría suplir las necesidades de la gente. Estaba a un curso de completar los cursos premédicos requeridos para entrar a la universidad quiropráctica, pero no tenía paz al respecto. Mi pasión era dirigir alabanza, ministrar en iglesias y compartir mi caminar con Dios. Me encantaba inspirar a las personas.

Ahora aquí estaba yo con un certificado de dos años de estudios bíblicos, y tres diplomas relacionados de todos mis estudios aleatorios: Matemáticas/Ciencias, Sociología y Humanidades. Todavía estaba tratando de descubrir cómo podría funcionar todo eso junto. Decidí que lo mejor que podía hacer, era terminar mis estudios como misionera y juntar lo que parecían ser cientos de créditos para obtener la licenciatura de Ciencias en Misionología. Sí, existe ese título, y no, no tiene nada que ver con misiles. ¡Ja!

Llegué a Nueva York justo a tiempo para inscribirme en la Universidad Nyack. El director de misiones fue extremadamente gentil y aceptó todos mis créditos. Terminaría en justo un año y después continuaría con mi vida, haría la siguiente cosa importante... esperaba que eso sería casarme.

Justo un mes después de haber llegado a los Estados Unidos, mi mamá y yo decidimos hacer un viaje para visitar a los Carneys en Georgia. Había pasado horas hablando por teléfono con Greg durante los cuatro meses anteriores. Debido a mi transparencia, estoy segura de que él se dio cuenta de mi anhelo de echar raíces. Él anhelaba lo mismo. Este viaje estuvo lleno de esperanzas, sueños, y más anhelos del futuro. Él tenía una casa en una isla lejos de la costa de Savannah. El simple camino para llegar era ya imponente. El liquen que crecía en cada árbol antiquísimo se mecía con la brisa. Como de costumbre, su familia fue extremadamente amable y yo fui conquistada. La ciudad estaba llena de romance, desde los dulces acentos sureños hasta los sitios históricos y la arquitectura. Era un sueño. Abundaban las patas de cangrejo, el maíz en mazorca bañado en mantequilla líquida y las papas cocidas. Parecía haber mucho potencial y ser muy prometedor. La conversación dio un giro para solidificar esperanzas y aterrizar ilusiones. Greg, siempre un caballero, me comunicó que yo tendría libertad de ministrar, e incluso, de ir a viajes misioneros. Él quería que yo fuera feliz, quería que esto funcionara.

Después de instalarme en la escuela para la última ronda de mis estudios, mi edad parecía ser aún mayor. Era raro regresar a la escuela a los veinticinco, después de haber vivido en el campo misionero y ministrado en 17 diferentes países. No estaba ni aquí ni allá, como que no encajaba bien. Ciertamente todavía me faltaba mucho por aprender, pero había estado avanzando. Había visto mucho. Nadie sabía realmente quién era yo, de dónde venía o cómo era mi manera de ser. Una vez más tenía que trabajar para abrirme paso, ganarme la confianza, y simplemente «ser» hasta que el Señor me abriera una oportunidad para ministrar. Gracias a Dios la casa de mis papás estaba a solo un salto, un brinco a través del Río Hudson. Iría a mi casa los fines de semana y ministraría en iglesias cada vez que me invitaran. Para ese tiempo empezaba a ser un poco más conocida en el mundo de la música cristiana hispana por todas las grabaciones en las que había tomado parte. Empezaba a recibir más invitaciones para ministrar. Todavía me pedían que fuera a cantar a Centro y Sur América, pero solo podía hacer los viajes que se acomodaran a mi calendario de estudios, en otras palabras, muy pocos.

Como al mes de estar en la escuela, Greg me llamó y me preguntó si podía tomarme un largo fin de semana. ¡Sonaba como que era una gran idea! Había planeado un viaje con su familia para visitar a su hermano que vivía en las islas San Juan frente a la costa de Seattle, Washington. Una vez que llegamos a Seattle, la familia rentó un avión que nos llevó a las islas. ¡Estaba muy impresionada! Qué lugar tan hermoso sobre la faz de la tierra. La cuñada de Greg había hecho tarta de moras azules frescas que había recogido de su patio trasero. ¡Deliciosa! Las playas rocosas y la topografía en general eran majestuosas. Estaba encantada de disfrutar la belleza natural de ese lugar. El segundo día contemplamos el océano desde esos acantilados imponentes. Estando ahí juntos, Greg bajó por un terreno escarpado a la playa rocosa. Me llamó para que fuera con él, cuando llegué a donde estaba, volteó y me dijo: «¡Mira me encontré una roca!». De repente me di cuenta de lo que estaba sucediendo. ¡Oh Dios! ¡Tenía una reliquia familiar en su mano! ¡Una roca ciertamente! El resto se hizo borroso cuando miré fijamente mi mano. Una vez más empecé a soñar que caminaba por ese pasillo, finalmente estaba sucediendo. Tenía veinticinco, un cuarto de siglo y sería una novia. Era tiempo de ver esas revistas, mirar esos vestidos y planear mi futuro.

Estaba feliz, sentía que ahora sí empezaba a tomar una dirección. Recuerdo que trataba de encontrar un lugar para estar a solas con Dios, anotar en mi diario, y soñar; yo todavía no estaba lo suficientemente presente. Todo se trataba de lo que vendría después y no de dónde estaba realmente, ni de con quién estaba, o de cómo eso podría ser parte de un plan para el reino. Solo quería que se hiciera y se hiciera ya, ¡continuar con mi vida!

Cuando regresé a mi casa empecé a planear la fiesta de compromiso. Quería que todos supieran y asistieran. El mes siguiente los Carneys vinieron y tuvimos mucho que organizar, con cristalería, cubiertos de plata y todo lo demás que te puedas imaginar. Sentía que las cosas empezaban a caer en su lugar. Estaba sucediendo, ¿cierto? Sin embargo, en algún momento me empecé a dar cuenta de que no tenía tanta paz como hubiera esperado. Realmente no había puesto mucha atención. Estaba tan envuelta en que sucediera lo que tanto esperaba que había pasado por alto algunos suaves tirones en mi espíritu. Mis sentimientos de querer pasar a la siguiente etapa de mi vida se me habían adelantado y ahora me cuestionaba cómo se suponía que debiera ser eso.

Yo razonaba que ambos éramos buenas personas, estables y fieles. Tendríamos un buen matrimonio y nunca nos divorciaríamos, sin importar lo que pasara. Además, ya tenía veinticinco años y tal vez esta sería mi última oportunidad. Me sentía vieja, especialmente cuando estaba alrededor de esos chicos de la universidad; pero algo estaba mal. Pensé que después me pondría al día y lo atendería, cualquier *cosa* que eso fuera o significara.

Para noviembre empecé a buscar consejo. Tal vez alguien más había estado en esta situación y podría ayudarme en este camino hasta el altar. No quería decepcionar a mi papá. Se veía muy contento con todo el arreglo... ¡eso es! tal vez era más como un matrimonio arreglado, volvía a Isaac y Rebeca.

Para mi total asombro, Elizabeth Elliot estaba programada como oradora en la conferencia de mujeres de la universidad. La Elizabeth Elliot, ¡mi heroína! ¿Y adivina a quién le pidieron que dirigiera la alabanza? ¡Correcto! ¿Puedes creerlo? ¡Excelente! Le pediría consejo a Elizabeth Elliot. Seguramente ella entendería mi aprieto. Teníamos tanto en común. Buscaría un momento después de la conferencia para verla. ¡Genial Dios! Tú sabes justamente a quién traer. De toda la gente en la faz de la tierra, Elizabeth Elliot sería mi primera elección. Confiaba en sus palabras, su testimonio y su carácter. Era fuerte, pero real. Sabía que conectaríamos y tendríamos el mismo parecer en esto.

Como era de esperarse, llegó Elizabeth; compartió un mensaje poderoso y todas fuimos conmovidas. ¿Y qué crees? justo como lo había planeado secretamente, ella estaba sentada firmando libros; vi lo que parecía ser un buen momento. ¡Eso era todo! Le hablaría de mi próximo compromiso nupcial, arreglo, lo que fuera... ella me entendería.

Me di cuenta de que ella estaba muy enfocada en lo que estaba haciendo, pero sentí que era ahora o nunca. Abrí la boca: «Elizabeth», dije mientras me paré a su lado. «Mi nombre es Fiona Delamere y también estuve como misionera en Ecuador». Por alguna razón no parecía estar impresionada todavía, sin embargo, continué explicándole mi situación y traté de actualizarla en cuanto a mi vida. No se inmutó. Finalmente, después de darme cuenta de que no quería que nos hiciéramos amigas y que tampoco estaba buscando ninguna conexión emocional, le dije claramente mi dilema enfatizando que tal vez yo era como Rebeca y Greg era mi Isaac. Bajó la mirada y vio mi anillo, luego levantó la cabeza y me vio cara a cara. Con innegable convicción y severidad me dio un mensaje que me pegó en lo más profundo. «No puedo creer que siquiera consideraras casarte con este hombre. ¡Él no tiene el mismo llamado de Dios en su vida!». Dicho eso, me dio la espalda.

¡Oh no! Oh Jesús, ¡Ayúdame! Soy una tonta. Un torrente de lágrimas llenó mi cara mientras salí corriendo del lugar de la conferencia. Había sido humillada y obviamente estaba perturbada. ¡Oh Dios, Oh Dios! ¿Qué hago? ¿Qué hago Señor? Pensé: «Corre a la oficina del capellán. Es un hombre amable, él entenderá».

Era verdad, el Pastor Pletnicks era muy amable y una persona guiada totalmente por el Espíritu. Él no desperdiciaría palabras. Al menos sus palabras serían diplomáticas. Confié que él me dirigiría en la dirección correcta.

«¡Elizabeth Elliot es una mujer mala!». Grité.

«¿¡Qué sucedió?!».

Se lo narré con igual sorpresa, lágrimas y drama: «Ella dijo que no podía creer que siquiera considerara casarme con Greg ¡y que él no tiene el mismo llamado de Dios para su vida!».

«Cielos, eso sí que fue *muy* directo».

«Estaba tan apenada, ¡no esperaba todo *eso*!».

«Bueno, la próxima semana es la semana de misiones. ¿Por qué no nos comprometemos a orar acerca de esto y vemos qué hay en el corazón de Dios? Seguramente tiene un plan».

Brincó a mi espíritu el versículo de mi vida, Jeremías 29:11: «Porque yo sé muy bien los planes que tengo para ustedes, afirma el Señor, planes de bienestar y no de calamidad, a fin de darles un futuro y una esperanza». Parecía ser que el futuro era lo que más me preocupaba, pero tenía que sentarme y ser honesta acerca de lo que Dios me estaba tratando de decir. No me tomó ni una semana para darme cuenta de que verdaderamente había perdido la paz, lo que Elizabeth había dicho solo confirmaba lo que estaba sintiendo en mi espíritu. Estaba tan terriblemente decepcionada, ¿cómo le diría esto a Greg? ¿Qué le diría a mi papá? Todo lo que siempre había querido era ser aprobada por mi papá, mostrarle que tenía dirección clara en mi vida y recibir su bendición. Pensé, «¿Qué con todas las personas que fueron a la fiesta de compromiso y todos esos regalos?». Tendría que regresar todo. ¡Oh no! ¡Qué humillante! No podía siquiera pensarlo. Tal vez podía resolverlo de otra manera. Tal vez no estaba oyendo con claridad, seguramente había una manera más sencilla. No estaba como para crear un alboroto. Además, para entonces Greg ya me había comprado un jeep blanco decorado con rayas y había una casa en la isla esperándonos. ¡Eso no era cualquier cosa! ¿Cómo desilusionaría a todas las personas involucradas en esto? Todas las personas que estaban creyendo y esperando.

Justo el siguiente fin de semana Greg vino al noreste a una conferencia de neurología. Nos encontramos en Pensilvania en donde yo me podría hospedar con unos amigos. Ese domingo sugerí que fuéramos a la iglesia que ellos pastoreaban. Los Garrets eran viejos amigos de la familia. Dirigían la alabanza en las conferencias de verano a las que asistíamos, siempre quise tener una familia como la de ellos. Cinco niños, todos tocaban un instrumento, cantaban y adoraban al Señor. Ese había sido mi sueño por años, yo quería un gran ministerio familiar. Ellos fueron mi primer ejemplo.

Tal vez ellos podrían darme su perspectiva. Quizá yo podría platicar con mamá Garret mientras Greg charlara con papá Garret y así todos podríamos tener un pensamiento similar. Nos invitaron a regresar a su casa para la comida; una buena y muy abundante comida de domingo como de costumbre con toda la familia reunida. Mi plan estaba funcionando. Cuando entramos a su casa vi que la Sra. Garret tomó una bolsa de galletas, algo de queso y manzanas; después dijo: «Ustedes dos síganme. Los voy a llevar a la sala del profeta». ¿Mmm? Nos dirigimos a subir las escaleras a un departamento nuevo que acababan de agregar a su casa para recibir gente del ministerio que los visitara; estaba hermoso. Después ella agregó: «Creo que ustedes dos tienen algunas cosas que platicar, tómense su tiempo. Esto va a ser bueno para ambos». Ay Señor... Sí, teníamos algunas cosas que compartir. Esperaba poder fingir que todo estaba muy bien, pero tenía esta dolorosa claridad de lo que estaba a punto de suceder.

Greg no esperaba esta conversación. Eso hizo mucho más difícil abordar la agitación que había en mi corazón. ¿Cómo pude llegar tan lejos sin tener verdadera paz? ¿Cómo permití que ambos estuviéramos en esa situación? Seguro fue porque había empujado para hacer mi propia voluntad. **Vivir en el futuro me estaba cegando.** Todo lo que podía ver era el anillo, el vestido, y a mí recorriendo ese pasillo. Greg reconoció sinceramente mi dilema y me pidió que tomáramos dos semanas para estar orando y considerar lo que debíamos hacer. Estuve de acuerdo, era lo menos que podía hacer.

Esa semana no tuve reposo. Tuve dos sueños muy vívidos. Uno fue que visitaba la tienda en la que realmente había comprado mi vestido. Entraba en un tono amistoso y sonriendo explicaba que no podía comprar el vestido en ese momento, pero que un día regresaría por él. El segundo sueño fue un poco más dramático, que el anillo se me había caído del dedo y el diamante se había partido a la mitad. El diamante era negro por dentro.

Hasta aquí llegaba. Sabía que no podía llevar a cabo el matrimonio. Decidí visitar a mi papá el día siguiente durante las horas de oficina. Esto ya no podía esperar ni un minuto más. Al llegar al consultorio ofreció hacerme un arreglo, parecía ser lo más apropiado en ese momento porque se dio cuenta de que estaba agotada por el estrés. Al acomodarme en la mesa quiropráctica yo quería encontrar una manera fácil de iniciar la conversación, pero me fallaron las palabras y las lágrimas corrieron por mis mejillas. Traté de decir unas pocas palabras y de repente él se dio cuenta de que pasaba algo. «¿Qué es lo que pasa?». Entonces, conectando los puntos lo oí decir: «Oh Fiona, no tienes que casarte con Greg». Lloré a gritos, no era nada bonito todo eso. Finalmente, cuando me calmé le dije que no quería ser una decepción para él. Me aseguró que estaba bien, que siguiera la paz, y me dijo que confiaríamos en Dios.

Cuando se cumplieron las dos semanas Greg y yo platicamos con detalle. No era lo que él esperaba, pero fue verdaderamente comprensivo y asombrosamente respetuoso. Era difícil de aceptar. Hubiera sido mucho más fácil si Greg se hubiera comportado como todo un patán y me hubiera ofendido, o al menos si yo hubiera podido decir aunque sea *algo* negativo de él. Entonces hubiera pensado: «¡Claro, ya veo! ¡Por eso!» Pero no, lo único que faltaba era la paz y eso debía ser suficiente.

Poco después de que colgamos el teléfono, llamó la mamá de Greg. ¡Qué increíblemente asombroso ser humano! Me bendijo, literalmente. Afirmó mi llamado al ministerio y me aseguró que no estaba enojada, sino que entendía de dónde venía. ¡Oh qué preciosos santos! ¡Increíble! ¿Fluyó tan sin problemas todo esto como creo que fluyó? La gracia para hacer lo correcto llegó en cubetas y después fueron olas que me sobrepasaron. El peso del mundo se quitó de mis hombros, había hecho lo correcto. Casada o no casada, Dios tenía un plan para mi vida. Me apegaría a él.

Perla de Poder

Siempre es muy agradable cuando hacemos las cosas bien y cosechamos los beneficios de nuestras buenas decisiones. Oh, pero el gozo absoluto es cuando cometemos errores serios y caemos sobre nuestros rostros para volvernos en humildad y aceptar la verdad. Pareciera que este gozo en particular es mayor porque viene con una gran restauración de Dios y redime el momento estropeado. La alegría de humillarnos a nosotros mismos delante de Dios excede con mucho la vergüenza que quiere mantenernos cautivos a nuestros errores. Dios se goza grandemente en nuestra restauración y sumisión a la verdad. Como con el hijo pródigo, él hará una fiesta cada vez que regresemos a la verdad.

Un ministerio inesperado

Así que ahí estaba, una vez más soltera y libre para aceptar todas y cada una de las oportunidades que estuvieran a mi alcance. Me daría por entero a las personas a mi alrededor y terminaría el año con dignidad, por la gracia de Dios. Seguramente nos guardaríamos lo sucedido.

Lo que siempre me maravilla es que Dios puede usar cualquier cosa. No lo vas a creer, pero no tomó mucho tiempo para que se supiera en el campus que ya estaba *libre*. Qué título. El énfasis no estaba tanto en mi estatus o disponibilidad, sino en lo que había logrado. Podrías pensar que sería considerada como que había bajado de categoría, pero no, los estudiantes estaban observando. Había parejas comprometidas cuestionándose si debían casarse o no. ¿En serio Dios? ¿No podemos dejar este asunto en secreto? ¿Solo entre nosotros? No, ni en sueños. No solo una, sino tres parejas me buscaron en las siguientes semanas para platicar acerca de por qué hice lo que hice. Tampoco estaban seguros de estar haciendo lo correcto. Sí, realmente tuve un ministerio para ayudar a parejas comprometidas que no tenían paz a deshacer el compromiso. Qué ministerio...

Perla de Poder

Una vez más, Dios usa las cosas que están quebradas y rotas. Si eso es parte de tu vida, es parte de tu testimonio y en algún momento Dios lo puede usar para su gloria, si estás dispuesta a ponerlo en sus manos. La verdad es que yo pude ayudar a otros al decirles cómo me había equivocado y después cómo me reencaminé. No omitas de tu historia los momentos de quebrantamiento. A veces el compartirlos es parte del proceso de cerrar el círculo y recibir tu sanidad completa.

Abrazando el presente

Después de que el polvo se asentó y abracé sin reservas

mi presente, me di cuenta de cuánto disfrutaba el ministerio en realidad. Ahora me estaban invitando con más frecuencia a cantar y compartir el mensaje principal en todo tipo de iglesias, en inglés y en español por igual, iglesias de corte tradicional y carismático. A mí no me importaban esas diferencias, siempre y cuando las iglesias estuvieran basadas en la Biblia y me dieran libertad de compartir. Buscaba al Señor para que me diera una palabra para cada congregación en particular, recordaba testimonios que se aplicaran a esa palabra y le pedía a Dios algunas cosas específicas para ministrar efectivamente. También ayunaba y pasaba horas orando y buscando a Dios para saber lo que había en su corazón. Ese año me sorprendió mucho el favor de Dios y su gracia. Se estaban abriendo puertas nuevas en la ciudad y me sentía honrada de que confiaran en mí de esa manera.

En una ocasión en particular que fui a Queens me pidieron cantar algunos solos y predicar. Después del servicio hice un llamado típico a las personas a pasar al altar para renovar su compromiso con Dios y buscarlo de nuevo. El altar se llenó. Iba a invitar al pastor y a los ancianos a pasar a orar conmigo, pero con la cabeza me indicaron que orara yo sola. Empecé a un lado de la iglesia y me di cuenta de que Dios me estaba dando palabras especiales para las personas, detalles específicos y una seguridad de que eran de inspiración divina. Hablé con autoridad conforme se levantaban las manos. Algunos se arrodillaron, otros permanecieron parados, algunos empezaron a llorar. Pensé que tal vez Dios ya había terminado, pero cada vez que ponía mis manos sobre alguien las palabras venían y yo declaraba con valentía lo que burbujeaba en mi espíritu. Ya llevaba como una hora y media orando y apenas había orado por las personas de las dos primeras filas, como unas cien. Otros estaban parados atrás esperando su palabra especial. El pastor se acercó para decirme que no tardaba en empezar el siguiente servicio de la iglesia que había rentado el local para la tarde, pero que podíamos irnos a otro cuarto. Estuve de acuerdo, ¿por qué no? No tenía otros planes además de oír a Dios, así que por mí estaba muy bien. Las vidas de las personas estaban siendo tocadas y Jesús estaba siendo revelado. ¡Era asombroso! Disfrutaba todo el proceso. Sabía que era Dios, yo solo era recipiente, un recipiente dispuesto, y la gente estaba siendo paciente.

Nos reunimos de nuevo en un salón de clases. Dios me dio la fuerza y la impartición para cincuenta más. Solo Dios podía saber lo que era precioso e importante para todos esos corazones. Solo él podía darles una palabra que cambiaría todo, volvería a encender su fe y les haría saber que realmente se interesaba en ellos. Dios estaba siendo muy personal. Para algunos, fue acerca de su matrimonio, para otros de sus hijos o de aquellos a quienes anhelaban. Todo fue dando esperanza y edificando. Me di cuenta de que algunos eran muy confortados con las palabras, mientras otros se sentaban quietamente a solo recibir. Teníamos un temor reverencial ante lo que parecía ser un momento de avivamiento. Dios estaba volviendo a despertar corazones. Todos nos sentimos muy conmovidos con la experiencia. Fue asombroso.

Una cosa que aprendí en etapas tempranas del ministerio fue básicamente a, *no* tomarlo para mí. No había espacio para tomar el crédito. Lo mantendría a la distancia sabiendo que la gloria de Dios no debía ser obstaculizada. La escritura es muy clara en cuanto a esos preceptos, el hombre no debe adjudicarse la gloria de Dios. Tomar la gloria podría destruir un ministerio, esto no era nada para bromear. Cada momento de ministración era otro buqué de flores directo para Dios. Nunca podría tomar el crédito por lo que él estuviera haciendo en la vida de otro. No podía tomarlo personal. Era obvio que Dios estaba obrando de manera sobrenatural. Mi gozo y recompensa era el puro placer de ser el vaso que usó. Eso era sagrado.

Perla de Poder

Dios quiere hacer cosas poderosas en nuestras vidas y a través de ellas. Le encanta usar personas que no están preocupadas por quién tendrá el crédito. Cuando suceden cosas asombrosas debemos decirle a la gente que todo eso fue Dios... después de todo, ¡así es!

Snickers

Un recuerdo muy fresco me transporta a un viaje que hice a Brooklyn. Era un día increíble. Dios apareció en cientos de maneras. Ahora estaba cansada y solo quería una barra de chocolate *Snickers* y una siesta. Esa es la simplicidad de tener veintitantos, ser soltera y completamente capaz de tomar siestas cuando te dan ganas. El camino para llegar a la casa era muy largo, el cielo estaba gris y la llovizna iba y venía. Eso solo confirmaba mi necesidad de acurrucarme con una cobija y dormir. El ministerio siempre me sacaba hasta la última gota. Calcúlale, te estás esforzando al máximo, física, emocional y espiritualmente; y cuando el poder de Dios viene sobre ti te deja como *limón de fonda*, completamente exprimido al final del día. No en balde el día de descanso de los pastores es el lunes. Hay una razón para ello. ¡Están agotados!

Conforme me acercaba a mi ciudad me puse a pensar en dónde podría comprar un *Snickers*. Cualquier gasolinera decente en los Estados Unidos seguramente tendría su dotación de estos chocolates. Al acercarme tomé un camino que me llevaría a mi meta proyectada, llenar el tanque y comprar mi delicioso *Snickers*.

Al entrar a la autopista me di cuenta de que había un hombre mayor a medio camino sobre la colina. Llevaba unas bolsas de supermercado en una de sus manos y en la otra tenía su pulgar hacia arriba. La neblina empezaba a bajar otra vez. Al pasarlo tuve la curiosa sensación de que mis momentos de ministerio no habían terminado ese día. ¡Estaba casi por llegar a mi casa! Había estado manejando dos horas, la cobija me estaba llamando. Decidí que si él seguía ahí después de mi parada en la gasolinera, lo subiría a mi auto. Estaba muy segura de que ya no estaría. Me detuve, conecté mi auto al tanque de gas y entré corriendo a la tienda ansiosa de pagar mi anhelado y pre-saboreado... *Snickers*.

«¡No hay *Snickers*!». Confirmó el hombre.

¿No hay *Snickers*? ¿Está seguro? ¿Cómo es posible? ¿Qué clase de negocio es este?». Pregunté.

Pero era verdad. No había *Snickers* por ningún lado, créeme, los busqué.

Así que de nuevo bajé la colina solo para hallarme con el Sr. Bolsas de Supermercado, con su pulgar arriba, pero ahora un poco hacia el lado del camino que estaba empapado. La lluvia caía continuamente. Saliéndome del tráfico, acerqué el auto hacia donde él estaba y le hice una señal para que se subiera. Era la persona más agradecida que había conocido en mucho tiempo. Al acomodarse en el asiento y voltear para darme una sonrisa semi desdentada, noté lo que parecía ser un resto de sopa *Campbell's* de minestrone en la esquinas de su boca. Era color naranja y se veía aceitosa. Decidí no enfocarme en ese detalle particular de su cara. Sonriendo le pregunté a dónde se dirigía y rápidamente mencionó el nombre de la calle que conecta con la mía. ¡Bien! Eso se acomodó muy bien. Estábamos todavía como a 8 kilómetros de distancia. Me dio gusto haberlo recogido, le hubiera tomado años luz recorrer esa distancia. Me compartió la historia de su vida mientras yo iba manejando. Era un veterano de Vietnam, había pasado por muchas cosas. Yo le recordaba a su hija. En un momento de la conversación vi que tenía una lágrima en su ojo, pero pensé que lo mejor sería hacerlo reír. Parecía que ya había cargado lo de toda una vida. Ya habíamos pasado la casa de mis papás cuando me di cuenta de que él vivía unos cuantos kilómetros más lejos. Era un camino muy largo. Mi mamá siempre dijo que si alguien te pide ir una milla, lo acompañes dos. Agregó que si ibas a bendecir a una persona, se debía sentir realmente bendecida.

Estaba comprometida a terminar el trayecto. Cantamos unas tonadas patrióticas y luego me señaló una calle lateral. «Puedes dejarme aquí ya» me dijo. Le aseguré que era un servicio hasta la puerta y lo llevaría a su casa. Él titubeó pero luego estuvo de acuerdo. Al ir esquivando baches en el camino lodoso y pararnos en una casa grande, me di cuenta de que era la mitad del camino a mi casa. Me aseguré de continuar sonriendo aunque mi corazón había desfallecido. Él había tenido una vida dura; le dije que Dios lo amaba y lo estaba cuidando. Al abrir su puerta se volteó, se inclinó hacia mí y me dio un gran beso húmedo en la mejilla. Traté de no pensar en la sopa de las esquinas de su boca. Después metió la mano a su bolsa del supermercado y sacó una barra enorme de *Snickers*. ¡Por el amor de Dios! El Señor lo dejó muy claro ese día, si yo cuidaba a la gente, él me cuidaría a mí. Estaba convencida.

Perla de Poder

Es una prueba real cuando estás dispuesta a bendecir a aquellos que nunca te podrían retribuir. Ayudar a otras personas a llegar a su destino siempre es parte de llegar al tuyo. Avanzarás en saltos y brincos cuando sacrifiques para ayudar a otros. Es un principio asombroso. Todo el cielo viene a alentarte en tu vida personal cuando las personas son tu prioridad.

ONCE

Llevando cautivo todo pensamiento

«Destruimos argumentos y toda altivez que se levanta
contra el conocimiento de Dios, y llevamos cautivo todo
pensamiento para que se someta a Cristo».
2 Corintios 10:5

Después de un año muy ocupado, finalmente me
gradué. Había estado girando varios platos al mismo
tiempo. Era agradable haber terminado y tener un buen
diploma con mi nombre. Había terminado la tarea, había
cerrado el círculo. Me sentía realizada. Ahora era el verano
de 1996.

Realmente no podría haber estado preparada para lo
que vino después. Yo ya estaba lista para tomar un descanso después de todos los empujones y esfuerzos finales
para mi graduación de la universidad. Pero lo que ocurrió me llevó a una situación que no desearía ni a mi peor
enemigo. Llegó como un torbellino. Solo se puede descri-
bir como fuerzas espirituales de maldad, así como dice
en Efesios 6:12: «Porque nuestra lucha no es contra seres
humanos, sino contra poderes, contra autoridades, contra
potestades que dominan este mundo de tinieblas, contra
fuerzas espirituales malignas en las regiones celestiales».

No era ajena a los ataques espirituales. Había sido testigo de muchas cosas que solo se podían explicar en términos espirituales; sin embargo, un día, poco después de mi graduación, una batalla empezó a propagarse en mi mente. El hecho de recordarla hace que se me ericen los vellos de mis brazos. Fue como si cada demonio sucio y obsceno del infierno me estuviera lanzando los pensamientos más vergonzosos, viles y perversos. Estaba acostumbrada a reprender al enemigo; conocía mi autoridad en Cristo y sabía que si solo adoraba al Señor, el enemigo tendría que huir. Si era necesario, de acuerdo a la palabra de Dios, ataba aquellas cosas que podía discernir. Cambiaba de inmediato mis pensamientos cuando algo de maldad llegaba al radar, pero esa batalla arrasó mi mente día y noche por 30 días. No importaba cuántas veces reprendiera al enemigo, la inmundicia seguía llegando. Mi querida amiga Jeannie vino a visitarme en un intento de ayudarme y me pidió si podía describirle lo que me estaba sucediendo. Todo lo que podía hacer era llorar y decirle que era tan repugnante y vulgar que no podía repetir nada. No quería que nadie más experimentara esa angustia. Perturbador ni siquiera lo definía. Era como estar cambiando de canal todo el día. Constantemente tenía que cambiar mis pensamientos y enfocarme en algo limpio.

Fue durante ese tiempo de prueba que me apropié del versículo bíblico de 2 Corintios 10:3-5: «Pues aunque vivimos en el mundo, no libramos batallas como lo hace el mundo. Las armas con que luchamos no son del mundo, sino que tienen el poder divino para derribar fortalezas. Destruimos argumentos y toda altivez que se levanta contra el conocimiento de Dios, y llevamos cautivo todo pensamiento para que se someta a Cristo».

Tantas veces pensé que la batalla estaba frente a mí; pero entonces me di cuenta de que la batalla más grande estaba en mi propia mente. Dios me estaba ayudando a comprender cómo pelear efectivamente. Citaba con confianza las escrituras: «Llevo cautivo cada pensamiento y lo hago obediente a Cristo». Peleé duro. Dándome cuenta de que esos no eran mis pensamientos decidía desecharlos y alejarme de ellos. En su lugar imaginaba a Jesús intercediendo por mí, pensaba en los ángeles peleando a mi favor. «Los ángeles del Señor acampan alrededor de los que le temen». Seguí llevando cautivos mis pensamientos, apropiándome de los versículos y haciendo que mis pensamientos fueran como yo quería. Los otros ni siquiera eran mis pensamientos, no puedo siquiera llamarlos míos, no lo eran. Continué reprendiendo al enemigo, leyendo la palabra en voz alta, adorando a Dios y pidiéndole al Señor que me limpiara una y otra vez. Un día, todo se rompió como una cadena pesada de metal que se parte en dos. Había terminado, la noche había pasado, yo había vencido.

Algunas personas me han preguntado por qué creo que sucedió eso. Lo único que puedo pensar es que Dios quería que me hiciera más fuerte, que buscara en la escritura versículos que pudiera aplicar a mi situación para que compartiera mi experiencia con otros que tuvieran luchas constantes en sus pensamientos. Tenía que serle de utilidad a Dios para haberlo permitido. Vencer un desafío mental por medio de Jesús sin duda le da gloria. Eso funcionaría para mí. Nunca volví a enfrentar una lucha como esa.

Perla de Poder

Claridad

Observé en los siguientes meses cómo Dios me estaba abriendo oportunidades más estratégicas en el mundo de habla hispana. Había un artista cristiano llamado Marco Barrientos que me invitó a cantar en dos de sus grabaciones en la ciudad de México. Me sentí muy honrada por ese privilegio. Incluso me quedé en la casa de sus padres por un mes. Mientras estuve ahí, estuve saliendo a caminar alrededor del fraccionamiento privado y estudiando las hermosas casas. Cada una era única. Un día, al dar vuelta en una esquina, vi una casa de estuco rosa con grandes jaulas de pájaros sobre la entrada para los autos, muy cerca de la banqueta. Sentí la urgencia de detenerme y observar. Al mirar los muchos pájaros volando por ahí, me di cuenta de que los amarillos regresaban con sus compañeros amarillos, y los verdes regresaban con sus compañeros verdes, también los azules regresaban con los de su mismo color. Al estar ahí parada me di cuenta de que Dios quería darme claridad. Me había estado preguntando si me casaría con alguien que no fuera de mi cultura; si tendríamos la misma lengua materna, si nuestra apariencia sería similar o completamente opuesta. Como había viajado tanto había tenido la alegría de experimentar muchas otras culturas, me sentía atraída hacia ellas. Eso me dejó preguntándome cuál sería la apariencia de mi esposo, y cuánto tendríamos en común. Yo estaba dispuesta a aceptar lo que Dios me ofreciera, ¡créeme!

Entonces me llegó una suave, pero obvia revelación. En mi espíritu escuché: «Tu esposo será de tu misma cultura, hablará el mismo idioma, tendrá el mismo llamado y se complementarán el uno al otro con sus dones y talentos. Será más lo que tengan en común que lo que no». Bueno, así fue. Estaba decidido, Dios tenía un plan y lo revelaría en su tiempo. ¡Por ahí andaba un gringo que llevaba mi nombre! ¡Estaba feliz de tener esa información!

Perla de Poder

Algunas veces Dios nos da pistas. Él sabe cuando necesitamos otra onza de esperanza e inspiración. Guardamos esas cosas sin aferrarnos a ellas porque solamente el tiempo dirá la verdad de lo que creemos que hemos discernido. Después de todo, no podremos ver el panorama completo hasta que todo se esclarezca. Nosotros vemos las cosas en parte, un poco borrosas, como nos dice la escritura. Pero finalmente, Dios dará a conocer lo demás.

Surprise! ¡Sorpresa!

Cuando estaba todavía en Ecuador, unos pocos años antes, Jim me llamó una noche. Mary y él estaban cenando con un pastor que estaba de visita, se llamaba Richard Mojica. Richard era de Nicaragua pero vivía en Miami. Jim nos presentó y dijo: «Canta algo Fiona». Me sorprendí un poco, pero condescendí con gusto.

«¿Cualquier cosa?».

«Sí, cualquier cosa».

Decidí cantar lo último que había escrito, una dulce, pero conmovedora canción de adoración. Al cantarla, pude ver que lo ojos de Richard se hacían grandes. Él además de ser pastor, era un líder de alabanza, un músico profesional y el director de un grupo de alabanza que ministraba por toda América Latina. Anteriormente en Nicaragua, el papá de Richard había sido el rey de la salsa en los 60. Richard había heredado el increíble talento musical de su papá. Estaba a punto de terminar su última grabación y me preguntó si yo podría considerar ir a grabar a Miami.

203

Le dije que pasaría por ahí rumbo a Nueva York para la Navidad. Acordamos vernos; conocí a su esposa además de a sus hermosos hijos y participé en el proyecto cantando unos cuantos solos, ese fue otro milagro que surgió de estar con Jim y Mary. La verdad es que yo era rara; me encantaba cantar música gospel en español. ¿Qué probabilidades había de hacerlo? Eso no era común, especialmente viniendo de una pelirroja irlandesa estadounidense. ¡Dios se estaba divirtiendo!

Después de haber participado en el proyecto inicial, Richard me invitó a unirme a su grupo para otros conciertos. Luego de dejar Ecuador, seguimos en contacto y canté en unas cuantas grabaciones más. Después de graduarme de la universidad tuve mucha flexibilidad en mi calendario, así que empecé a hacer unos cuantos viajes más largos. Tuvimos conciertos en Canadá, Estados Unidos, El Salvador, Nicaragua, Guatemala, Perú y Colombia.

Una mañana temprano en un día caluroso en Managua, Nicaragua, yo tenía un dolor de cabeza. Había estado hablando en español por dos semanas seguidas sin descanso. La banda de alabanza con la que había estado ministrando estaba formada por tres hermanos nicaragüenses; eran hombres de Dios, muy divertidos, ¡pero yo ya estaba agotada! Le dije al Señor que quería pasar el resto de la tarde hablando con él en inglés. Después de ministrar en el servicio de la iglesia planeé darme un descanso. Me estaba encaminando de prisa a la puerta lateral cuando escuché que el pastor me llamó: «Hermana Fiona», volteé para comentarle mi plan cuando dijo: «¡Tenemos una sorpresa para ti!». Pensé: «¡¡Ohhh auxilio!!», ¡pero ellos eran tan lindos y estaban tan emocionados! Además, el punto principal de estar ahí era ministrar, así que me fui con ellos. Dimos un paseo por el lago Granada. Ese es el único lugar del mundo en el que puedes encontrar tiburones de agua dulce. Nos fuimos en un bote muy bonito, tenía un toldo muy lindo, parecía una góndola; muy agradable. El pastor y su esposa, solo me sonreían, no iban platicando. Pensé: «¡Qué bien!». Parecía como si supieran que necesitaba un descanso. El lago era enorme, tenía alrededor de 400 islotes en la periferia. Algunos de los islotes eran tan pequeños que solo cabría una pequeña cabaña de aluminio cuadrada. Otros eran menos simples, tenían vistas hermosas con casas muy bellas construidas. Íbamos paseando de un extremo al siguiente. Yo estaba feliz de estar callada disfrutando la paz y la tranquilidad del agua, además de las vistas. Ese lago era como un océano, no podías ver el otro lado.

Al dar una vuelta e ir entre dos islas vi una pequeña y bonita casa blanca con un muelle extendido sobre el agua. En el muelle había un hombre mayor mirando en nuestra dirección. De repente oí que gritó en inglés hacia la casa: «¡Mira cariño, es una pelirroja!». Me enderecé y con escepticismo grité: «¿Habla inglés?». Después al voltear con el pastor y su esposa vi que tenían una gran sonrisa. Muy contentos me dijeron: «¡Sorpresa!», ¡Y vaya que me sorprendieron!

¡Eso fue una maravillosa sorpresa! ¡Dios es tan bueno! Sabía lo desesperada que estaba. Nos acercamos al muelle y salí del bote de un brinco para ir a estrechar las manos de ese hombre y averiguar quiénes eran esos dos gringos. Me contaron que no hablaban español y no habían platicado con nadie desde hacía más de cinco meses. Estaban cuidando la isla mientras los dueños, que eran una pareja de misioneros, estaban en los Estados Unidos tomando un descanso que les habían autorizado. Platicamos aceleradamente como durante dos horas tratando de no omitir ningún detalle. ¡Fue divertidísimo! Sentí que era una consentida de Dios; recordé que él sabe cuáles son mis necesidades y se encarga de suplirlas.

Ready? ¿Lista?

Dios siempre me cuidaría, eso lo sabía muy bien. Tal vez no sabía cómo, dónde o cuándo, pero sabía que solo necesitaba confiar y estar ¡lista!

El calor de Managua fue difícil de soportar en este viaje en particular. No había aire acondicionado ni ventilador. Literalmente me fui a la regadera arrastrando los pies a la media noche con mis pijamas puestas, me empapé con el agua fría y me tiré en mi cama viendo el techo mientras gotas de sudor corrían nuevamente por mi cabeza y espalda. No me ayudaba tener el cabello largo hasta la cintura. Me lo sujetaba a la cabeza con una liga enorme. ¡Me estaba asando!

Al día siguiente fuimos a la plaza central de la ciudad porque íbamos a ministrar ahí. Mientras se preparaba la banda, estuvimos esperando que conectaran la electricidad. Yo estaba ahí parada observando a cientos de personas que llegaban a reunirse en el calor y la humedad. Mi piel irlandesa estadounidense necesitaba descansar del sol. Oraba que Dios conectara los puntos (pecas) de mis brazos y piernas porque me encantaba como se bronceaba la gente a mi alrededor. Como de costumbre, me puse color rojo betabel; lo llamaba el «efecto de la langosta hervida». Me veía como langosta hervida.

No había manera de saber cuánto iban a tardar para conectar la energía eléctrica. Yo mientras estaba pensando: «Caray, podría estar dándome un baño con agua fría en este momento». ¡Cualquier hora era un buen momento para darse un baño en Managua!

En ese momento una mujer pequeña vino a donde estaba y me dijo: «Ven a mi casa, está cerca. ¡Tengo una regadera!». Esa era una conversación un poco extraña, pero considerando lo que estaba pensando ¡sonaba como que mi oración estaba siendo contestada! Sonreí y le dije: «Bueno, muy bien. Ahora sí nos estamos entendiendo».

Al entrar por la puerta del frente que daba a la calle principal, vi que había un patio al aire libre con piso de tierra en el centro de su casa. Todos los cuartos salían a esta área principal en forma de U con un agradable y amplio pórtico que conectaba todo. La mujer estaba muy orgullosa de tenerme en su casa. Nos hicimos amigas rápidamente y nos reíamos de lo que estábamos tramando. Yo estaba realmente agradecida con ella. Me señaló el baño y sonrió.

Era un baño muy grande. Cuando entré me di cuenta de que básicamente eran cuatro paredes enormes de cemento. Vi el lavabo y el retrete, pero ninguna regadera. Ella me dijo que tenía una regadera ¿no? Sabía que tenía que estar por ahí en algún lugar. Decidí alistarme y dejé mis cosas en la puerta; entonces la escuché decir: «¿Lista?». Me reí y le dije: «¡Más lista no puedo estar!».

Me fui rápidamente a donde pensé que podría estar la regadera y al mirar hacia arriba noté que había una cuantas grietas en las paredes, y justo frente a mí vi un gran agujero. De repente un chorro de agua como de hidrante de bomberos me golpeó de lleno en la cara. Mi cabeza se movía de un lado a otro solo con la fuerza de la corriente. Estaba muy sorprendida y empecé a reírme mucho, a carcajadas. Escuché que la señora se estaba riendo también. Probablemente pudo haberme advertido, pero fue mucho más divertido así. Ella también se estaba divirtiendo. Ese día aprendí que nunca sabes de dónde vendrá la bendición y la provisión de Dios. ¡Simplemente necesitas confiar y estar lista!

Mi diario:

11 de octubre de 1977

Precioso Señor Jesús:

Aquí estoy otra vez. Ahora tengo 27 años y las cosas no han cambiado. Te necesito ahora como te necesité cuando tenía diecisiete y cuando tenía siete años.

Tú eres mi mejor amigo Señor Jesús. Gracias por caminar conmigo a lo largo de mi vida. Gracias por estar enseñándome constantemente. Gracias por hacerme crecer de tantas maneras y a través de tantas circunstancias.

Entonces, ¿qué sigue Señor?

Parecía que cada tres años aproximadamente, me ponían en una repisa. Así me sentía exactamente antes de ir a Ecuador. Sabía que había más para mi vida, pero no podía siquiera poner mi dedo en eso. Entonces, justo antes de que mi vida de repisa se acabara, siempre venía nueva dirección. Era una prueba, ¿Estoy buscando lo que Dios tiene para mi próximo paso? o simplemente estoy tratando de hacer que las cosas sucedan. Yo luchaba con eso muchas veces y luego, una vez más, volvía a lo principal... seguirle.

Típicamente ayunaba de uno a tres días dependiendo de la situación. Si necesitaba que se abriera un camino, ayunaba tres días. Si necesitaba una unción fresca y una palabra, normalmente era un día. Cuando me tomaba el tiempo para buscar al Señor y escudriñar la palabra siempre había un «siguiente paso» visible frente a mí. Era algo así como un camino mágico que solo se iluminaba por medio de buscar al Señor y esperar su tiempo.

Entonces, ¿qué sigue Señor? Mientras oraba decidí ir a ver a mi pastor, Don Foster para pedirle consejo. Él conocía muy bien mi historia. Al estar con él le compartí algunos de mis sueños y aspiraciones explicándole la encrucijada a la que había llegado otra vez. Había adquirido un trabajo «normal» en una joyería de un centro comercial y estaba perseverando en ser fiel en las cosas pequeñas. Sin embargo, tenía la sensación de que Dios tenía más y no me conformaba con algo promedio. El pastor Foster oró conmigo, después viendo hacia arriba me dijo: «Creo que necesitas hacer una grabación por tu cuenta. Conozco a un hombre que trabaja en la música, le puedes llamar, él está en Nashville. ¿Por qué no lo contactas? Se llama Michael Mellett, es hermano del pastor Ray Mellett». Yo conocía a Michael; fuimos a la escuela bíblica de vacaciones de la misma iglesia cuando éramos niños. Él probablemente estaba haciendo un águila con cerillos apagados mientras yo estaba pintando con los dedos. Bueno, tienes que considerar que él tenía doce en ese tiempo y yo solo ocho. De hecho, nuestras familias tenían una buena amistad.

Su hermano Ray había sido el pastor asociado de esa iglesia por varios años y ayudó a mi papá y a mi hermano durante los tiempos más difíciles del accidente que provocó la parálisis de Kieran. La esposa de Ray, Debbie, había tratado de que nos interesáramos uno en el otro desde que yo tenía dieciséis, pero Michael iba en camino a convertirse en el próximo artista cristiano y yo estaba tratando desesperadamente de ser la siguiente Elizabeth Elliot. No estábamos en el mismo canal, para nada. Muchas veces Debbie llamaba y me invitaba a visitarlos porque Michael estaba de visita por vacaciones de la universidad. Me sentía halagada de que me llamara, amaba a la familia, siempre me la pasaba muy bien con ellos. ¡Eran tremendamente divertidos! Verlos garantizaba un buen tiempo de carcajadas. Iba y cantaba algunas canciones con Michael tocando el piano, nos poníamos al corriente de cómo íbamos, y después, al salir por la puerta, básicamente era: «que tengas una buena vida». Ninguna atracción, ninguna curiosidad, nada a considerar. Era platónico, lo más platónico que pudiera existir, no solo para mí, sino para ambos. Él estaba buscando otras cosas y ambos éramos muy enfocados.

Seguí el consejo de mi pastor y llamé a Michael. Amablemente me ofreció su ayuda y me animó a ir a Nashville para ver las posibilidades de hacer una grabación, así que fui. Mientras estuve ahí, Michael me dejó su departamento para que me quedara ahí y él se fue a casa de un amigo. Eso era típico de Michael, un caballero al máximo. Me sentía muy cómoda con él. Nunca hubo ninguna pretensión. Era sincero y amaba al Señor tanto como yo. Hablábamos el mismo idioma cuando se trataba de nuestra fe.

Le mostré mis canciones a Michael y le gustó lo que estaba haciendo. Un día estábamos adorando al Señor y juntos escribimos una canción, la llamamos *Dulce entrega* [Sweet Surrender]. Michael compartía mi amor por el español aunque no era bilingüe. Era su materia favorita en la preparatoria y fue a México en un viaje misionero, así que decidimos traducir la canción. Quedó perfecta, sentía que estábamos logrando algo. Ahora todo lo que necesitaba eran los fondos para poder hacer la grabación. Un proyecto habitual y limitado como ese podría costar fácilmente 10 mil dólares; eso era barato aun hace años.

Regresé a mi casa ilusionada por lo que vendría. Empecé a visitar bancos para ver qué clase de préstamos había disponibles. Consideré levantar fondos y enfocarme a hacer finalmente mi propio proyecto. Sentía que Dios estaba en él. Este proceso completo me estaba despertando a la posibilidad de un ministerio más grande, una audiencia mayor y muchas más oportunidades. Había cantado en al menos 15 grabaciones hasta ese momento. Incluso había escrito algunas de las canciones grabadas, pero nunca había tenido mi propio proyecto. Esto de verdad sonaba muy prometedor.

Una noche, mientras estaba orando sonó el teléfono; era Michael. Tenía noticias importantes. Lo llamaron para ir a una gira mundial con Billy Joel. Él estaba dudoso al principio pero después de mucha oración, ayuno y una buena plática de corazón a corazón con su pastor, el Señor le dejó claro que debía ir. Era como su propio campo misionero y me estaba pidiendo que orara al respecto. Era un miércoles y él estaba programado para salir a Japón ese viernes. Por supuesto que eso significaba que ya no produciría mi grabación. Recuerdo que levanté mis manos a Dios muy decepcionada, pero todo lo que podía hacer era animarlo. Incluso le di el Salmo 91 y me dijo que era una confirmación, porque era exactamente la misma escritura que el Señor le había dado a él. Pensé: «Oh qué bien, hasta estoy confirmando esto». Sí, estaba contenta por él, pero al mismo tiempo sentí como que me habían desinflado mi precioso globo. ¡Apestaba!

Michael me sugirió otro productor pero la verdad es que no podía concretar mis finanzas, era más difícil de lo que había pensado. Ningún banco estaba dispuesto a correr ese riesgo. Ahora estaba de nuevo en la repisa, y Michael viajando por todo el mundo.

No pensaba promoverme a mí misma, la dirección divina sería la única respuesta. Yo estaba siguiendo mi llamado; le había preguntado a Dios a los 15 años si quería usar mi vida y su respuesta fue *sí*. Ese llamado no se había ido con mis sentimientos, el llamamiento estaba vivo, aunque estuviera trabajando en la joyería de un centro comercial haciendo algo común para cubrir mis gastos. Me acordaba de ser fiel en las cosas pequeñas. No menosprecies el día de los pequeños comienzos.

Cantaba en cafeterías cristianas, ayudaba a liderar grupos de jóvenes, cantaba con el equipo de alabanza de la iglesia y seguía siendo fiel en lo que tuviera delante de mí. Incluso, empecé a soñar con formar mi propio programa de abstinencia. Por supuesto que esto era mientras muchas de mis amigas se estaban casando y siguiendo adelante con sus vidas. ¡Complicado!

Para entonces Michael había estado recorriendo el planeta, hospedándose en hoteles de cinco estrellas y manteniéndome informada de cómo orar. Para febrero de 1998 había regresado a Nueva York y me preguntó si podía ir al concierto del día de San Valentín. Su único motivo era que tuviera un vistazo de pájaro de cómo había sido todo eso para él y que viera por lo que había estado orando. Yo estaba encantada con la invitación y decidí llevar un acompañante. Sí, un acompañante.

Recuerdo estar lista para salir con mi acompañante y oír a mi papá sugiriendo amablemente que guardara mi corazón. ¡Por supuesto! Mi acompañante era el único soltero elegible en toda la iglesia en ese momento, ¡pero claro que lo haría! No era tan fácil, salí con él casi un año.

Durante ese tiempo, Michael me llamaba para ver cómo estaba y mantenerse en contacto conmigo. Una vez me llamó a la casa de «mi acompañante». Recuerdo que me sentí increíblemente incómoda. Fue verdaderamente embarazoso. Yo sabía que me estaba acomodando. Michael era un gran hombre de Dios, el solamente oír su voz me trajo convicción. Recuerdo haber colgado el teléfono y decirme a mí misma: «tengo que salir de esta». Y eso hice.

Recuperarme de esa relación fue duro, me golpeaba a mí misma por muchas razones. Tuve que cortar muchas ataduras fuertes que había en mi alma y una vez más retomar mi diseño original, para lo que fui hecha. La pregunta que seguía persistiendo era si lo había perdido o no. ¿Era este ahora el plan B? ¡Qué tontería! ¿Cómo pude alejarme tanto en este camino tan desviado? Estoy segura de que otras personas se estaban haciendo la misma pregunta. La culpa, condenación y desconfianza de mí misma me acechaban como secuaces. Necesitaba dejar esto atrás y no sabía bien cómo.

Una tarde estando sentada en mi carro a la orilla del lago cerca de la iglesia, abrí mi Biblia y me encontré un versículo muy familiar, 1 Crónicas 17:25-27 (RV60): «Porque tú, Dios mío, revelaste al oído a tu siervo que le has de edificar casa; por eso ha hallado tu siervo motivo para orar delante de ti. Ahora pues, Jehová, tú eres el Dios que has hablado de tu siervo este bien; y ahora has querido bendecir la casa de tu siervo, para que permanezca perpetuamente delante de ti; porque tú, Jehová, la has bendecido, y será bendita para siempre». Cerré mi Biblia de golpe y pensé: «No Señor, yo soy digna de eso. Ya no merezco nada de eso, he cometido demasiados errores».

Entonces una respuesta estruendosa retumbó en mi espíritu: «¿QUIÉN eres TÚ para decir eso? Esto no se trata de TI. Esto se trata de lo que yo hice, necesitas perdonarte a ti misma. Yo ya te perdoné, humíllate a ti misma y acepta mis palabras».

¡Ay! Tenía razón. Era verdad. Mi orgullo me estaba controlando, necesitaba perdonarme a mí misma. Necesitaba creer lo que me había dicho, esa palabra la tenía subrayada desde 1992. La oí con mucha claridad en mi espíritu cuando estaba como misionera viviendo con 75 dólares al mes. Dios había declarado muy enfáticamente que él edificaría casa para mí, lo había prometido, por lo tanto era un hecho. Me arrodillé junto a mi Biblia y en un estallido de llanto dejé que el perdón lavara mi corazón roto.

Esto no se trataba de mí, nunca se trataría de mí. Era por Jesús y por lo que él ya había hecho. Mi parte era aceptar la gracia.

Perla de Poder

Los dones de Dios y su llamamiento son irrevocables. Dios no nos abandonará, él no se retracta de ninguna de sus promesas, nunca está trabajando con el plan B. Él está alineando todas las cosas conforme le rendimos nuestras vidas. Es descabellado, pero es verdad. Oh ¡el escándalo de la gracia! «Si somos infieles, él sigue siendo fiel, ya que no puede negarse a sí mismo». 2 Timoteo 2:13

La economía de Dios

Hasta este punto había estado viviendo con otros, pagando mi alojamiento y comidas. Realmente no sabía cómo sería salir para vivir sola, vivir por mi cuenta... completamente sola. No me sonaba muy atractivo, pero era necesario. Había aspectos de mi carácter y crecimiento que solo podrían ser tratados en la tierra de «sola por mi cuenta». Donde vivía no había camiones o taxis baratos, tampoco dulces empleadas que me ayudaran a lavar mis cosas; todo estaba muy lejos. La renta, el seguro del auto, los alimentos, electricidad, agua, seguro médico, necesidades dentales y otras necesidades básicas estaban en mi cabeza en el archivo de «no estoy tan segura de cómo acomodar eso». Ya antes había pagado cosas, había cubierto mis gastos, siempre tuve un trabajo desde la preparatoria, incluso pagué algunas cosas en la universidad, pero eso de «hazte cargo de todo, todos los días» era nuevo para mí.

No me daba cuenta de que eso era tan importante para Dios como mi siguiente compromiso en el ministerio. Necesitaba una buena dosis de realidad. Dios estaba tratando de posicionarme para ganar. Él sabía que necesitaba crecer en cada área de mi vida y me brindó muchas oportunidades para aprender. ¡Muchas!

Había estado rentándoles una habitación a mis amigos George y Sylvia, una pareja muy querida de la iglesia; vivían en una enorme finca de 8 kilómetros cuadrados, ellos cuidaban el lugar. Me sentía muy consentida de tener ese tiempo con ellos, pero tenía la impresión de que las cosas estaban por cambiar. Un viernes en la mañana oí con mucha claridad algo en mi espíritu: «Fiona, deja tu trabajo».

«¿Qué? ¡Recuerda que el trabajo es lo que paga las cuentas!».

«Deja el trabajo».

Seis meses antes me había ido de la casa de mis papás y estaba tratando de volar casi sola. Estando plenamente consciente de las cuentas que ahora tenía que pagar me sorprendió que Dios me pidiera tal cosa, pero fue tan claro como el agua. Así que solté el trabajo. Mi jefa fue muy gentil conmigo y me preguntó qué iba a hacer después. «Uh, oh», pensé, realmente no sabía qué decirle. «Algo más» le respondí, «¡más de lo que puedo decir ahorita!» y me fui.

El sábado fue interesante porque yo estaba tratando de comprender a dónde iba todo eso. Llegó el domingo y una vez más el Señor me probó.

«Pon todo tu dinero en la ofrenda».

«¿Te das cuenta de que me acabas de decir que renuncie a mi trabajo?» Le respondí a Dios suavemente. «Esperaba usar ese dinero para pagar las cuentas, Señor».

«Haz un cheque».

«¿Por toda la cantidad?».

«Sí».

«Son quinientos dólares… ¿Señor?».

215

«Sí, ponlos en la ofrenda».

¡Por el amor de Dios! Eso era una locura, pero estaba demasiado claro. Mi espíritu estaba completamente consciente, era Dios. Me lo estaba pidiendo todo. Había aprendido a no retener nada, ni de mí ni de ninguna cosa que tuviera, que el Señor me indicara. Hice el cheque y me sentí muy alegre. Parecía ridículo pero en verdad estaba sucediendo. Cuando el recipiente de las ofrendas llegó me reí en voz alta y después literalmente le dije adiós con la mano a ese cheque sin poder creer lo que estaba pasando. Bueno, supongo que estoy empezando un ayuno considerando que todo mi dinero se fue con el recipiente de la ofrenda. ¡Ja! ¡Ja!

Llegó el lunes y decidí ir a la finca para visitar el lago y platicar con Dios. Sí, de verdad estaba ayunando; todo lo que tenía era paz.

Perla de Poder

La cosa más inusual es experimentar una paz profunda que cubre todos tus pensamientos y sentimientos cuando en lo natural debieras estar perturbado. ¿Cómo puedes discutir con la paz? Ella no miente.

Esa tarde recibí una llamada de una amiga, Carollee. Ella escuchó que había un trabajo disponible en la oficina de bienes raíces *Better Homes & Gardens* y les pasó mi nombre. ¡Bien! ¡Eso sonaba muy bien! Al día siguiente llamé, tuve una entrevista y me contrataron. Esta vez estaría ganando casi el triple con beneficios médicos y trabajaría en Main Street, un pueblo histórico y pintoresco cargado de carácter y belleza. ¡¡¡¡Estoy muy bien con eso!!!!

La verdad es que yo realmente no entendía cuánto me

costaría tener mi departamento y estar completamente independiente, ¡pero Dios sí! Me estaba posicionando para cosas grandes. Poco después encontré en renta la más adorable casita de campo tipo inglés de estuco color durazno, estaba en las colinas de mi pueblo natal. Ubicada en un área vacacional, pero la renta era increíblemente accesible. ¡Dios otra vez!

Cuando me cambié estaba esperando que por lo menos tendría una cama de mi casa. Mi mamá supo de una muy querida amiga del club de horticultura cuya mamá había fallecido un año antes dejando una casa llena de antigüedades y muebles finos. Le preguntó si me gustaría ir a darme una vuelta para ver lo que había. Para cuando íbamos saliendo del lugar ya tenía un tocador francés provincial, cortinas largas de seda cruda, fotos clásicas con elegantes marcos de oro, un enorme sofá de terciopelo verde irlandés y pluma de ganso, una mesa china de marfil para café labrada a mano, dos sillas que hacían juego, mesas laterales de madera labradas a mano y un porta ollas de metal con las doce tribus de Israel de la Tierra Santa. ¡Oh Dios eres increíble! Mi mamá y su amiga Vora fueron extremadamente generosas. Hicieron muy buenos tratos y yo fui la humilde receptora. ¡Humilde y agradecida!

Me encantó mi nuevo hogar, mi nuevo trabajo y mi recién encontrada libertad. Mi jefa Ellen, me entendió muy bien. Era un encanto y tuvo una gran paciencia mientras aprendí el funcionamiento de la oficina. Había un poco más de 30 agentes, la mayoría mujeres, todas con diferentes personalidades. Esto me dio oportunidades ilimitadas para crecer y madurar. ¡Me estaba transformando!

DOCE

Una llamada inesperada

«Porque yo sé muy bien los planes que tengo para ustedes,
afirma el Señor, planes de bienestar y no de calamidad,
a fin de darles un futuro y una esperanza».
Jeremías 29:11

Poco después de haber empezado esta nueva etapa
empecé a buscar a Dios una vez más respecto a mi futuro.
A pesar de que amaba mi trabajo sabía que había más. Las
naciones todavía me llamaban. Decidí ayunar una vez a la
semana para orar acerca de mi futuro, no por mi esposo y
mis hijos. Oraba específicamente por mi futuro ministerio. Ya tenía 28 años y creía con todo mi corazón que Dios
todavía quería usar mi vida. Una vez más estaba respondiendo al llamado; con o sin esposo seguiría el llamado
de Dios en mi vida. Mi pregunta era: «¿Perú o Bolivia Señor?». Había visto tanta necesidad ahí y amaba tanto a la
gente que pensé que podría ayudar en uno de esos lugares.
Dominaba el idioma y podía ministrar con bastante efec-
tividad. Esta vez reduje mi enfoque a estos dos países; seguramente sería Perú o Bolivia.

Después de ayunar un día a la semana por seis meses,
recibí una llamada inusual. Era mi amigo Michael Mellett,
el que iba a producir mi grabación y terminó yéndose de
gira alrededor del mundo con Billy Joel. La gira había terminado y estaba invitado para ir a la celebración de los 50
años de Billy en Nueva York. La invitación decía *Michael*

Mellett e invitada. Me llamaba para preguntarme si podría ser su invitada. Pensé que sonaba muy bien y le dije que oraría al respecto. Él estaba agradecido por mi respuesta y me dijo que esperaría mi llamada.

Después de que colgamos llamé a mis papás. La conversación fue la siguiente:

«Hola, Michael Mellett me acaba de llamar para preguntarme si me gustaría ir a la fiesta de 50 años de Billy Joel en Long Island».

«¡¿MICHAEL MELLETT?! ¡VE!».

«¿Ni siquiera van a orar al respecto?».

«¿Michael Mellett? No necesitamos orar por eso. Debes ir Fiona».

«Está bien, entonces yo oraré».

Me gustó mucho que su respuesta no tuvo nada que ver con Billy y tuvo todo que ver con Michael. Pero aún así, yo sabía que alguien tenía que orar. Oré y sentí paz. Paz significa ¡ve! Le llamé a Michael para confirmar. Le encantó que no le dijera *sí* demasiado rápido y respetó que quisiera consultar primero a Dios. No estaba dispuesta a tomar «lo que fuera» que pareciera una buena oportunidad. Esa semana cumpliría 29 y ya no estaba para jueguitos. Tenía que oír que Dios estuviera de acuerdo, o eso solo sería otra distracción. Mi cumpleaños era el 27 de abril y la fiesta sería el 8 de mayo. Era inminente.

Mi momento Ester

Entonces, ¿qué se debe poner uno para ir a una fiesta de Billy Joel? La invitación no decía nada de eso. Empecé a orar por eso también. Quería representar bien a Michael; había sido un testigo muy fiel esos dos años y quería ser realmente una bendición para él. Al orar sentí que el Señor me decía que comprara un atuendo nuevo. Después me dijo que me comprara zapatos nuevos, después joyería nueva y maquillaje nuevo. ¡Todo eso parecía más bien un cambio de imagen! Probablemente estás pensando: «Sí como no, ¡lo que pasa es que a ti te gusta comprar!». No, realmente no es así. No soy de las que se ponen como locas peinando los anaqueles de ropa, tampoco me gusta recorrer los centros comerciales por horas. Realmente no me gusta tener un millón de opciones. Siendo un tipo de persona moderada me impresionó mucho que Dios me dijera claramente que comprara todo eso, incluyendo el maquillaje. Tampoco sentí que debía ir a buscar las mejores ofertas; ¡simplemente se suponía que debía verme muy bien! Ahora que lo veo en retrospectiva, ese era mi momento Ester y ni siquiera lo sabía. ¡Dios me estaba ayudando a verme elegante!

Al día siguiente platiqué del evento con las compañeras de la agencia; se hizo todo un alboroto. Me animaron a ir a ver unas boutiques que estaban por la calle Main. Durante el receso de la comida fui a probarme algo y corrí a la oficina para mostrárselos. ¡Fue muy divertido! Algunas comentaron que debía probarme algo más sexy, pero yo sabía que necesitaba sentirme cómoda con lo que llevara y ser yo misma. No estaba tratando de impresionar a nadie. Solo quería verme hermosa.

Un día encontré un hermoso traje sastre (Sí, eso era popular en ese tiempo ¡ja!). El traje sastre tenía material arrugado grisáceo azul oscuro con grandes solapas de raso. Me sentía glamorosa y también libre. No quería distraerme con mi propio atuendo ni estar demasiado consciente de mí misma. Eso estaba perfecto, complementaba muy bien mi cabello y mis ojos. Era de una boutique, así que sabía que nadie llevaría el mismo atuendo. No necesitaba la opinión de nadie más. Podía estar satisfecha con algo de acuerdo a mi estilo y comodidad. Después faltaban los zapatos, el maquillaje y la joyería. La tienda departamental

Macy's me llamaba. Nunca antes había comprado «maquillaje profesional». Ni siquiera sabía por dónde empezar, pero pensé que encontraría todo en *Macy's*. Tenía razón; ¡hasta fue muy divertido! Me sentaron en una de esas sillas altas mientras alguien examinaba con detenimiento mi color. Me probaron una variedad de colores en los ojos, mejillas y labios hasta que estuvimos satisfechos. ¡Me veía muy bien!

Cuando llegué a la joyería, una vez más me sentí atraída a las perlas, así que me fui directo a ellas. Gargantilla de perlas y aretes de perlas para hacer juego con mi anillo de perlas, ¡lista para salir! Yo era *La Perla preciosa de Dios* en otra misión... esta cambiaría el curso de mi vida.

Perla de Poder

Dios ama ser aquel que guía a una mujer a su momento Ester. Le encanta ayudar para que se vea hermosa, pero más que sus prendas externas o adornos, él quiere formar su corazón de tal manera que se convierta en el atributo más hermoso que porte. Ella sobresale en medio de una multitud, no porque camine como modelo, o sus palabras sean elocuentes, sino por su escandalosa belleza que viene de un corazón que está completo en Cristo. Ella está segura, confiada y desinhibida. Es la Perla preciosa de Dios.

Fiesta del cumpleaños 50 de Billy Joel

De mi diario: 8 de mayo de 1999

Querido Señor Jesús:

Hoy presento mi vida en sacrificio a ti. Ahorita hay

tantas distracciones... zapatos, maquillaje, joyería, cabello. Oh Señor permite que me interese más por mi espíritu y por acercarme más a ti; por favor aquieta mi espíritu. Ayúdame a poner mis ojos solamente en ti, quiero ofrecerte cada pequeño detalle a ti.

Te pido que me des un corazón de intercesor; también te pido que me sanes de este resfriado. Señor, oro pidiéndote que no me preocupe tanto por como me veo o como me siento, sino por estar sintonizada con tu Espíritu y fluir contigo.

Tu Fiona

Las dos semanas se me pasaron muy rápido. Antes de darme cuenta ya era el 8 de mayo. Michael llegó en un *Mustang* rojo fuego último modelo. ¡Estaba listo! Yo, por otra parte, traía el cabello recogido en una colita de caballo y mi nariz estaba congestionada. El calentador de agua de mi casa se había descompuesto, me quedé sin agua temporalmente. Tenía un resfriado y ¡ni siquiera había podido bañarme! No había presión porque estaba con Michael Mellett, éramos amigos y no estaba tratando de impresionarlo. Simplemente le conté cuál era mi situación y él, siendo una persona relajada que siempre piensa en buscar soluciones, me dijo que podía arreglarme en su cuarto, en el hotel que Billy había rentado para sus invitados. Estaba a unos cuantos kilómetros de la casa de Billy en los Hamptons. Me llevé todas mis cosas para arreglarme y nos fuimos. Al ir en camino, Michael oró para que me sintiera mejor, bendijo nuestro viaje y tiempo juntos. Oramos pidiéndole a Dios que nos usara de manera poderosa y la luz de Jesús brillara con fuerza. Long Island estaba a dos horas de viaje así que nos detuvimos y compramos toda clase de provisiones; todas las cosas más importantes para un viaje de esta naturaleza: pastillas de chocolate *M&M*, papas fritas, café y más chocolate. ¡Me empecé a sentir mejor! ¡Ja!

Ya que estuve lista, Michael me dijo que me veía hermosa; sabía que lo decía sinceramente. La verdad es que me sentía hermosa. El empleado del hotel incluso nos elogió al ir saliendo y nos pidió tomarnos una foto.

Esta no era la primera vez que alguien nos pedía a Michael y a mí tomarnos una foto. En una ocasión, cuatro años antes, nos encontramos en la ciudad de Nueva York para platicar acerca de la posibilidad de trabajar en mi proyecto musical. Michael estaba cantando en el *Waldorf Astoria*, así que aprovechamos su viaje para vernos y hablar de negocios. Más tarde decidimos caminar por el famoso Centro Rockefeller. Era en la época de Navidad y estábamos platicando entre cuatro hileras de ángeles dorados de tres metros de altura con trompetas, cuando un hombre que vendía gorras de beisbol de los *Yankees* nos preguntó si nos gustaría que nos tomara una foto. Le dijimos: *claro, ¿por qué no?* y después nos preguntó si estábamos en nuestra luna de miel. ¿Qué? Le aseguramos que no estábamos casados y lo tomamos como broma. ¡Ja, ja ja!

Ahora estábamos muy bien arreglados circulando por esa hermosa carretera rumbo a la casa de Billy. Era un camino pequeño con setos altos, muy parecido a Irlanda. El cielo estaba nublado, y había un leve rocío. De repente vimos a unos hombres en el camino con gabardinas haciéndonos señas para que nos detuviéramos en una pequeña entrada para autos. Era una reja muy sencilla con un panel de seguridad. Nos pidieron nuestros nombres y licencias de manejo y nos hicieron señas para que continuáramos. Recorrimos una distancia y después entramos a algo que parecía un espacio abierto en un campo. Vi una casa grande en uno de los lados, pero me di cuenta de que debía ser la casa de huéspedes porque la mansión de 40 millones de dólares podía verse a la distancia. Había veleros antiguos en ambos lados del camino, metidos en el césped. Eso trajo un nuevo significado a la expresión *decoraciones para el jardín*.

En ambos lados de la casa había patios, esculturas, y fuentes; era imponente. Una enorme fuente estaba perfectamente colocada en el centro del camino, hecho este, de piedritas amarillas en la entrada principal. Diez sirvientes vestidos con esmoquin estaban alineados a los lados de las puertas con guantes blancos. Nos miramos uno al otro, asombrados sonreímos y dijimos: «Bueno, ¡aquí vamos!».

La experiencia fue bastante surrealista. Al caminar a través de la casa rumbo a la fiesta vimos que había regalos por todo el vestíbulo. Motocicletas *Harley Davidson* con moños rojos, pinturas elaboradas, esculturas de veleros y muchas cajas hermosamente decoradas. Michael le compró a Billy una réplica de un bote específico que le encantaba y yo le escribí una canción. Sí, eso es lo que me vino al orar por él esa mañana. Estaba un poco vacilante con la idea, pero cuando oré lo sentí muy claro. Lo chequé antes con Michael y después escribí la canción cuidadosamente en mi tarjeta. Se requería ser valiente pero lo hice. No recuerdo la melodía, pero esto es lo que escribí...

De mi diario:
8 de Mayo, 1999

Canción para Billy Joel en su cumpleaños número 50

Olas en la noche

Tu gracia es sin fin, tu toque y profunda paz

Perfecto tu amor, derramándose sobre mí, el más dulce abrazo

Y siento tu presencia fluir sobre mi corazón

Rodar sobre mi vida

Como olas en la noche

Y aunque no pueda verte

Sé que estás moviéndote, moviéndote aún

Fiel y verdadero

Te has aferrado a mí

Como olas en la noche, fiel eres tú

De niño, mis mejores recuerdos

Eran correr por la playa sin

preocupación y libre

Al pasar el tiempo oro que siempre regrese a este lugar

Donde yo sé que mi libertad está en ti

Y siento tu presencia fluir sobre mi corazón

Rodar sobre mi vida

Como olas en la noche

Y aunque no pueda verte

Sé que estás moviéndote, moviéndote aún

Fiel y verdadero

Te has aferrado a mí

Como olas en la noche, fiel eres tú

Y en la mañana al amanecer

Cuando sale el sol y puedo ver otra vez

Es tu misericordia y tu fidelidad

Fluyendo a través de mí sin parar

Pegada a la casa de Billy había una carpa con capacidad para 400 o más invitados. Estaba forrada de un material muy elaborado, con diversas elevaciones como si fueran cortinas de un gran teatro. Había urnas gigantes con cientos de dientes de ajo y limones así como una variedad de frutas frescas y vegetales. Esto, por supuesto, era solo para decoración. Una orquesta compuesta por treinta músicos y el cantante original del tema de *El Padrino* estaban en una plataforma detrás de la pista de baile; la carpa entera tenía piso de parquet de madera. ¡Era extraordinario!

Esperamos detrás de Billy, mientras terminaba una conversación con su mamá. Antes de que Michael pudiera decir algo, Billy se dio la vuelta y me dio un gran abrazo. ¡Le encantan las pelirrojas! ¡Favor! Michael simplemente se rió y simuló ser un extraño que se presentaba solo. Hay un alivio y gracia al no tener ninguna pretensión. No tenía nada que probar, no tenía que impresionar a nadie y no tenía ninguna agenda. ¡Nos la pasamos muy bien! Fue como estar en la boda de uno de mis primos. Disfrutamos nuestra cena de siete tiempos, muchas conversaciones interesantes, hicimos un recorrido por la casa, incluso bailamos al lado de Christy Brinkley. Ella era la única persona a la que había reconocido hasta que Michael señaló a algunas de las personas y me dio sus nombres. Cuando estábamos en la pista de baile, Liberty Devito, el baterista de Billy hizo gestos como de que me iba a mojar. Él es un hombre delgado y pensé que mejor lo mojaba yo a él, así que eso hice. Paul Reiser de *Loco por ti* y su esposa nos estaban mirando. Disfrutaron mucho la inesperada bañada. Me daba cuenta de que Michael también se estaba divirtiendo mucho. Nunca antes había conocido a esta *Fiona*. Nuestros encuentros habían sido solo reuniones, ¡esto era solo por diversión!

Michael me señaló a Kathleen Turner, una actriz famosa que yo recordaba de *Joya del Nilo*. Se detuvo a un lado de mí mientras esperaba un *ginger ale*. Me volteé y le dije: «Hola Kathleen». Me miró tratando de recordar un nombre.

«¡Fiona, Fiona Delamere!». Le dije, como si debiera saber. Con su voz profundamente dramática me preguntó en qué me había ocupado últimamente, así que le dije: «Tú sabes, lo mismo de siempre». Sonrió intrigada por mi vaguedad. Creo que en un punto estaba tratando de recordar en qué películas había estado yo trabajando, en ese momento Michael apareció.

«Buenas noches Kathleen». Miró a Michael también como tratando de recordar un nombre.

«Él es Michael Mellett», le dije.

«Entonces, siendo que mañana es el día de las mamás...», ignorando si ella era mamá, le dije rápidamente: «¿te van a llevar el desayuno a la cama?». Me miró con los ojos más abiertos.

«¡Por supuesto!».

«Al menos puedes esperar un cereal». Añadió Michael. Kathleen tomó a Michael del cuello y con todo el recato de Hollywood le dijo: «odio el cereal».

«Odia el cereal» repitió Michael con el mismo drama.

Entonces, con un movimiento de su brazo, hizo una reverencia y agregó un profundo: «Buenas noches». Después caminó hacia atrás como si una cortina estuviera a punto de cerrarse. ¡Estuvimos muy divertidos!

Michael me miró sorprendido: «¿Qué fue todo eso?». Encogí los hombros y le dije que tal vez estaba preguntándose en qué película estaba yo trabajando. ¡Nos reímos mucho! Fue brillante.

Después de caminar por el lugar y de visitar la colección mundial de instrumentos de Billy, su escultura de bronce tamaño natural de *La última cena*, una extensa sala con tres áreas individuales para grabar con un piano de cola cada una, una magnífica biblioteca en una rotonda, un espectáculo de fuegos artificiales de *Long Island Sound*, y admirar el esplendor de todo alrededor, nos sentimos muy privilegiados de haber tenido ese honor. Este no fue un evento ordinario, fue una fiesta de tres días.

Cuando llegó el momento del pastel, llevaron una obra maestra culinaria de más de 3 y medio metros a la pista de baile. Hubo «ohhh» y «ahhh» y después canciones y baile. Muchas veces Michael y yo cruzamos miradas simplemente compartiendo el asombro. Estábamos de acuerdo en que a lo largo de la noche se presentaron muchos «esto es ridículamente asombroso».

Michael me presentó a un hombre alto, muy amable llamado Phil Ramone. Le sonreí y le di un gran abrazo, era como un osito de peluche. Fue hasta después que Michael me dijo quién era quién. Entonces me enteré de que Phil había producido a Mariah Carey y a otros increíbles artistas. Me encantó no haber sabido eso porque me dio la libertad de simplemente amar a las personas y conectarme con ellas como personas. Fui respetuosa, pero definitivamente di muchos abrazos. La gente necesita abrazos.

Michael y yo nos sentamos y platicamos acerca del sueño en el que estábamos sumergidos a nuestro alrededor, tratando de recordar los detalles para platicar a la familia y amigos. Para ese momento la carpa estaba ya vacía y no había nadie en la pista de baile, pero la orquesta continuaba tocando como si estuviéramos en *Carnegie Hall*. Me recordó la película de *Sabrina*. La música estaba lenta, suave y flotando en el aire como un perfume costoso. Por un segundo pensé: «Qué desperdicio» y decidí preguntarle a Michael si le gustaría bailar. Lo tomé un poco desprevenido sabiendo que la música estaba lenta y eso nos pondría en una posición un poco más vulnerable, pero con

gusto aceptó. Los músicos aprobaron con la cabeza y sonrieron porque nos atrevimos a ir a la pista. Con una mano
en su hombro y la otra en su palma, cerré los ojos cuando
encontramos el ritmo. Estaba inusualmente cómoda, la
música era tan hermosa que me sentí un poco perdida en
ella. Realmente no quería abrir los ojos, pero de repente
recordé que uno de los postes que sostenían la carpa estaba
en alguna parte en medio de la pista y esperaba que no
fuéramos a chocar con él. Dije en voz baja:

«¿Tienes los ojos abiertos?».

«Oh, ahí está el poste», dijo con tranquilidad.

Fue entonces cuando me di cuenta de que él estaba
tan cómodo como yo; también estaba pensando lo mismo
con los ojos cerrados. Al final de la canción aplaudimos a
la banda y decidimos que era tiempo de irnos. ¡Qué día!

La visión

Durante el camino de regreso nos maravillamos de los
momentos en los que vimos la mano de Dios en medio
de todo el ambiente y la pompa. Uno de los miembros de
la banda me dijo: «Michael Mellett es tan buen hombre.
Nunca podría ser como él». «Sí, ¡si puedes!». Le respondí.
«Lo que Michael tiene es dado por Dios, Jesús lo hizo. Muchas veces nos aferramos a lo que es falso porque es todo
lo que conocemos. Es como aferrarnos a perlas de plástico
rosas cuando Dios tiene lo que es real; perlas finas *Miki-
moto*. Debemos dejar ir lo que es falso y apropiarnos de
lo real. Eso es lo que hizo Michael y Dios puede hacer lo
mismo en tu vida; esa es la verdadera vida». Sacudió su cabeza, pero la verdad ya estaba ahí, era una semilla. Eso es
todo lo que necesitaba para comenzar. Alabamos al Señor
por haber cumplido bien la misión en la fiesta. Nos habíamos divertido muchísimo y sabíamos que Dios nos había
capacitado para ser sal y luz.

Mientras íbamos por la autopista orando y adorando, el Espíritu Santo inundó el carro. La Biblia dice *acérquense a Dios y él se acercará a ustedes*. Es exactamente como nos sentíamos. Fue muy dulce y se sentía mucha paz. Después sucedió algo verdaderamente sobrenatural. Fue como si una pantalla plana de TV bajara frente a mí de la nada y abriera una cortina a 15 cms. de mi cara. La pantalla probablemente era como de 60 cms. Pude ver a Michael y a mí dirigiendo alabanza con una banda muy grande frente a miles de personas en Irlanda. Parecía como un auditorio y había una gran cortina azul en la parte de atrás. No puedo explicarte cómo o por qué sabía que era Irlanda, pero sabía que lo era. No recuerdo si fue Dios quien me lo dijo porque yo estaba verdaderamente desconcertada, fuera de mí ¡por decir lo menos! Después se cerró, me volteé hacia mi ventana y dentro de mí susurré: «¡DIOS! ¡¡¿¿Qué estoy haciendo dirigiendo alabanza con Michael Mellett... en Irlanda?!!!». No obtuve respuesta. Traté de actuar como si nada hubiera sucedido y decidí que eso sería algo que guardaría solo para mí. No le diría absolutamente nada a nadie.

Cuando llegamos a mi casa, Michael se mostró más interesado en cuanto a dónde vivía y cómo era mi vida. Lo invité a entrar a mi casita de campo de estuco color durazno y le mostré todo lo que el Señor me había dado. Hasta le presumí que hacía mi propia mantequilla con miel, la cual insistió en probar y quedó muy bien impresionado. Me dijo que regresaría en un par de semanas con unos amigos a Nueva York y que se mantendría en contacto. ¡Después se fue en su *Mustang* rojo fuego!

¡¡¡Qué día!!! Estaba sobrecargada. Ya con la pura fiesta tenía suficiente información como para asimilarla en varias semanas, pero además, encima de todo eso, la visión, UNA VISIÓN REAL. Honestamente no sabía qué hacer con ella. Tampoco quería hacer nada con ella porque no podía siquiera entender nada de todo ese asunto. Conocía a Michael desde que tenía ocho años. Era un *chico muy amable*. No había atracción entre nosotros; él iba a ser el siguiente Michael W. Smith y yo la siguiente Elizabeth Elliot, no tenía sentido. Sí, me sentía cómoda al estar con él, pero no había ni un indicio de coqueteo. Esto era diferente, así que decidí hacer todo a un lado, mantener mis ojos en Jesús y buscarlo para lo que vendría enseguida. «¿Perú o Bolivia Señor?».

Al día siguiente Michael me llamó para reflexionar en la experiencia que tuvimos. Era mucho que absorber en muy corto tiempo. Ya que habíamos compartido esa experiencia tenía mucho sentido platicar de ella y recordarnos uno al otro los detalles. Teníamos una fresca y profunda sensación de gratitud y asombro. Eso me hizo darme cuenta de cuánto había disfrutado verdaderamente su compañía. Qué gran amigo, era bueno estar en contacto.

Perla de Poder

Es muy valioso para una relación cuando ha habido amistad verdadera establecida fuera de la esfera de las emociones y el inestable juego del coqueteo; cuando no hay otra intención que la bondad. El coqueteo no es sincero, es como el sarcasmo del romance. Es difícil tener una lectura apropiada de una relación cuando hay juegos de por medio. El amor debe ser sincero o simplemente no es amor...no es amor conforme a Dios, amor fraternal, ¡o amor romántico!

¿Perú, Bolivia o NASHVILLE?

Un día, mientras estaba orando, curiosamente empecé a sentir que debería darme una vuelta a Nashville. «¿A Nashville Señor? ¿Qué hay en Nashville?» Claro que Michael estaba ahí y gran parte de la industria de la música cristiana, pero yo estaba buscando ministerio, puro ministerio. Pensé que se lo mencionaría a Michael cuando regresara

Unas semanas después Michael vino a la ciudad Nueva York, pero no me llamó. Se hospedó en el famoso hotel *Four Seasons* para un concierto especial ese viernes. Como no me llamó esa semana, hice una cita con el doctor y empecé a llenar mi calendario. No iba a quedarme ahí sentada tronándome los dedos esperando una invitación. Estaba un poco molesta. «¿Mmm? ¿No que éramos amigos? Dijo que me llamaría». Nada.

Para el viernes ya estaba algo disgustada pero de ninguna manera lo iba a llamar. Además, ahora ya estaba muy ocupada. ¡Ja! Tenía que trabajar hasta las 5:00 p.m., ir a la cita con el doctor, pasar a ver a mis papás y convivir con la familia. Tenía lugares a donde ir, personas que ver, cosas importantes por hacer, lo que fuera. Con todo eso, de todos modos ¡nunca lograría llegar a tiempo! aún si tuviera una invitación, la cual NO TENÍA. ¡¡¡Pero no me preocupaba no tenerla!!! «¡¡Que te la pases bien con tus "amigos" MICHAEL MELLETT!!».

Estaban construyendo en el local que estaba al lado de mi oficina, se escuchaban muchos golpeteos fuertes y un odioso ruido de taladros.

«¿Puedes siquiera pensar con todo ese ruido?» me preguntó mi jefa al acercarse a mi escritorio.

«Sí, claro. ¡Estoy BIEN!».

«¿Por qué no te vas temprano hoy?» Preguntó.

«No, no te preocupes, está bien».

« Insisto. No soporto ese ruido y no voy a permitir que te quedes. Por favor vete temprano».

«Está bien». Contesté lamentándome.

Entonces sonó el teléfono. Era del consultorio de mi doctor: «Lo sentimos mucho, pero tendremos que reprogramar su cita».

«¿Cómo?». «Dios, ¿qué está sucediendo?»

Me fui a casa de mis papás y no había nadie. Mira nada más, ¡tantos lugares a los que tenía que ir y tanta gente que tenía que visitar! Decidí llamar desde ahí a mi casa para escuchar los mensajes de la contestadora. Escuché: «Hola Fiona, soy Ray Mellett (el hermano de Michael). Michael está en la ciudad de Nueva York, deberías echarle una llamada. Si no estabas pensando en hacerlo, creo que realmente sería una gran idea». Fin del mensaje. Me dije a mí misma: «No, no debería llamarle. No estoy pensando en llamarle» y colgué.

Entró mi hermana menor Diedre, ella es 12 años más chica que yo. Tenía 17 en ese entonces. Le conté lo que estaba pasando y me escuchó muy atenta. Le expliqué por qué no debía llamar a Michael, le dije que tampoco tenía nada que ponerme; además no iría yo sola.

Ella sonrió y me dijo: «Deberías llamarle, yo te acompaño. Aquí hay un vestido que puedes usar». Para que sepas, ella mide poco más de 1:50 mts y el vestido me quedó perfectamente bien.

«Hola Michael. Ray llamó y me dijo que... ¿debería llamarte?».

«¿Te veo en el hotel *Four Seasons*?».

«Está bien, no tengo otro compromiso...».

«Sí, Deirdre puede ir conmigo».

«Muy bien. Te veo ahí entonces».

¿QUÉ? ¿Cómo sucedió eso? ¿Puedo seguir enojada? Supongo que ya no puedo seguir así. Voy a Nueva York ¡con mi hermanita!

¡Oh! el drama de la especie femenina y su completa

recuperación. Bajo el conjunto de circunstancias correctas, ella es más que capaz de lograr lo milagroso. En un momento llorando y al siguiente riéndose. Puede hacerse un completo cambio de imagen en menos de cinco minutos y salir caminando en tacones como si absolutamente nada la hubiera perturbado. La gracia en su máxima expresión me estaba levantando y ayudando a sobreponerme de mí misma y a salir por la puerta. Era una cita divina. Todo el cielo debió haber estado aplaudiendo ya se requirió de unos cientos de ángeles para que me encaminara en la dirección correcta. Mi príncipe me estaba esperando. Como diría mi futuro suegro tan elocuentemente a la que sería mi suegra el primer momento en que se conocieron: «Esto es más grande que nosotros dos cielo». Ciertamente, era más grande que Michael y yo.

De mi pueblo natal a Manhattan normalmente es poco menos de una hora de camino. Nos metimos a mi pequeño Mercedes negro de dos puertas, diesel, el mejor auto usado que he tenido. No pasó mucho para que pudiéramos ver todas las luces de la ciudad. Me maravillé de cómo Dios hizo que eso sucediera. Era más que una mera coincidencia; el destino estaba llamándonos una vez más.

Deirdre y yo nos divertimos muchísimo. Después del concierto fuimos a una cafetería con Michael y su mejor amigo Kip. Durante la conversación abordé el asunto de darme una vuelta a Nashville. Kip me preguntó para cuándo me gustaría ir. Le pregunté si estarían muy ocupados el fin de semana de *Memorial Day*, un par de semanas después. Kip rápidamente respondió: «Como sea, acomodaremos nuestras actividades, ¡solo ve!». Michael lo miró sorprendido por su franqueza y estuvo de acuerdo. Lo programamos; tomaría un largo fin de semana para echar un vistazo y ver la posibilidad de un cambio. Dos semanas después estaba volando a Nashville, Tennessee. Mi jefa incluso que me dijo que tomara un día más si lo necesitaba. (¿Qué jefe te dice eso?).

Michael había comprado una casa nueva, un pequeño y dulce sitio en el distrito histórico. Llenó todos los maceteros con flores frescas y pintó el cuarto de visitas. Tenía muy buen gusto en arte y decoración, una colección de cámaras viejas, electrodomésticos clásicos, mucho cromo y colores neutrales, muy masculino y muy Michael. Me mostró los alrededores, me llevó a caminar, me presentó a sus amigos, y adoramos al Señor con su piano eléctrico *Wurlitzer*. La convivencia la mantuvimos muy cándida y abierta. Cuando me llevó al aeropuerto me dijeron que mi vuelo estaba cancelado. Lo llamé para avisarle y antes de que me diera cuenta estaba a mis espaldas diciendo: «Misma hora, misma estación, ¿mañana?».

«Sí» sonrió el empleado de la aerolínea.

Llamé a mi jefa y por alguna razón no estaba sorprendida.

Al día siguiente almorzamos con los amigos de Michael y uno de ellos mencionó sobre un trabajo en la iglesia. Más tarde pasamos a preguntar. Mientras estaba llenando la solicitud, la administradora principal McLauren nos informó que ya no estaba disponible ese puesto. Después me preguntó si de todas formas me podía entrevistar, eso fue muy sorpresivo considerando que acababa de decir que no había nada disponible. Cuando le compartí por lo que había estado orando, sonrió y me dijo: «Me gustaría tener un lugar aquí para ti, me caes muy bien». El sentimiento fue mutuo, tenía un espíritu similar, era un hecho.

Rumbo al aeropuerto, esta vez Kip en el asiento del copiloto volteó y me preguntó: «Entonces, ¿qué vas a hacer?».

«Pues todavía no sé. Creo que oraré y veré qué sigue».

«Sabes exactamente lo que tienes que hacer», respondió enfáticamente.

«Bueno, no estoy segura».

«Sí, si estás segura. Necesitas venirte a vivir aquí. Sería como una bofetada en la cara de Dios si no te vinieras».

¡Vaya! Eso fue muy directo.

Kip no decía mucho, pero cuando abría la boca siempre sonaba como si tuviera información extra de la que yo no estaba enterada.

Solo me reí y le dije: «Está bien».

Al abordar el avión ese día no tenía respuestas importantes, pero tenía una sensación muy grande de expectación. Había paz y un sentir verdadero de destino divino detrás de todos los detalles.

El siguiente día McLauren llamó de la iglesia diciendo que el día anterior no había tenido un trabajo que ofrecerme, pero que ahora sí. Su asistente dejaría el trabajo y le avisó esa mañana con solo dos semanas de anticipación.

«¿Cómo, en serio? ¡Está bien!».

«¿Podemos programar una segunda entrevista? ¿Puedes volar mañana?». Me preguntó.

«Mmm, sí ¡claro! Respondí un poco escéptica.

¿Qué iglesia le pide a una joven que vuele para hacerle una segunda entrevista para ser la asistente de la administradora? Como si no hubiera suficientes jóvenes en Nashville de las que pudiera escoger. ¡Esto era muy cómico! Ninguna iglesia hace algo así. Estoy muy segura de que Dios estaba detrás de todo eso. ¡Él es muy divertido!

Cuando regresé a contarle a mi jefa sobre las posibilidades de este nuevo trabajo, me apoyó mucho. Ella sabía que había más cosas implicadas que solo un trabajo. También Ester lo sabía, la gerente de la oficina, una señora judía de edad avanzada.

Ella vino y se sentó en mi escritorio.

«A ver, háblame de este Michael».

Le di algunos antecedentes de nuestra amistad, historia y lo que había sucedido. Me miró inquisitivamente; así que le repetí la parte de que éramos *solo amigos*.

«Sí, sí, continúa diciendo eso» me respondió.

Se sentó por un momento y después dijo una palabra que nunca antes había oído: ¡*Basherter!*

«¿Perdón?».

«¡Basherter, Basherter!».

«¿Qué significa eso?».

«Es judeoalemán. Una antigua palabra judía».

«Bien, pero ¿qué significa?».

Se me acercó con determinación y dijo: «Lo que es ordenado por Dios es ordenado por Dios».

Los ojos se me abrieron de asombro.

«Una pareja hecha en el cielo», me dijo. Después se levantó y se fue.

Me senté aturdida preguntándome cómo podría ser posible. Es que realmente no tenía mucho sentido. Yo me iba a casar con un pastor, evangelista, misionero o al menos alguien en el ministerio que hablara español e iríamos por todo el mundo. Sin embargo, mi espíritu estaba muy cómodo con la idea. Algo se estaba haciendo más claro en mi interior. Realmente no podía ponerlo en palabras, ¡pero algo estaba sucediendo!

Perla de Poder

No necesitas saber todos los detalles para seguir a Dios, lo que necesitas es confiar en él. Algunas veces el siguiente paso no aparece hasta que levantas el pie. «Confía en el Señor de todo corazón, y no en tu propia inteligencia, Reconócelo en todos tus caminos, y él allanará tus sendas». Proverbios 3:5-6

TRECE

Entrevistas y Arreglos

«Yo, la sabiduría, convivo con la prudencia y
poseo conocimiento y discreción».
Proverbios 8:12

Para mi segunda entrevista Michael decidió que me
quedara con su amiga Prudy, que es el diminutivo de Prudencia. Sí, ¡así se llamaba y así era ella! Era maravillosa.
Para ese entonces sabía que no me podía quedar en casa
de Michael. No era *prudente*. Aunque no éramos novios ni
nada por el estilo, era mejor dejar ciertas líneas muy claras.
La Palabra dice que evitemos todo lo que pueda parecer
malo. Michael decidió hacerlo así y yo estuve de acuerdo.

¡Sorpresa, sorpresa, conseguí el trabajo! ¡Ja! Michael
estaba trabajando en un proyecto en la casa de Amy Grant
y me prestó su carro para que fuera a la entrevista. Tuve
que llevarlo a la casa de Amy y regresar por él. ¡Qué sacrificio! Ese era un día normal en la vida de Michael Mellett; se
había graduado de la Universidad de Belmont en la carrera
de producción vocal y pagó su escuela sirviendo como me-
sero por seis años mientras se abría camino en la industria.
Ahora trabajaba con los mejores artistas y tenía un rol muy
importante en producción vocal, contratando grupos de
cantantes profesionales para cantar en grabaciones y co-
ordinando voces de fondo para grabaciones en vivo con
compañías importantes. Michael era buscado en su campo
no solo por su talento, sino también por su serenidad, di-

241

plomacia y corazón para Dios. Podía tranquilizar a cualquier artista agotado y sacar lo mejor de él porque siempre que él llegaba al estudio, llegaba Jesús junto con él.

Cuando Michael me fue a recoger a la casa de Prudy el domingo para ir a la iglesia, yo traía puesto un vestido azul con perlas. Al bajar los escalones me dijo: «Te ves hermosa». Sin juegos ni coqueteos, simplemente siendo sincero. Dijo lo que pensaba y pensaba lo que dijo. Fue algo hermoso; sin condiciones, sin buscar nada a cambio, solo dando un cumplido. Me sentí muy respetada y hermosa.

Ya estábamos a mediados de junio y yo me cambiaría en dos semanas. Michael tomó el periódico esa tarde y empezó a buscar un departamento. Marcó un anunció; el domicilio parecía estar a la vuelta de la esquina de su casa ¡qué conveniente! Salimos a caminar y encontramos ese hermoso edificio de piedra; el departamento era perfecto. Yo estaba muy agradecida por su ayuda, realmente se interesó.

Al regresar a Nueva York llegué directo a empacar. Mientras estaba haciendo planes Michael llamó; me dijo que iría a visitar a su familia por una semana y podría ayudarme con la mudanza si quería ayuda. ¿Si quería? «Necesitaba» era la palabra apropiada. ¡Claro que sí necesitaba ayuda!

Él y mi hermana Deirdre cumplen años el mismo día, el 30 de junio. Cuando mis hermanas se enteraron de que él vendría dijeron que sería bueno salir todos juntos a bailar swing a la ciudad de Nueva York por el cumpleaños de Deirdre y Michael. Lo invité y aceptó. Ese día mis hermanas decidieron que mejor querían ir al teatro de la ópera. Me dio tanta vergüenza, parecía como si yo hubiera arreglado todo. Llamé a mi hermano mayor Kieran para que él le explicara y me dijo: «Solo ve, Michael Mellett es buenísima gente, no va a ponerse a pensar cosas raras. No te preocupes, solo ve». Así que fui.

Cuando vi a Michael me di cuenta de que íbamos muy, muy combinados. Él llevaba unos pantalones caqui y una camisa blanca con una atrevida franja verde primavera atravesando su pecho. Yo llevaba pantalón caqui con una blusa verde que hacía juego con la franja de su camisa. Era curioso, pero al mismo tiempo un poco raro. Parecía como si nos hubiéramos puesto de acuerdo especialmente para bailar swing. A la gente que baila swing le encanta vestirse combinada. Puedes imaginar lo que Dios tuvo que hacer para darme una pista de cómo vestirme.

Primero fuimos a *Cara Mia*, un pintoresco y pequeño restaurante italiano por la calle 46. Tratamos de actuar como si nada estuviera pasando, pero no podíamos evitar tratar de entenderlo mientras estábamos sentados en ese lugar tan romántico, con miradas extraviadas y palabras limitadas. Solo sigue respirando, sonríe un poco, pero no demasiado. No te muestres demasiado interesada, no le des falsas esperanzas. Me di cuenta de que dentro de mí había una vocecita que estaba criticando algunas cosas de él y señalando nuestras diferencias. Cada vez que me sentía segura en cuanto a los defectos que estaba viendo en él, el Espíritu Santo me recordaba mis propias fallas. «Tiene un lunar en la muñeca», «Tus dedos gordos del pie son gorditos y cuadrados». «Es demasiado irlandés», « ¿Olvidaste tus pecas?», «Sí, claro».

Al terminar en *Cara Mia* nos dirigimos a la atracción principal, bailar swing en la calle 46. Ahí nos dispondríamos a bailar y simularíamos que todo estaba a pedir de boca. Yo solamente quería que Michael se la pasara bien en su cumpleaños, crear recuerdos de un día especial y ser para él una buena amiga. Lo que yo no sabía era que él había estado orando, buscando a Dios y preparando su casa para recibirme cada vez que lo visitara. Él estaba luchando, tratando de confiar en Dios y lidiando con muchas de sus propias críticas personales e inseguridades. Su conversación interna estaba llena de dudas, preguntándose si realmente era Dios poniendo las piezas en su lugar y pidiéndole su ayuda.

En el swing de la calle 46 comienzan con una lección de una hora, luego traen en vivo a la banda de San Francisco y te dejan bailando a tu manera. Nosotros fuimos los mejores de nuestra clase hasta que aparecieron todos los profesionales de Broadway para bailar con la banda. ¡Vaya que sabían dar volteretas y seguir el ritmo!

No hubo descanso en toda la noche. Me sentía cómoda en un momento y rara al siguiente. Los movimientos del baile iban y venían, nos acercábamos y nos alejábamos y así es como me sentía. Debo haberme disculpado por lo menos cinco veces para ir al baño, y quién sabe lo que Michael estaría pensando, pero él fue totalmente congruente, comprensivo, de buen trato y muy amable; un perfecto caballero.

Más tarde fuimos a dar un paseo a Howard Johnson sobre la calle Broadway para tomar un helado estilo retro. Nos sentamos en un gran mostrador a comer nuestro cono y tratar desesperadamente de actuar como si estuviéramos relajados y despreocupados. Dentro de mí estaba pensando: «DIOS, ¿¿¿de qué SE TRATA todo esto???». Para esa hora ya me había convertido en una pelota emocional de serpentinas en aerosol. Me sentía todo un yoyo. Algo estaba sucediendo y estaba fuera de mi control. No podía unir mi discernimiento con mis sentimientos; no concordaban. Dios estaba tratando de ayudarme, pero por alguna razón yo estaba a punto de un ataque de pánico. Aparentaba estar tranquila (creo), pero por dentro no podía recobrar la serenidad. Cuando lo dejé en la estación *Grand Central* me dio las gracias por nuestro tiempo juntos y saltando del auto me dijo adiós mientras cerraba la puerta. Le dije adiós con mi mano también y después dije en voz alta: «¡DIOS! ¡No me voy a casar con este hombre!». Creo que estaba tratando de tener el control o de fingir que por algún momento lo tenía. Todo el camino de regreso mi pensamiento osciló de un lado a otro, dándole vueltas al efecto de esa noche en mi mente y emociones. Al fin y al cabo, tendría que soltarlo todo, ya no pensar en nada más. Lo único que quedaba era confiar.

Nashville, aquí voy

Tal como lo prometió, unos días después Michael estaba en mi casa listo para el largo viaje de Nueva York a Tennessee. Esa sensación de soltar lo anterior y tener un comienzo fresco siguiendo la dirección del Espíritu Santo y con Michael a mi lado, me trajo una increíble paz y confort. Volvía a tener paz y ya iba encaminándome a lo nuevo. Llegamos hasta Virginia y encontramos un hotel en una colina para pasar la noche, el *Wassail Inn*. Sí, sí me di cuenta de los espectaculares que había por todas partes con corazoncitos. «¡Virginia es para los enamorados!». Nos estacionamos y fuimos a la recepción. Michael le pidió dos habitaciones a la señora que estaba en el registro. Ella levantó la vista y dijo: «¿Cómo? ¿Es que ustedes no se gustan?». Él respondió: «Sí, sí nos gustamos pero necesitamos dos habitaciones». «Sí, sí nos gustamos... ¿qué está diciendo?» pensé. Entonces la señora dijo: «Ah entiendo, se van a casar y quieren hacer las cosas bien».

«No, solo necesitamos dos habitaciones».

«Puedes obtener un descuesto si es uno».

«Dos cuartos, ¿por favor?».

Ya no pude soportarlo. Viendo que había algunos animales salvajes disecados parados en una esquina, sin pensarlo pregunté: «¿Usted misma cazó esos osos?». «Seguro que sí» me respondió con una gran sonrisa... y cada uno tuvo su propia habitación. No hubo más preguntas.

Algo estaba cambiando, ambos nos comportábamos tal cual éramos cuando estábamos juntos. Nunca hubo ninguna pretensión. Yo me sentía muy cómoda, como cuando bailamos en la fiesta de Billy. Ahora ya *todo* parecía un baile. En vez de pisarle los pies a Dios, decidí seguir la paz y no luchar internamente. El resto de nuestro viaje fue fácil. Llegamos a Nashville y me sentí como en casa.

Perla de Poder

Los planes de Dios para tu vida sobrepasarán cualquier cosa que te puedas imaginar. Puedes confiar en sus caminos y pensamientos. «Porque mis pensamientos no son los de ustedes, ni sus caminos son los míos, afirma el **Señor**. Mis caminos y mis pensamientos son más altos que los de ustedes; ¡más altos que los cielos sobre la tierra!». Isaías 55:8-9. Es como la diferencia entre un avión de papel y un jumbo jet 747. Si eliges confiar en él implícitamente ¡quedarás sorprendida!

Tu hogar es donde tu corazón está

La primera semana en la ciudad Michael me envió flores para darme la «bienvenida a casa». También me hizo un regalo poco común, un teléfono celular. Era para asegurarse de que podría contactarme en cualquier lugar a cualquier hora. ¡Ja! ¡Qué muchacho tan lindo! Cada día era como años en mi corazón. Es como si Dios estuviera trabajando con miles de cuerdas pequeñas para conectarme con él. No me había dado cuenta de lo independiente que me había vuelto como misionera soltera en el ministerio. Había estado haciendo las cosas de cierta manera por tanto tiempo, pero ahora Dios me estaba pidiendo que confiara en él porque vendrían nuevas maneras. Esto requirió algo de trabajo, pero no demasiado. Llevaba solo dos semanas en mi nueva aventura cuando tuvimos «la plática».

No podía seguir invirtiendo más, hasta no hacer un balance claro de mi realidad. Si esto era real yo podría seguir adelante. Lo que había en mi corazón por este hombre había crecido al doble y necesitaba saber qué había de su parte. Michael me aclaró que sí me estaba buscando con una intención. Yo le había preguntado cuál era mi «estatus». Me aseguró que no era simplemente otra buena «amiga». Luego puso una gran sonrisa como si ya lo hubiera explicado todo. Sonreí también y pensé: «Bueno, algo está pasando. No estoy muy segura de cómo llamarlo, pero sea lo que sea, es real». Cuando regresó, pasó su brazo por detrás del sofá al momento de sentarnos. Fue entonces cuando me di cuenta de que había derramado su corazón, me había dado todas sus palabras. Típico síndrome masculino. Bueno, muy bien. Michael después me explicó que no sentía libertad para buscarme mientras estuviera lejos porque había decisiones que tenía que tomar por mí misma. Podía vislumbrar que íbamos hacia algo, pero no tenía un panorama del todo claro. Él necesitaba confiar que Dios me llevaría ahí y después ir avanzando con el ritmo que Dios fuera marcando.

La semana siguiente me visitó una amiga de Nueva York. Michael y yo fuimos a recogerla al aeropuerto. Mientras la esperábamos en la sala me di cuenta de que no tenía palabras específicas para explicarle nuestra relación. Así que volteé a ver a Michael y le dije: «¿Qué debo decirle a Margie?». Él me miró un poco asombrado. «Lo que quiero decir es, ¿cómo le voy a explicar lo que hay entre nosotros?». Michael estaba buscando una palabra, examinando ciertas categorías en su mente. Podía ver su preocupación. Él pensaba que lo había dejado muy claro pero se dio cuenta de que yo necesitaba más palabras, una palabra específica. Pero, ¿cuál?

«Un par....somos un.... par».

«¿Un par?». Todo lo que podía pensar era en una película de los 40.

«Uuuhh», empezó a buscar algo más porque se dio cuenta de que eso tal vez no era tan acertado.

Comencé a reírme, «¿un par?».

Él también se rió. «Estamos juntos».

«Bueno», sonreí. Pensé que ella tendría que deducirlo, y eso hizo. Michael me tomó de la mano.

Las señales en nuestras frentes

Dos semanas después tuve que regresar a Nueva York, mi hermano se graduaba de la universidad como quiropráctico. Le pregunté a Michael si quería ir, y fue y compró nuestros boletos de avión. Eso fue un ¡sí!

Este hombre quería cuidarme. Había esperado esto al parecer por toda una vida. No había malas interpretaciones, ¡simplemente estaba enfocado y listo! ¡Estaba atento! Yo también estaba lista. No podía creer cómo habían cambiado las cosas en tan poco tiempo. Me recordó la escritura de la que me sostuve: «no despertarán el amor hasta que llegue el momento apropiado». El amor real es Dios. Dios tendría que despertar el verdadero amor en mí en el momento adecuado. Una cosa estaba muy clara, ¡un «despertar» importante estaba sucediendo!

Después de llegar a Nueva York hicimos un viaje en auto de cinco horas con mis papás al pequeño pueblo en el que sería la graduación. ¡Mis papás estaban muy contentos! Durante el viaje nuestra conversación estuvo llena de risas, había una conexión profunda, un convivio muy sano y una dulce paz. Teníamos tanto en común que la comunicación fluía como un río; no había ni la más pequeña dificultad.

En un momento del viaje me puse a leer mi Biblia. Tenía un porta Biblias con cierre y adentro guardaba algunos valiosos tesoros. De repente, un viejo papel se deslizó del interior. Antes de que pudiera recogerlo Michael ya lo tenía en sus manos. Viendo el principio de la hoja leyó: «Lo que me gustaría en un esposo», y me dijo: «¿Puedo leerlo?». Sentí que me desmayaba, pero ya era tarde para guardarlo. Asentí con la cabeza y contuve la respiración mientras él leía....

Solo una lista de lo que me gustaría en un esposo

—Un hombre que ame a Dios con todo su corazón, mente y fuerza.

—Un hombre que conozca la Palabra de Dios como la palma de su mano.

—Un hombre que esté seguro del llamado de Dios para su vida, pero que sea humilde para permitirle a Dios dirigirlo en cualquier camino.

—Un hombre que mi papá respete y ame y a quien mi familia acepte libremente.

—Un hombre que sea virgen y se haya mantenido puro.

—Un hombre que tenga talento musical que combine

hermosamente con mis talentos.

—Un hombre que sea sacerdote de mi hogar y tenga un corazón para las misiones.

—Un hombre que pueda aprender rápido otro idioma o que ya sea bilingüe.

—Quiero un hombre de Dios que sea fiel a Dios en primer lugar, a su esposa y familia en segundo, y al ministerio en tercero.

—Un hombre que pueda entender mi cultura, idioma, expresiones y maneras por quien yo soy.

¡Gracias Jesús!

—Un hombre que venga de una familia sana cuyos padres tengan un matrimonio sólido y saludable.

Nadie más había leído mi lista, esto era muuuuuuy personal. No era el primer borrador que había escrito a través de los años, pero ciertamente era el último. Por lo menos tenía siete años. Michael retuvo esto en su mente y marcó la lista punto por punto. Después volteó conmigo y me regresó el papel sonriendo. No dijimos ni una sola palabra; solo tomó mi mano con un poco más de fuerza.

Cuando llegamos al hotel, Michael se fue al cuarto de mi hermano; después yo me fui al cuarto de mis papás porque me iba a quedar ahí con ellos. Mi papá cerró la puerta en cuanto entré. Los dos me miraron con lágrimas en sus ojos diciéndome asombrados: «Fiona, ¡él es tu esposo!». Mi cara estaba radiante: «¡Tienen razón!». Lloramos, reímos y nos abrazamos con mucha fuerza. Fue un momento en el que nos maravillamos y asombramos. Todo el tiempo fue Michael Mellett, ¿quién lo hubiera imaginado?

De pronto pasó por mi cabeza que cada vez que fui a ministrar a una iglesia anglo parlante estuve ministrando con Michael, mi futuro esposo. Lo que pasa es que llevaba pistas para cantar canciones populares cristianas. Estos artistas eran personas con las que cantaba Michael y cada vez que usaba una pista original el nombre de Michael estaba en la cubierta y podía escuchar su voz al fondo. Había estado cantando con él por diez años y hasta ahora me estaba dando cuenta. ¡Qué hermosa sorpresa!

En el camino de regreso a casa hicimos todo lo que pudimos para tratar de evitar que mi papá hablara de compromisos y propuestas matrimoniales todo el tiempo. No se podía aguantar. En un momento del viaje nos tuvimos que detener para comer algo y mi papá siguió con el tema. Cuando nos sentamos en el restaurante *Roscoe*, por la autopista estatal Taconic, mi papá tenía una sonrisa de oreja a oreja y nos estaba contando cuando le propuso matrimonio a mi mamá. En eso se sintió un suave golpecito debajo de la mesa; bueno, en realidad fue una patadita amorosa de mi mamá. Ella estaba sentada justo frente a él y de alguna manera tenía que pararlo. Medidas desesperadas para tiempos desesperados. ¡Qué gracioso! Ahora bromeamos de eso y decimos que mi papá casi le propuso matrimonio a Michael. Si por él hubiera sido ¡yo me hubiera casado esa noche! Es tan romántico… cuando Dios está en medio, por supuesto. Bueno, si lo recuerdas y sacas cuentas, Michael y yo en ese entonces llevábamos saliendo el doble de tiempo que mis papás. Nosotros habíamos estado saliendo por dos semanas, y mi papá le propuso matrimonio a mi mamá a los seis días. ¡Divertidísimo!

Esa noche en casa de mis papás, Michael se quedó en el primer piso. Yo me quedé en el tercero; le dije *buenas noches*, se acercó y me besó por primera vez. Fue muy dulce, sentí las olas del «despertar».

Él me había pedido hablar en español cada vez que pudiéramos; quería aprender y estaba verdaderamente inspirado. Queriendo decirme algo en español, pensó decir: «Bueno, es tiempo de acostarse», pero en realidad me dijo: «Bueno, ya nos fuimos a mi cama». Me di cuenta de que no tenía ni idea de lo que me había dicho. Me dio risa nerviosa y le respondí: «Buenas noches». Se quedó parado sonriendo preguntándose por qué me había reído y yo me subí. No fue hasta unos minutos después cuando Michael revisó sus palabras que se dio cuenta de lo que había dicho, soltó una carcajada. Le dio tanta pena, pensó en llamarme pero yo ya estaba en el tercer piso y tendría que esperar hasta el día siguiente. ¡Michael necesitaba trabajar en ese español!

Perla de Poder

No permitas que un beso te empuje a una relación, deja que sea el Espíritu Santo el que te jale. Si no es Dios quien te está atrayendo es mejor que corras en dirección contraria. Tu corazón no es un parque de diversiones, es un jardín. No necesitas que nadie esté pisoteando alrededor. No te conformes con menos, no tienes que hacerlo.

Pasamos tiempo con la familia de Michael también y tuvimos la misma respuesta. Todos podían ver las señales luminosas en nuestras frentes en letras doradas celestiales: «Yo soy para él» y «Yo soy para ella». No había explicaciones, no eran necesarias porque todo tenía sentido. ¡Era Dios! Yo estaba sorprendida porque conocía a la familia desde niña. Ya los amaba y ahora vendría a formar parte de ellos.

Cuando éramos niños, Michael y mi hermana Siobhan eran amigos por correspondencia. Se sentaban juntos en la iglesia cuando él iba de visita. Un día, nuestras familias decidieron ir juntas al parque nacional. Ese día fue cuando mi hermana decidió que ya no quería ser amiga por correspondencia de Michael; él se decepcionó mucho. Cuando supo la noticia fue con su papá a contarle sintiéndose desalentado y abandonado. Su papá rápidamente volteó, me miró y le dijo a Michael: «¿Por qué te preocupas tanto por Siobhan? ¡Ella es la que tiene toda la diversión!». Seguramente yo estaba subiéndome a algún árbol, sin mencionar mi ropa enlodada y los huecos en mis dientes del frente. No creo que Michael se haya impresionado en el momento, pero de acuerdo al designio de Dios, su papá falleció el año siguiente…. después Michael recordó claramente sus palabras y las atesoró más profundamente que nunca. Su papá vio algo ese día y tuvo razón, ¡yo era para él!

Perla de Poder

Tu familia y amigos en general pueden distinguir cuando tienes una relación con la persona correcta. Esa responsabilidad de rendir cuentas no tiene precio. Ellos verán las cosas con objetividad, también pueden decir cuando las cosas no estén bien alineadas. Recuerda, no te casas solo con una persona, te casas con toda la familia… para toda la vida. Es importante tener el favor de tu potencial familia política. El matrimonio es un gran compromiso que conlleva trabajo duro. Mientras más tengan en común, más fácilmente fluyen las cosas. Si es una lucha antes de casarte será mucho más difícil después. Hazte un favor a ti misma y sé completamente honesta acerca de tu situación. El involucramiento emocional dificulta ver las cosas con claridad, el involucramiento físico es cegador. Tienes que dar un paso atrás para realmente ver lo que tienes. Comprobarás que esperar a Dios es la mejor decisión que puedes tomar. ¡SERÁS bendecida!

Basherte y Basherter

Un día, cuando estaba conviviendo con la familia de Michael, su mamá mencionó la palabra *basherte*. Volteé sorprendida y le pedí que repitiera la palabra. La única vez que la había oído antes fue cuando la dijo Ester, la señora judía que trabajaba en *Better Homes & Gardens*. Ella fue quien repitió la palabra una y otra vez y después se puso de pie y declaró con firmeza: «Lo que es ordenado por Dios, es ordenado por Dios. Una pareja hecha en el cielo». Y después se fue. *Bashert* significa «destino» en judeoalemán y comúnmente es más usado en el contexto de tu pareja predeterminada por Dios; esposo es *basherter*, y esposa es *basherte*. La mamá de Michael tiene un gran amor por el pueblo judío y la nación de Israel, ella dijo *basherte* explicando que muchos años atrás había visto una película con Michael en la que se mencionó esta palabra y desde ese entonces ella estuvo orando por su *basherte*. ¡Mis ojos se hicieron como de plato! ¡Lo que es ordenado por Dios, es ordenado por Dios!

En sus marcas... Listos... ¡Espera!

Es una situación inusual cuando sabes que te vas a casar, has esperado a tu pareja por lo que parece ser toda una vida, y ahora son novios desde hace dos semanas. ¿Cómo se supone que esto debe seguir? ¿Puedo comprometerme hoy y casarme contigo mañana? ¿Por qué es la demora? ¡Ja! Parece que es: «En sus marcas, listos, ESPEREN». Tuve que poner el freno en mi cabeza y vivir el momento, como dijo Elizabeth Elliot. Necesitaba mantener a Jesús en el centro, y necesitaba aprender lo que es simplemente ser amada, no ir hacia ninguna parte o hacer cualquier cosa solo porque sí. No importaba lo que estuviéramos haciendo, mientras estuviéramos juntos. Tratamos de meter en nuestro día la mayor cantidad de desayunos, comidas y cenas juntos. Compartimos sueños, temores, largas caminatas, chocolate y mucho café. El amor iba creciendo y fluyendo, podíamos tomarnos nuestro tiempo. Michael me hizo espacio en cada área de su vida y fue romántico en cada oportunidad que tuvo. Fue hermoso y maravilloso en muchas maneras.

Perla de Poder

Cada perla de verdad que había adquirido en mi caminar con Jesús ahora era mi adorno. Usé esas perlas a lo largo de nuestro noviazgo, cortejo y compromiso, y las llevé como algo hermoso a nuestro matrimonio. No porque hubiera encontrado a «la persona correcta» ahora iba a bajar la guardia y dejarme llevar. Estoy segura de que muchas personas se sienten tentadas a hacer eso, pero la verdad es que eso es una prueba. ¿Serás fiel primeramente a Dios? Esperar edifica la confianza. Vale la pena esperar para tener un fundamento firme.

Tres pequeñas palabras

Tal vez había pasado un mes desde que empezamos nuestro noviazgo cuando sentí la necesidad de más palabras. Nos reímos mucho de aquella conversación de «un par», pero una noche me di cuenta de que realmente necesitaba más que una explicación. La mayoría de lo que habíamos experimentado había sido en acciones y respuestas, pero ahora necesitaba PALABRAS.

Había leído que las mujeres típicamente hablamos 30,000 palabras por día y los hombres 10,000. Ninguno de los dos éramos típicos en nada, pero vi que una cosa era verdad, al final del día Michael tal vez no había usado todas sus palabras, especialmente las importantes. Así que una noche le pedí más palabras. Solo quería saber un poco más de lo que estaba sucediendo en su corazón; solo un poco más. Se tomó un momento para pensarlo y después viéndome muy serio me dijo: «Bueno, la verdad es... que te amo».

¡¡¡UUUJJJUUU! No estaba buscando ESAS palabras, pero las sentí profundamente. Michael no estaba jugando. Después continuó... muy enfáticamente... explicando su amor y lo que eso significaba. Todavía estaba levantando del suelo mi quijada cuando me tomó de las manos y me dijo otra vez: «¡te amo!».

Bueno, esas sí que son *PALABRAS*. Sabía que no era el momento adecuado de corresponderle con las mías; tendría que esperar mi momento, pero oye, estaba muy impresionada. Realmente me amaba, lo podía sentir. No lo diría si no lo sintiera de verdad; nunca jugaba con sus palabras. Su amor era sincero y yo me sentía como la mujer más maravillosa sobre el planeta. Esto era real.

Solo porque sí

Un día, a mediados de septiembre Michael me llamó: «Me gustaría recogerte mañana después del trabajo; quiero que tengamos un noche especial. Por favor vístete para la ocasión». «Bueno, ¡en eso quedamos!».

Michael llegó justo a tiempo; iba de traje y traía una rosa roja en su mano. «¿Mmm? Esto parece ser muy importante», pensé. «¡Parece que será algo especial!».

Me llevó a *The Melting Pot*, un restaurante donde comimos desde camarón y filete mignon hasta piña y chocolate en brocheta, ¡muy divertido! Nuestra mesa estaba en un área remota del comedor. Era un espacio muy íntimo en el que bien te podrían hacer una pregunta especial. «¿Tendrá pensado preguntarme... esta noche?» Parecía que estaba sucediendo algo muy «especial»; entonces pidió la cuenta...

«Bueno, creo que tal vez no».

Después fuimos a dar un paseo en un cochecito jalado por un caballo.

Pensé: «Bueno, entonces debe ser esto. ¿Cierto? ¿Un caballo y un cochecito? Las calesas son muy románticas».

Paseamos por todo el centro de Nashville, abrazándonos, besándonos y disfrutando los alrededores. Era perfecto proponer matrimonio en la calesa, pero poco después llegamos y él me ayudó a bajar; me llevó a mi casa.

«¿En serio?».

Me sentí tan amada, tan cuidada, verdaderamente bendecida, pero un poco confundida. Estaba repasando los detalles en mi cabeza, tratando de entender.

Nos arreglamos muy bien.

Me dio una rosa.

Me llevó a un restaurante muy elegante, toda la noche estuvo muy efusivo diciéndome cuánto me ama y me aprecia.

Me llevó a pasear en ese cochecito tan romántico y no me soltó la mano en todo ese tiempo.

Contemplamos las estrellas, nos reímos y lloramos asombrados de la bondad de Dios; también estábamos muy conscientes de que vamos rumbo a casarnos.

Y ahora me está llevando a mi casa.

Por un segundo me pregunté: «¿Todo esto para nada?».

Nunca olvidaré sus palabras cuando se me acercó para darme un beso de buenas noches: «Solo porque sí». Hubo una pausa y después me explicó: «Estoy seguro de que te estás preguntando por qué todo esto y quiero decirte que solo porque sí... no es por ninguna razón en especial, o con cierto propósito, más que decirte *te amo*».

«¿Está bien?». Después subí a mi departamento para platicar acerca de esto con el Señor. Jesús y yo necesitábamos hablar. No sabía si reír o llorar, me sentía muy confundida. Finalmente se me ocurrió que Michael estaba trabajando y preparándonos para el *matrimonio* y no solo para un *momento*. Tenía que aprender a darle a Michael las riendas para liderar esto y dejarlo cortejarme como quisiera. Ese era su lugar, su rol, y yo necesitaba darle espacio para liderar. No era yo quien decidiría cuándo nos comprometeríamos. Esta era una realidad que tenía que entender. Empecé a darle gracias al Señor por un hombre sabio y piadoso. Él escucharía claramente a Dios y yo estaría muy bendecida. «Solo porque sí», ¡funciona para mí!

Perla de Poder

Cuando llegue el momento correcto permite que tu hombre sea el hombre. Permítele pagar, permítele abrir la puerta, déjalo ser el caballero y demostrar que él será el responsable. Permítele surgir y responder a la situación. Espera en el carro a que te abra la puerta. Dale oportunidades de liderar, es bueno para él. Ten una sana expectativa de su carácter, muéstrense respeto mutuo y pongan límites claros lo más pronto posible. Usa palabras que lo levanten y espera lo mismo a cambio. Evita el sarcasmo, la burla y las vacías pláticas insinuantes. No te pongas a ti misma en situaciones inseguras; evita todo lo que puede parecer malo. No salgan solos si sabes que vas a ser tentada a hacer algo malo. Piensa muy bien las cosas de antemano. Él debe ser la cabeza y hombros con autoridad espiritual de manera que lo respetes, y con el tiempo sigas su liderazgo en tu casa después de que se hayan casado. Él sigue siendo hombre, así que no lo tientes, respétalo. Tú eres una fuerza poderosa en su vida. Cuida bien su corazón.

Entre marzo y mayo

Después de dejar todo eso en manos del Señor disfruté mucho más todo. Era diferente confiar en Dios respecto a mi vida a través de alguien más. Confiar de verdad. Tenía que aprender a confiar en Michael. Había niveles en esto. Una cosa que sabía era que Dios no me iba a dar más de lo que pudiera manejar y si en algún momento necesitara saber algo, él me lo haría saber. Él seguía siendo mi todo en todo, mi Dios.

Una mañana en octubre al despertar, me senté en la cama y dije en voz alta: «entre marzo y mayo». Era extraño, pero inmediatamente supe que me casaría entre marzo y mayo. Dije: «¡Gracias Señor! ¿Ves? Eso es todo lo que necesitaba». ¡Después me reí!

Más tarde ese día le comenté a Michael acerca de las palabras con las que me desperté. Él sonrió y me dijo: «Sí, así es. Sentí que el Señor me dijo que nos comprometiéramos en diciembre y nos casáramos en mayo».

¡Yuujuu! ¡Ya estaba decidido!

Estudios y español

Todavía me gustaba cantar y ministrar, pero realmente nadie me conocía en Nashville. Tendría que construir mi vida una vez más; amar a Dios, a la gente y dejar que todo llegara de manera natural. Parecía que cada tres años volvía a la repisa. Había tenido momentos increíbles en el ministerio; había cantado en conciertos con 50,000 personas o más, viajado por el mundo, grabado con artistas famosos, era considerada semi famosa en el medio de la música cristiana en América Latina y ahora estaba otra vez en la repisa. Sin embargo, estaba bien. No sabía qué iba a hacer Dios, pero sabía que no había terminado conmigo.

Un día cuando Michael estaba grabando en el estudio me paré detrás del productor para escuchar, el productor era Bobby Shin. En un momento dado me puse a cantar sin pensar en dónde estaba o lo que estaba sucediendo, simplemente estaba disfrutando la música. Podía sentir la unción así que inconscientemente me uní al canto. Bobby se dio la media vuelta, me miró y señaló hacia el estudio. «Necesitas entrar ahí».

«Oh no, aquí estoy bien».

«Sí, necesitas entrar ahí».

Sabía que podía cantar, pero hay una diferencia entre cantar a Jesús de tu corazón y una sesión de canto en Nashville. Hay cantantes A, cantantes B, y luego todos los demás. Yo me consideraría a mí misma una cantante B+ para control vocal, tono, balance y cualquier otra cosa que alguien pueda escuchar en un momento dado en el estudio. Unción A+, canto B. Sí, había tomado lecciones, practicado y cantado en muchos lugares, pero no había tenido el entrenamiento de estudio. En un concierto se pueden cubrir muchas cosas. No se necesita ser perfecto y si el Espíritu Santo se está moviendo, puedes hacer casi cualquier cosa y suena muy bien, ¡ja! Bueno, tal vez no cualquier cosa, pero hay un fluir.

Michael sabía que yo podía cantar, pero también sabía que él no podía abrirme paso en el estudio. Yo tendría que entrar por mis propios méritos. Tendría que pulirme, entrenar mi oído y tener disposición de aprender. Su oído era perfecto; le llamábamos la *parte policiaca*. Cuando yo cantaba, él podía oír todo a detalle. Me podía decir qué hacer, pero lo que no podía hacer era hacerlo por mí. Si tenía el nivel requerido en el estudio podría cantar con los de las grandes ligas. Lo tenías o no lo tenías. El estudio no era el lugar para aprender; te llamaban porque eras un profesional.

Fue difícil al principio, tenía potencial, pero me faltaba para alcanzar el nivel. Para Michael fue un riesgo contratarme para algunos proyectos, sabía que no podía cubrirme. A veces tenía que parar todo para darme un poco de dirección. Yo tenía que escucharlo con mucho cuidado, estirarme para responder, alinearme a los otros cantantes, armonizar mi volumen y humillarme a mí misma con una gran sonrisa después de haber sido corregida. A veces me estresaba porque me hacía muy consciente de mí misma. Es normal repetir las grabaciones, pero me revolvía un poco si repetía un par de grabaciones antes de que me dieran mi parte. Tuve que aprender a recibir gracia, entender cómo era la vida normalmente en el estudio y saber cómo controlarme para no estar nerviosa o emocional. Casi siempre era algo interno, pero a veces alcanzaba a salir y verse un poco. Casi siempre me daba cuenta cuando no estaba del todo bien, pero me sentía muy mal cuando me sorprendían con la guardia baja. A veces, mientras más lo intentaba, más me equivocaba. Así que trataba de relajarme y no perder la cordura. Lo último que quería hacer era avergonzar a Michael. Me encantaba hacerlo sentir orgulloso y por eso quería ser la mejor versión de mí misma.

De la misma manera, Michael me había pedido que le enseñara español, yo era bilingüe y él quería serlo también. Practicábamos constantemente desde que empezamos a salir juntos. Cada vez que estábamos con latinos Michael usaba todas las palabras que podía recordar. A veces le salían muy bien, pero otras no tanto, como en casa de mis papás que se equivocó y le dio un poco de pena. Trataba de guiarlo a tener conversaciones más largas y cada día aumentaba más su vocabulario. Él estaba determinado a aprender español y yo estaba determinada a aprender todo lo del estudio.

Un día, después de que Michael se dio cuenta de que yo ya podía defenderme en el estudio, decidió platicar un poco más de nuestro futuro. Me dijo que probablemente tendría que dejar mi trabajo y quería que yo tomara solo los trabajos que Dios proveyera en el estudio y el ministerio. Él estaba pensando en viajar, hacer grabaciones en vivo y ministrar. Al oírlo, lo único en lo que pensé fue que con eso, solo sería una esposa que está en su casa y perdería mi independencia. Se lo expresé y de una manera muy enfática y específica. Se sorprendió por mi reacción y el cúmulo de emociones que la acompañaron. ¡Cielos! Dejar la soltería y confiar en este hombre no era cosa fácil. Dios no me advirtió nada de esto con anticipación en esa ocasión, así que fui un poco cruda y demasiado franca. Michael decidió no insistir en el tema por un tiempo. ¡Es un hombre inteligente!

Perla de Poder

Aprender a confiar en Dios es una cosa; aprender a confiar en Dios a través de alguien más es otra. Se necesita el doble de gracia y una dosis diaria de gracia fresca. Aunque Dios une a las personas nunca es para alejarnos de nuestra devoción personal a Jesús. Rápidamente nos damos cuenta de lo irreal que pueden ser nuestras expectativas y de que nadie puede tomar el lugar de Dios. Jesús debe ser primero para que funcione todo lo demás. La clave sigue siendo ir con él cada mañana antes de que el día se escape y mantenerlo en el centro de él.

CATORCE

Diciembre a mayo

«Serás como jardín bien regado,
como manantial cuyas aguas no se agotan».
Isaías 58:11

Él dijo comprometernos en diciembre, pero no dijo cuándo en diciembre. Podría ser el primero o el treinta y uno. Aquí vamos de nuevo. Solo esperaba que NO fuera un compromiso de víspera de año nuevo porque entonces me temo que podría cachetearlo en lugar de aceptar su propuesta. Es cierto, me había dado algo de información, pero dejó lo demás a mi imaginación. Diario me encontraba preguntándome si ese sería el día, por supuesto que eso era estar ejercitando mi fe. Una cosa que sabía era que podía confiar en Jesús a través de él. Ciertamente podía confiar en Michael, pero por encima de eso, podía confiar en que Dios obraría a través de él y ¡esto era apenas el principio!

Justo antes de que entrara diciembre Michael recibió una llamada. Era Billy Joel otra vez. Iban a hacer un tour por el fin del milenio, tendría un mes de duración. El inicio sería el 1° de diciembre. Lo llamamos el tour Y2K porque terminó en la víspera de año nuevo en el Madison Square Garden, en la ciudad de Nueva York en 1,999. ¡Qué manera de despedir el siglo! Eso sería, o algo grandioso, o una gran decepción. Había mucha incertidumbre de cómo resultaría todo. Algunos predecían que habría una gran falla en los sistemas de cómputo, tormentas eléctricas, e incluso, algunas probabilidades de explosiones. Un escenario perfecto para el temor... a lo desconocido. A mi papá le gustaba decir que todo eso era solo evidencia falsa que aparentaba ser real, pero para los dos pajaritos enamorados con temor de Dios, eso fue parte de la aventura.

Al menos conocía el calendario de Michael y podía ver cuándo estaría en la ciudad y cuándo no. Michael era libre de regresar a su casa cuando había más de dos días entre los conciertos. Realmente eso le daba un sabor de suspenso sin agotarme, así que no todos los días había probabilidades de que sucediera. Veía cómo se reducían las opciones. ¡Je, je!

Finalmente entró diciembre como un amigo esperado por mucho tiempo que llega en camello desde el desierto del Sahara. ¡Cuánto había anhelado ese momento! Sentía que por toda una vida. Ahora ya lo estaba viviendo, tenía una increíble paz. Estaba confiando en Dios y confiando en Michael. ¡Qué increíble! estaba a punto de comprometerme. Eso era un hecho. Es asombroso cómo luchamos con el tiempo. ¡Oh la humanidad! Viendo el calendario de Michael solo podía ver unas cuantas opciones para este evento que cambiaría mi vida. Me imaginé que tal vez me pediría matrimonio cerca de la Navidad. Estaríamos cerca de la familia, él recibiría una buena cantidad de dinero para entonces... ¿mmm?

El 14 de diciembre le di un beso de despedida sabiendo que lo vería el día 17 porque tenía un par de conciertos consecutivos. Uno era en Indiana y el otro al día siguiente en Houston, Texas en lo que se conocía antes como el *Compact Center*, ahora iglesia *Lakewood*, ¡es una historia verdadera!

Una querida amiga nuestra, Christine Stroupe, me invitó a comer mientras Michael estaba fuera. Era una cantante profesional de ópera; ella necesitaba pasar a la antigua capilla *Scarrit Bennett* para recoger su música navideña. Me encantó ese antiguo edificio gótico de piedra, así que le pregunté si podía entrar con ella, sonrió y me dijo: «¡claro que sí!». Esa construcción tenía mucho carácter. Cuando entramos a la capilla levanté la mirada y vi a Michael sentado en la banca del órgano de tubos... se suponía que iba de camino a Houston. Esa ha sido la única ocasión de mi vida en la que por poco me desmayo. Sabiendo lo que eso significaba, me sentí deslumbrada.

Michael estaba muy arreglado, vestido con un traje. Había deshojado dos docenas de margaritas gerberas sobre la gran mesa de piedra que se usaba para la comunión; también había un antiguo cáliz de plata con jugo de uva y pan francés en un pequeño y perfecto plato blanco. Sentí que mis rodillas se debilitaban cuando Michael bajó del altar. Parecía como un sueño, era un sueño, solo que ahora estaba viviendo en él. Su cara se veía radiante. Estaba riéndose de lo bien que había funcionado su plan; yo también me estaba riendo y después empecé a llorar... después hubo más risas. Christine nos tomó una foto juntos y después se retiró.

Ese fue un buen momento para Michael Mellett. Después de muchos abrazos, besos y la explicación de que Billy lo había dejado regresar y quedarse 24 horas, me tomó de la mano y fuimos a un piano de cola. Empezó a cantar una canción que había escrito llamada: «Fiona, ¿te quieres casar conmigo?». Cada vez que llegábamos al coro yo lo veía preguntándole con la mirada: «¿Ya puedo decir sí?». Él sonreía diciendo: «Todavía no».

Después de terminar su canción se inclinó sobre una de sus rodillas y sacó una pequeña caja negra de la bolsa de su saco. Con mucho entusiasmo me dijo cosas que nunca imaginé oír. No retuvo nada, fue muy honesto expresándome su corazón sin nada de vergüenza y con mucha seguridad. Apenas podía asimilar todo el amor y la admiración de su increíble y valiente corazón. Se mostró muy confiado, sereno, determinado, e inequívocamente ¡mío! Yo por mi parte, estaba sumamente impresionada, me conquistó completamente. Estaba abrumada por el privilegio de estar viviendo ese momento. Nunca en mi vida me había sentido tan valorada. Fue como si una multitud de ángeles hubieran llenado la capilla. La presencia de Dios era tangible. Este no solo era el momento de Michael, era un momento en el que Dios estaba también. Solo él podía haber hecho eso.

Michael me guio al altar a tomar la comunión. Quería que eso fuera lo primero que hiciéramos como novios ya comprometidos. Leyó muchos versículos que hablaban con detenimiento del amor de Dios, sus propósitos y su plan. Nos sentamos asombrados de la grandeza de Dios, reflexionamos en los detalles y después ensayamos nuestra salida caminando por el pasillo, disfrutando todo, yéndonos con calma. Esto no era para apresurarse.

Podía sentir que Dios estaba sonriendo. Había un maravilloso sentido de propósito, del reino, de familia, historia y fe. Todo se alineó. Esto no era solo un compromiso, ¡era el destino! Michael había hecho reservación en el restaurante *Valentino's* en el centro de Nashville. Me llevó a mi casa para que me arreglara. Lo bueno era que casualmente tenía un vestido negro nuevo, que nunca había usado, hasta tenía las etiquetas. Me lo había regalado mi mamá unos meses antes, ni siquiera sabía si me quedaría bien o no, ¡pero sí me quedó! Cuando me cambié nos fuimos al restaurante. Llamamos a nuestras familias para que supieran la noticia. Cada segundo fue precioso.

Al día siguiente Michael se regresó a Houston en donde Billy Joel anunció nuestro compromiso desde la plataforma del *Compact Center*, ahora conocido como iglesia *Lakewood*. Eso era solo el comienzo, ¡Dios apenas estaba empezando a calentar motores!

Viajamos juntos a casa de mis padres para la Navidad y el concierto de Y2K; el que sería en víspera de año nuevo en la ciudad de Nueva York. Nunca olvidaré esa noche caminando en el centro de Manhattan por las Torres Gemelas; se veía como un pueblo fantasma. Parecía como si los únicos en la ciudad eran los que estaban lo suficientemente locos como para ir a ese concierto. Michael estaba en la plataforma, yo me preguntaba cómo resultaría todo eso. Cuando asignaron los asientos me di cuenta de que la hija de Billy estaba sentada justo frente a mí y su guardaespaldas a un lado mío. ¡Eso me hizo sentir muy bien! Por supuesto que nada pasó y todo fue solo fanfarronería, ¡pero claro que quedó en nuestros recuerdos! Además, el tour fue una gran bendición porque le dio a Michael para comprar ¡mi anillo de compromiso! ¡Gracias Jesús!

Compromiso

Ser novios es una cosa, estar comprometidos es muy diferente. En la cultura judía, el estar comprometidos tiene el mismo peso que el matrimonio en el sentido de que se toma con la misma seriedad. Es un tiempo único para que las parejas se hagan preguntas importantes, vayan a consejería prematrimonial, planeen su vida juntos, anoten metas y sueñen en grande. Esto tampoco era para apresurarse. No sabía cuán útil sería este tiempo hasta que lo viví. Esto no solo se trataba de planear una boda y de lo rápido que lograríamos armar el evento y sacar todo adelante. Esto se trataba de obtener claridad de hacia dónde dirigiríamos nuestras vidas, en qué tipo de personas queríamos convertirnos y qué clase de familia queríamos formar. Esto requirió tiempo.

Yo me había visualizado casándome con un pastor o

un evangelista famoso. Estaba orando para recibir dirección en cuanto a qué nación de América Latina dirigirme cuando Dios cambió mi rumbo. No tenía un camino claro a la vista, terrenos de polvo y mucha tierra que nunca había recorrido, pero nada me era familiar. Todo se basaría en confiar. De lo único que estaba completamente convencida era de Michael, de que él era el hombre correcto, así que todo lo demás se alinearía de alguna manera. Michael amaba a las personas, tenía un corazón paternal y un grupo muy vivo y pujante en su casa. Pastoreaba sin tener título. Amaba el idioma español y a los hispanos. Amaba el ministerio y dirigir la alabanza en la iglesia *Belmont*, pero sin duda era un productor vocal buscado por su habilidad de crear hermosos fondos musicales para artistas importantes o grupos. Tenía un largo historial en la industria musical y había trabajado duro para abrirse paso en la comunidad y ser conocido como un productor vocal muy confiable. Su pasión era el estudio de grabación y ahí era donde se desarrollaba. Aprendí a apreciar su don, acepté y abracé su vida.

Una vez más Michael abordó el tema de mi trabajo, me volvió a expresar su deseo de que lo dejara. Esta vez pude sentir que para él era algo más. Como la futura cabeza de nuestro hogar, él quería asumir el rol de liderar cómo funcionarían nuestras finanzas y cómo confiaríamos en Dios. La verdad era que cualquier oportunidad de hacer una producción vocal nos daba a ganar mucho más que mi trabajo habitual. Él podía ver a donde nos dirigíamos, yo tenía que soltar lo anterior y confiar; hicimos un acuerdo. Fue monumental aprender esto en los comienzos de nuestra relación. Rendirte a Dios y a tu pareja no se trata de perder algo, sino de todo lo que vas a ganar. Pude sentir que Dios estaba detrás de sus palabras y le dije que renunciaría antes de que nos casáramos. Poco después de esa conversación empezamos a recibir más trabajo de grabaciones de alabanza juntos. Michael vio mucho más de lo que yo pude ver en ese momento; tenía razón.

Perla de Poder

En el matrimonio es muy importante dejar que el hombre lidere. Él va a necesitar tiempo para probar sus habilidades y va a ir mejorando. La esposa necesitará espacio para aprender a crear un ambiente amoroso y edificante mientras prueba y desarrolla su habilidad para cocinar y decorar, encontrando el ritmo de su nueva vida juntos. También ella irá mejorando. Es crucial dar espacio para esos tiempos de crecimiento y permitir que sirvan para edificar la confianza en lugar de permitir que causen inseguridades. La construcción de un fundamento empieza durante el tiempo en el que ya están comprometidos, cuando en cierto sentido las aguas están siendo probadas. Las palabras pueden servir para edificarse uno al otro de manera que ayuden a suavizar esas transiciones y mantener las cosas saludables. Descubre cuál es el lenguaje del amor de tu futuro esposo, averigua cómo recibe mejor el amor (Los cinco lenguajes del amor de Gary Smalley) y descubre tu propio lenguaje. Te evitará el estar tratando de adivinar cómo es más fácil conectarse de corazón a corazón.

La boda

Decidimos casarnos en Nueva York en la iglesia en la que crecí. Fijamos la fecha para el día 20 de mayo del 2000. El pastor, Don Foster, fue quien me dijo que le llamara a Michael cinco años antes. Ahora todo tenía mucho sentido. La iglesia estaba llena con más de 400 invitados. Mi papá usó su falda escocesa al igual que el pastor que ofició y algunos de los parientes de Michael. Una persona estuvo tocando una gaita irlandesa llenando el ambiente con hermosos sonidos, muy parecido a la música de la película *Corazón Valiente*. Era un perfecto día irlandés, con neblina; eso representaba bien nuestra herencia cultural. Mis parientes viajaron desde Irlanda, muchos de nuestros amigos de Nashville nos acompañaron y estuvimos rodeados de viejos amigos y familia. Travis y Angela Cottrell dirigieron la alabanza y el santuario estuvo lleno de alegría y expectación. Había música para cada momento; nada fue hecho apresuradamente.

Como Michael me propuso matrimonio con una canción yo lo sorprendí a él durante la ceremonia cantando una canción que escribí. Al tiempo de hacer los votos, tomamos un momento para compartir lo que Dios había estado hablando a nuestros corazones. Esa mañana antes de levantarme me senté en la cama con mi Biblia y mi diario para platicar con el Señor. Decidí ir a 1 Corintios por ser conocido por temas de amor, matrimonio y relaciones. Al leer hubo un pasaje que me saltó de entre las páginas. Sabía que era para nosotros. Ciertamente no era el típico pasaje de bodas, ni siquiera se acercaba, pero sabía que venía de Dios para que lo compartiera ese día.

1 Corintios 1:25-31 «Pues la locura de Dios es más sabia que la sabiduría humana, y la debilidad de Dios es más fuerte que la fuerza humana. Hermanos, consideren su propio llamamiento: No muchos de ustedes son sabios, según criterios meramente humanos; ni son muchos los poderosos ni muchos los de noble cuna. Pero Dios escogió lo insensato del mundo para avergonzar a los sabios, y escogió lo débil del mundo para avergonzar a los poderosos. También escogió Dios lo más bajo y despreciado,

y lo que no es nada, para anular lo que es, a fin de que en su presencia nadie pueda jactarse. Pero gracias a él ustedes están unidos a Cristo Jesús, a quien Dios ha hecho nuestra sabiduría, es decir, nuestra justificación, santificación y redención para que, como está escrito: «Si alguien ha de gloriarse, que se gloríe en el Señor».

Cuando compartí la escritura, Michael sacudió la cabeza asombrado. Él había escrito ese mismo pasaje en un pedazo de papel para leerlo ahí también porque fue exactamente lo que Dios le había dado. Estaba determinado, podíamos gloriarnos en el Señor porque Dios había hecho algo maravilloso con dos personas que el mundo podría considerar insensatas, débiles, no influyentes y de cuna innoble. Dios estaba diciendo algo importante; él no está buscando a las personas más inteligentes, talentosas, influyentes y atractivas. Está buscando a las más dispuestas, sin importar el trasfondo que tengan.

Después de la ceremonia paseamos alrededor del Lago Mahopac, en el *Bentley* 1963 de un amigo; tal y como lo había soñado. Este era uno de los lugares a donde iba para estar a solas con Dios, para aprender a oír su voz y seguir su voluntad. Ahora estaba recorriendo ese camino con mi esposo.

Después de la recepción fuimos a la ciudad de Nueva York y luego a Donegal, Irlanda, nuestro «Hawaii irlandés». Una profunda paz y confianza llenaba nuestros corazones por haber esperado la voluntad de Dios y hacer las cosas a su manera. La única intimidad que conocimos fue la que tuvimos entre nosotros, y fue algo hermosamente grandioso. Ahora teníamos toda una vida para crecer, dar y edificar. Esperar en Dios fue más bendición de lo que pude haber imaginado. ¡Tuvo mucho más sentido cuando me casé!

Perla de Poder

La intimidad en el matrimonio es maravillosa, preciosa, poderosa y santa. Es todo lo que tu corazón esperó y mas. No puede ser duplicada de ninguna otra manera. Hollywood no la puede capturar porque es un secreto. No es para la imaginación o la fantasía. Es para aquellos que están dispuestos a confiar en Dios y hacer un pacto con él. La intimidad es sagrada y definitivamente ¡vale la pena esperar!

La visión cumplida

Muchas cosas tuvieron más sentido y cobraron mayor significado con el matrimonio. Cuatro días después de que regresamos de nuestra luna de miel de Irlanda, volamos otra vez, en esta ocasión a Jerusalén. Estábamos trabajando para *Integrity Music* y nuestra primera grabación internacional nos llevó a la Tierra Santa, ¡Qué gran honor! También, ese mismo año regresamos a Irlanda. Esta vez fue para una grabación en vivo durante un tiempo de alabanza y adoración. Cantamos en una catedral con una gran banda y el local estaba lleno. Ese día pensé: «Esto debió ser lo que vi en esa visión cuando regresábamos de la fiesta de Billy Joel esa noche». No era exactamente lo que vi, pero ¿qué más probabilidades hay? Estoy en Irlanda, con Michael Mellett, en una plataforma, con una banda, dirigiendo alabanza. Seguro que debe ser esto», pensé.

En los años siguientes continuamos trabajando haciendo grabaciones en vivo en Irlanda, Singapur, Argentina, Costa Rica, Ecuador y un sinnúmero de eventos nacionales. Una de las conferencias en las que más nos gustaba cantar era en la de Vida Familiar. En los primeros años de nuestro matrimonio debemos haber renovado nuestros votos 25 veces asistiendo a esas conferencias de *Reaviva el romance*. En una ocasión cantamos en el *Compact Center* en Houston, Texas, donde Billy Joel había anunciado nuestro compromiso. En esta oportunidad escuchamos que la iglesia *Lakewood*, pastoreada por Joel Osteen, estaba en el proceso de adquirir el edificio. Nos asombramos por la fe y la visión de la iglesia, así que pusimos nuestras manos sobre las paredes y oramos pidiéndole a Dios que los bendijera, llenara los asientos y llevara a todas las personas necesarias para hacer florecer ese ministerio. Unos cuantos años después nos invitaron a ser parte de su equipo como directores del coro y pastores del área musical. Aceptamos con mucho gusto.

Seis meses después de que nos fuimos a vivir a Texas nos unimos a un equipo y ministramos en Inglaterra e Irlanda. Para ese entonces Michael y yo ya habíamos regresado cinco veces a Irlanda, pero este viaje fue diferente. El evento al que fuimos lo llamaron Noche de Esperanza y se llevó a cabo en Belfast, muy cerca del lugar de donde es mi familia. Muchos de mis parientes vinieron al evento. Como de costumbre, tomamos nuestras posiciones en la plataforma en medio de la banda mientras estaba la música y el video de introducción. Nunca olvidaré cuando tomé el brazo de Michael en el momento que prendieron las luces; era exactamente la visión como la había visto. Mis ojos se llenaron de lágrimas al inclinarme y decir: «¡Esto es! ¡Esto es lo que vi!». ¡Michael estaba maravillado! Era un auditorio con paredes blancas y una gran cortina azul al fondo, asientos muy pegados, una banda muy completa; precisamente lo que había visto ese día cuando regresábamos de la casa de Billy Joel. Yo estaba profundamente impactada, por decir lo menos. Habían pasado ocho años desde que Dios me había mostrado ese momento. Eso afirmó todo lo que habíamos estado buscando y en lo que nos estábamos enfocando; nos confirmó que indudablemente estábamos en el centro de la voluntad de Dios.

Perla de Poder

Dios te puede dar una visión, no necesitas ser un profeta del Antiguo Testamento para tenerla. Joel 2:28 dice: «Después de esto, derramaré mi Espíritu sobre todo el género humano. Los hijos y las hijas de ustedes profetizarán, tendrán sueños los ancianos y visiones los jóvenes». Puedes pedirle a Dios que te hable por medio de sueños y visiones para darte una idea de cómo orar y creer en él en cuanto a tu destino. Cuando sientas que Dios te esté hablando, no dejes que lo que te diga se escape, anótalo. Hay cosas muy sencillas que pueden tener un gran significado. En Habacuc 2:2 dice: «Escribe la visión, y haz que resalte claramente... Aunque parezca tardar, espérala; porque sin falta vendrá». Cuando Dios te revele su verdad en cuanto a tu vida, espera que suceda. Nunca lamentarás esperar que Dios cumpla sus propósitos para ti. ¡Solo pídele!

La Perla Preciosa de Dios

Viendo en retrospectiva me doy cuenta de que **lo más valiente que he hecho en mi vida ha sido seguir a Jesús.** Le di las riendas de mi vida y le pedí su voluntad para mí; no fue fácil, pero recibí su gracia en cada ocasión en la que tuve que rendir mi voluntad a la suya. Cometí muchos errores, pero siempre volvía a Dios. Mi quebrantamiento se volvió un recurso muy útil porque he encontrado que las personas se identifican mucho más con lo real y quebrantado que con lo perfecto y superficial. Al escribir este libro, no fue hasta que había escrito la mayoría de mi trayectoria como mujer soltera, que me di cuenta de que había un tema a lo largo de mi vida: Perlas.

Recuerdo que siendo niña recibí mi primer collar de perlas en la boda de una amiga por ser su paje. Después, las perlas volvieron a adornar mi cuello el lindo día que cumplí los dulces dieciséis, también en las fotos de secundaria y el día de mi graduación. Luego mi papá me compró un anillo de perlas en Ecuador, cuando había abrazado mi soltería siguiendo el llamado de Dios para mi vida. En mi momento Ester, preparándome para la fiesta de cumpleaños de Billy Joel, las perlas fueron el adorno perfecto para acompañar a Michael Mellett; en esa ocasión yo misma las compré. Incluso, estando en la fiesta le hablé a un miembro de la banda acerca de que a veces nos aferramos a lo que es falso, como si no quisiéramos soltar un cordel de perlas falsas cuando Dios quiere darnos lo verdadero. El día de mi boda, mi papá me entregó vestida con un vestido de diseño italiano saturado de perlas, traía aretes de perlas, collar de perlas, diadema de perlas e incluso, las líneas de mis zapatos tenían hileras de perlas. Mis papás me regalaron todo para esta ocasión.

Al estar escribiendo este libro una amiga muy querida me regaló un collar de perlas para mi cumpleaños. Para nuestro aniversario, Michael me regaló un hermoso y elegante brazalete de perlas con un corazón que en un lado tenía inscrito *Valiente y Hermosa,* y en el otro, *La Perla Preciosa de Dios.* Un día al traer el brazalete en mi mano escuché a Dios muy claramente decir en lo más profundo de mi espíritu: «¡Tú ERES la Perla!», estallé en llanto porque todo el tiempo solo había pensado en las perlas como mi adorno. Finalmente me di cuenta de que Dios me había estado llamando *perla* todo este tiempo.

Mateo 13:45 y 46 habla acerca de la perla de gran precio. «También se parece el reino de los cielos a un comerciante que andaba buscando perlas finas. Cuando encontró una de gran valor, fue y vendió todo lo que tenía y la compró». Nosotras somos perlas preciosas, invaluables. Jesús dio todo para salvarnos, incluyendo su trono, para venir a la tierra como hombre y morir por nosotros para salvarnos. Él fue el comerciante que estaba en busca de la perla.

La escritura también dice en Mateo 7:6: «No den lo sagrado a los perros, no sea que se vuelvan contra ustedes y los despedacen; ni echen sus perlas a los cerdos...». Dios quiere que nos valoremos a nosotras mismas y valoremos lo que somos en él. No quiere que nos aventemos y desperdiciemos nuestras vidas en cualquier lugar y por cualquier cosa. Dios nos ve preciosas e invaluables, alguien por quien vale la pena darlo todo. Como el gran Creador y Diseñador de la vida, nos conoce y entiende porque él nos hizo. Él es el que determina nuestro valor. Se necesita valentía para creerle a Dios en su palabra. Mientras más lo hagamos, ¡más florecerá nuestra hermosura! No importa por lo que hayas atravesado ni de dónde vengas. ¡*TÚ* eres la Perla preciosa de Dios! ¡Él *TE* llama hermosa y valiente!...*Y ¡esa es la verdad*!

. . . .

Una oración para ti

Gracias Señor por la invaluable Perla preciosa que está leyendo este libro. Por favor bendice a mi querida amiga dándole valentía y fuerza para creerte, confiar en ti y rendirte su vida entera. Por favor enséñale a mi amiga a orar y a buscarte, a esperar pacientemente en ti. Ayúdale a recibir tu gracia cada día para seguir adelante. Es solamente en ti que nos encontramos a nosotras mismas y vivimos las vidas abundantes y extraordinarias que tienes para nosotros. ¡En el Poderoso nombre de Jesús!

. . . .

Actualmente en Texas

Michael y yo tenemos cinco hermosos hijos que aman a Jesús: Colin Michael, Aiden Patrick, Celia Kate, Susana Grace (Gracie) y Sean Benjamin. Este es el ministerio más importante de mi vida y mi absoluto tesoro. ¡Amo tanto a mi familia!

Michael y yo tenemos el gran privilegio de pastorear como parte del equipo de la iglesia *Lakewood*, la iglesia más grande de Estados Unidos. Michael dirige y ambos co-pastoreamos el coro de 400 miembros. También dirigimos la alabanza en los servicios en inglés y español con los pastores principales Joel Osteen y Danilo Montero.

El Señor me dio una promesa siendo soltera y estando como misionera en Ecuador. Un día, al leer 1 Crónicas 17:25-26 (RVR60), las palabras brincaron de la página. « Porque tú, Dios mío, revelaste al oído a tu siervo que le has de edificar casa; por eso ha hallado tu siervo motivo para orar delante de ti. Ahora pues, Jehová, tú eres el Dios que has hablado de tu siervo este bien». Me incorporé y dije: «¡Señor! ¡Me vas a dar una casa!». Parecía muy literal. En ese entonces yo vivía con 75 dólares al mes y rentaba un cuarto de servicio, el espacio más pequeño en el que he vivido. No había ningún prospecto de casa en lo absoluto, ni siquiera tenía un esposo, ¡ni pensar siquiera en encontrar una casa!

Desde que Michael y yo nos casamos siempre nos sentimos atraídos por el campo. Cada sábado en Nashville nos íbamos en auto al campo a soñar con el día que pudiéramos vivir ahí. Cuando nos cambiamos a Texas hicimos lo mismo. Cada sábado era un buen día para buscar caballos, ganado bovino, mercados campestres, tiendas de antigüedades y cualquier otra cosa que aumentara nuestro interés por el campo.

Después de 12 años de confiar, esperar y orar nos cambiamos a la casa de nuestros sueños en el campo. Al empacar, vino a mi mente la promesa que Dios me había hecho siendo una misionera soltera. Nos enteramos de que esa casa había sido construida en 1992. Mi Biblia, la que he usado desde que tengo dieciocho años, tiene esa escritura marcada desde principios de 1990. ¡Dios no estaba bromeando! ¡Nunca lo hace! Hoy tengo el mejor trabajo del mundo, amar y servir a mi hermosa familia de siete miembros. No puedo esperar para contarte el resto. Dios ha hecho mucho más abundantemente de lo que pude haber pedido. Los milagros siguen sucediendo y la historia continúa...

Nos interesa tu vida y tu futuro

En cada corazón hay un hueco del tamaño de Dios que solo Él puede llenar. Podemos intentar encontrar amor, paz y gozo a través de otras cosas, pero la verdadera vida empieza cuando desarrollamos una relación personal con nuestro Padre Celestial a través de su Hijo, Jesucristo. Dios quería una familia y ese es el motivo por el que te creó. Quiere ayudarte, guiarte, llenarte de paz y darte esperanza y un futuro; quiere hacer todo eso porque te ama.

Puedes empezar esta relación hoy orando lo siguiente: «Jesús, levanto mi corazón a ti. Creo que moriste por mí y resucitaste de los muertos; quiero vivir siguiéndote a ti. Me arrepiento de mis pecados y te pido que me perdones. Hoy pongo mi confianza en ti. Por favor dame un comienzo limpio y fresco. Tú eres mi Señor y Salvador. Por favor guía mi vida de ahora en adelante».

Es así de sencillo. Este es el inicio de establecer una relación cercana con Dios. Ahora puedes ayudarte a ti misma a crecer leyendo la Biblia y platicando con Dios a través de la oración. Una muy buena manera de comenzar es leyendo una porción de los Salmos, Proverbios y el Nuevo Testamento. También, si quieres hacerlo, puedes escribir en un diario para expresar lo que hay en tu corazón hacia el Señor o para escribir preguntas que puedas hacer a un pastor. Encontrar una buena iglesia basada en la Biblia te ayudará a crecer y te permitirá estar rodeada de otras personas de fe; además de que habrá un pastor con el que puedas platicar. Sin embargo, es importante que recuerdes que Dios te puede hablar en cualquier lugar donde estés y le puedes pedir que te explique la Biblia a través del Espíritu Santo. Él dijo que «nunca te dejará ni te abandonará». ¡Es tan fiel! Tente paciencia mientras estás en este proceso, no vas a hacer todo bien. La Biblia dice: «porque siete veces cae el justo, y vuelve a levantarse». No eres justa porque no caes, eres justa por Jesús. Cuando te equivoques, levántate de nuevo y corre a él. Encontrarás que él es el más auténtico, dulce y amoroso Padre. ¡Te ama tanto!

Mantente en contacto

A Michael y a mí nos encantaría saber de ti.
Escríbenos a...

www.FionaMellett.com

Síguenos en Facebook y Twitter

Facebook.com/BraveandBeautiful.FionaMellett
Twitter.com/@BraveBeautiful1
Facebook.com/FionaMellett
Twitter.com/@Fiona_Mellett